数字经济时代的创业前沿系列

商业模式创新实践的
网络基础与理论挑战

韩　炜　杨　俊　叶竹馨　著

国家自然科学基金重点项目"创业网络对新创企业发展的作用及影响机理"（72032007）与国家自然科学基金重点项目"新创企业商业模式形成与成长路径"（71732004）联合资助

科学出版社

北　京

内 容 简 介

互联网和信息技术不断进步，其应用普及驱动的产业数字化势不可挡，商业模式近年来成为理论和实践界共同关注的热点问题并在持续升温。本书聚焦商业模式创新实践的网络基础和理论挑战这一命题，依托 CPSEDⅡ数据库展开理论分析，旨在从网络的视角建立对商业模式创新的理论解释，勾勒网络在我国新兴企业商业模式创新实践过程中的关键作用，凝练有价值的科学问题并推动商业模式相关研究深化发展。

本书对于启发创业者、企业家利用网络构建开展商业模式创新，指导从事创业管理、战略管理的学者开展商业模式研究具有重要的价值。

图书在版编目(CIP)数据

商业模式创新实践的网络基础与理论挑战/韩炜，杨俊，叶竹馨著. —北京：科学出版社，2024.3
（数字经济时代的创业前沿系列）
ISBN 978-7-03-077102-5

Ⅰ. ①商⋯ Ⅱ. ①韩⋯ ②杨⋯ ③叶⋯ Ⅲ. ①互联网络–应用–商业模式–研究 Ⅳ. ①F71-39

中国国家版本馆 CIP 数据核字(2023)第 228088 号

责任编辑：邓　娟／责任校对：贾娜娜
责任印制：张　伟／封面设计：有道文化

科学出版社 出版
北京东黄城根北街 16 号
邮政编码：100717
http://www.sciencep.com

北京中科印刷有限公司印刷
科学出版社发行　各地新华书店经销
*
2024 年 3 月第 一 版　开本：787×1092　B5
2024 年 3 月第一次印刷　印张：12 1/4
字数：250 000
定价：136.00 元
（如有印装质量问题，我社负责调换）

总　序

党的十八大以来，创新驱动发展战略不断深化实施，高质量发展已成为我国经济社会发展的主旋律，党的二十大进一步将高质量发展与中国式现代化建设融合，高质量发展是新时代中国产业和企业未来发展的必由之路。创新驱动显然是企业实现高质量发展的客观要求，但驱动企业高质量发展的创新内涵具有很强的时代性。

回顾人类经济社会发展历史，技术变革是推动产业和企业转型发展的根本力量，产业和企业转型发展在很大程度上主要表现为组织和管理创新，每轮技术变革都会催生出组织和管理范式变革。以蒸汽机和铁路为代表的技术革命让人类告别手工作坊时代，以"直线职能制"为典型的现代企业迅速登场；以电力和钢铁为代表的技术革命让企业告别经验式管理逻辑，以"科学管理"为代表的现代工厂管理逻辑快速普及；以汽车与石油为代表的技术革命让企业逐渐放弃"直线职能制"的组织形式，以"战略—结构"为核心组织逻辑同时容纳多个事业部的现代公司成为主导，也是在这一时期，企业与公司之间才有了组织和管理含义上的根本区别。

20世纪90年代以来，我们正在经历以"信息、通信和数字技术"为核心的新一轮技术革命，尽管关于"什么是信息数字时代赋予的公司属性，或者说信息数字时代赋予了公司什么新的时代烙印"这一关键问题的理论和实践探索还在继续，但企业价值创造逻辑从封闭走向开放、从组织内走向组织间、从边界管理到跨边界管理的变化逐渐成为共识，这一变化根植于互联网、信息和数字等新兴技术的基本属性，同时又超越技术本身诱发了复杂而系统的管理挑战。正是在这一背景下，与其他新兴管理概念一样，商业模式在21世纪初迅速成为理论界和实践界探索并归纳新兴公司实践的重要概念，商业模式成为分析并理解企业间行为和绩效的新分析单元，这一判断开始得到主流学者的普遍认同。因为融合了时代之新，商业模式研究富有很强的挑战性，这一前沿话题还没有在创业领域特别是组织和战略领域获取充分学术合法性，不少学者还在争论商业模式与经典组织和战略概念之间的差别，同时尽管商业模式研究文献增长迅猛，但因难以被观测和测度等基础性难题，研究问题宽泛、理论积累高度零散等问题非常突出。2017年，我设计的研究课题"新创企业商业模式形成与成长路径"获得国家自然科学基金重点项目资助，在研究过程中不断向专家同行请教学习，努力独辟蹊径来克服商业模式研究面临的理论挑战，决定从解决商业模式难以被观测和测度这一基本问题入手来破题，设计并组织建设了中国创业企业成长动态跟踪数据库（Chinese Panel Study of Entrepreneurial Development，以下简称为 CPSED II 数据库），从最初设计至今，组织研究团队持续七年多不断建设并完善数据库。数据库建设为课题研究提供了支持，更为重要的是为我们了解并洞察中国新兴企业的商业模式创新实践并从中进一步凝练和探索有价值的科学问题提供了重要基础。

　　结合数据库建设和开发，2018 年 7 月 5～6 日，我邀请中国人民大学郭海教授、中山大学李炜文教授、西南政法大学韩炜教授、暨南大学叶文平教授、华中科技大学叶竹馨副教授等在天津召开了国家自然科学基金重点课题专家论证会暨 CPSED II 数据联合开发学术研讨会，基于数据库联合开发的合作机制达成共识，组建创业研究青年学术联盟。随后，上海大学于晓宇教授、中国科学技术大学乔晗教授、浙江大学沈睿研究员、电子科技大学周冬梅副教授等加入创业研究青年学术联盟。我们每年召开两次研讨会，聚焦数据库开发讨论研究想法和设计、交流并相互启发基于数据库形成的工作论文……直到 2020 年初因新冠疫情而被迫暂停线下研讨，但线上讨论和交流一直在持续。结合不断的交流和研讨，我们不断在追问的是除了互联网和数字技术等技术因素，还有些什么是驱动企业商业模式创新的根本基础？因为互联网和数字技术等新技术应用固然重要，但我们仍可以发现不少新商业模式脱生于工业时代，商业模式创新可能并非简单的技术应用问题，而是管理问题，甚至可能是驱动组织和管理范式转变的重要问题。于是，我们决定结合 CPSED II 数据库的统计分析，"四维一体"地讨论企业商业模式创新的根本基础：以企业领导班子如何驱动商业模式创新为核心的微观基础；以组织间网络如何驱动商业模式创新为核心的网络基础；以组织内结构如何驱动商业模式创新为核心的组织基础；以技术创新如何驱动商业模式创新为核心的技术基础。

　　基于这些想法，我们在分工协作基础上共同完成呈现在各位朋友面前的四部专著。我主导执笔完成《商业模式创新实践的微观基础》，聚焦于企业领导班子如何驱动商业模式创新；西南政法大学韩炜教授主导执笔完成《商业模式创新实践的网络基础与理论挑战》，聚焦于组织间网络与商业模式创新的互动机制；电子科技大学周冬梅副教授主导执笔完成《商业模式创新实践的技术基础与理论挑战》，核心是技术创新驱动商业模式创新的可能机制；华中科技大学叶竹馨副教授主导执笔完成《商业模式创新实践的组织基础与理论挑战》，主要从组织结构特别是顶层设计角度讨论诱发商业模式创新的组织基础。这四本专著角度不同但又相互关联，我们希望能借此更加系统地勾勒商业模式创新的微观机制与管理挑战，更希望能结合数据库的事实分析与学术讨论，进一步发现并提出值得研究的有价值的问题，对商业模式研究特别是基于中国企业实践的相关研究起到一定的推动作用。

　　在书稿设计、写作和修改过程中，得到了不少朋友和同行的指导和帮助，他们建设性的意见和建议已经体现在书稿的设计中，在此一并表示感谢！书稿的出版也得益于科学出版社老师在编校、出版过程中给予的大力支持和帮助！更为重要的是，特别感谢南开大学张玉利教授、加拿大约克大学谭劲松教授、新加坡管理大学王鹤丽教授、美国圣路易斯大学汤津彤教授等资深专家在 CPSED Ⅱ 数据库建设中给予我们的学术指导！

　　我总体设计了数据库架构并牵头组织互联网和相关服务（行业代码为 I64）与软件和信息技术服务业（行业代码为 I65）的新三板企业编码和问卷调查，西南政法大学韩炜教授牵头组织制造业（行业代码为 C1*、C2*）新三板企业的编码。特别感谢参与编码和问卷调查工作的老师和同学：云乐鑫、迟考勋、薛鸿博、何良兴、李艳妮、张咪、马文韬、李好、王心妍、于颂阳、叶詠怡、陈梦尧、高子茗、郝若馨、胡晓涵、李思琦、李一诺、梁智欣、曲帅鹏、任雅琪、孙羽杉、唐语崎、童强、万怡、王巍、王勇、王博文、王霄汉、王庄岚、温馨、肖雯轩、闫锦、张淇、张云、张媛媛、赵凯悦、赵煜豪、朱紫琪、赵伟、马文韬、常森、胡新华、邓渝、李苑玲、戴中亮、姜筱琪、郑智文、黄小凤、喻毅、王寒、刘东梅、冯媛、彭靖、李磊、郑梦、姜娜、刘士平、刘夏青、杨瑞晗、廖书豪、黄小毅、任小敏、程荣波、张兢、崔海洲、李唐鑫、苟颖、蔡振博、蔡梓奇、程汸铌、代小云、邓静怡、杜梦强、甘振华、何泓烨、胡鸿渐、黄岩森、黄一洋、黎雨杰、李璐、李小晴、李雪珺、李垚鑫、李易燃、刘津宜、刘新宇、沈梦菲、孙聪、孙铭英、唐林、汪燎原、王伶鑫、王芮、王宇、翁树弘、向栩毅、谢菲、徐鑫、杨倩、杨星、应丹迪、游玉莹、张婷、赵莹、周科、周如林、邹朋、邹旭瑞！特别感谢陈登坤先生、戴元永先生、李源林先生、谢运展先生、张文彬先生、张炎德先生等企业家在问卷调查方面给予的大力支持和帮助！

杨　俊

浙江大学管理学院

2022 年 11 月 30 日于杭州

前　　言

互联网和信息技术的不断进步及其应用的普及带来了创业的热潮，也推动着我国成为全球数字经济的重要引领者，这一事实催生了我国在互联网和电子商务等新兴行业领域的众多新创企业，并驱动这些新创企业快速成长。深入探究其成长的动因，以商业模式创新获取企业竞争优势，成为新创企业快速成长的重要方式。然而，有的企业能够设计出创新水平较高的商业模式，有的企业却仍固守成规，沿循行业主导的既定路线，这引发了学术界关于什么样的企业在何种情境下更能设计出新商业模式的思考。

学术界开始围绕网络与商业模式创新的关系进行探索，Amit 和 Zott（2007）对商业模式是跨组织边界交易关系的内容、结构与治理的理论界定，赋予其网络的内涵。然而，网络本身所具有的多层次性，如组织间网络抑或个体化网络，网络呈现的多类型特征，如联盟网络、连锁董事网络等，使得网络与商业模式创新之间的关系扑朔迷离。尽管近年来围绕这一问题涌现了许多启发性强的研究，但仍存在着极具挑战性的问题。例如，网络是商业模式创新的驱动因素、构成内容，还是商业模式创新所带来的结果？网络如何随着商业模式创新的推进而演化调整？本书依托 CPSED Ⅱ 数据库展开统计分析，所得到的结论能够为回答上述问题提供经验证据，为厘清网络与商业模式创新的关系，建立商业模式创新实践的网络基础探索方向。

本书采用 CPSED Ⅱ 数据库中隶属于 I64 和 I65 的 969 家新三板企业和隶属于制造业的 706 家新三板企业的公开招股书和挂牌当年年底的年度报告展开分析。基于对数据的统计分析和理论讨论，本书发现如下内容。

第一，当新创企业在投资者网络中引入的机构投资者数量不同时，其客户网络形成对少数大客户的依赖结构呈现出强度差异，以及当供应商形成聚焦特定行业与分散行业布局的不同行业属性时，新创企业绩效会具有差异化的表现。

第二，作为新创企业领导班子的董事会和高管团队，在工作经验深度、相关度、来源多样性、学历层次、海归背景等群体层面所呈现出的特征，会对吸引机构投资者、引入客户和供应商，从而构建利益相关者组织间网络产生重要影响。

第三，组织间网络内容属性与董事或高管个体网络的结构特征均会对商业模式创新设计产生影响，但其影响作用机制存在差异。从组织间网络层面来看，机构投资者更多地进入投资者网络，客户网络依赖性增强，供应商网络行业分布更广，这些网络内容属性会影响新创企业的商业模式创新设计。从个体网络层面来看，新创企业高管团队内部非正式社会网络关系的形成以及包含的董事、高管的创业团队异质属性特征，从决策层面而非组织网络的内容层面影响着商业模式创新差异。

第四，新创企业在商业模式效率和新颖维度表现出不同的创新时，会带动供应商、客户网络不同程度地演化。特别是在 IT（information technology，信息技术）行业中，在效率维度做出高度创新的新创 IT 企业更可能保持稳定的客户网络和供应商网络。这有助于回答新创企业要靠具有交易关系的利益相关者动态调整以适应商业模式创新，还是保持网络的稳定性以保障对商业模式创新的资源支撑。

基于这些发现，本书为网络与商业模式创新研究带来了重要启示。首先，本书从组织间网络视角提出了新创企业绩效差异的理论解释与经验证据，为后续挖掘商业模式创新在网络影响绩效关系中的中间作用机制提供研究基础。其次，本书揭示了组织间网络与个体网络影响新创企业商业模式形成的作用差异，基于对网络的类型化研究探讨不同类型网络与商业模式创新的关系。最后，本书基于新创企业成长是商业模式设计、调整与组织间网络变化的共演过程的学术判断，探索新创企业商业模式设计与调整驱动组织间网络演化的作用机制。总体而言，本书的研究成果有助于从网络的视角丰富对商业模式的创新，乃至利用商业模式获取竞争优势的理论认识，为商业模式创新实践提供网络基础。

目　　录

第 1 章

从组织间网络看商业模式创新

互联网和信息技术的快速发展催生了一批高成长的新企业，高成长的潜在逻辑不是组织内部资源驱动的规模扩张，而是不断突破组织边界与跨界拓展的网络化成长。放眼全球范围，诸如 Facebook、Airbnb、Uber 等在初创的几年内即实现了超高速的成长，成为"独角兽"公司。立足中国情境，2016 年，在全世界的 262家 "独角兽"公司中有三分之一是中国企业，占全球"独角兽"总估值的 43%。新创企业高成长的繁荣景象引发我们思考：企业成长理论主张资源扩张驱动企业成长（Penrose，1959），然而具有新进入缺陷的新创企业短期内难以调动大量资源，为什么却能够实现需要资源支撑的高速成长呢？可能的解释是高成长企业对外部社会网络的利用。以高效率、高质量的方式建立并调用外部社会网络，才是真正推动新创企业高速成长的引擎。

1.1 研究背景与研究问题

新创企业利用外部组织间网络谋求高成长，是源于商业模式设计，还是源于网络中的可利用伙伴推动了商业模式对利益相关者的关系安排？这一问题本质上是要回答商业模式与组织间网络的关系，回答这个问题有助于厘清实施了商业模式创新的新创企业为什么能够实现网络化快速成长。商业模式展示了组织如何与外部利益相关者建立联系，如何通过参与经济交换为所有参与者创造价值的一般规律（Zott and Amit，2007），因此商业模式的形成和调整是以价值创造为导向的，新创企业建立与利益相关者的关系并推进关系演化的过程。已有研究已经认可并强调了包含利益相关者的外部社会网络之于新创企业商业模式构建的重要作用（Mason and Leek，2008；Wu and Zhang，2009；Storbacka and Nenonen，2011；Frankenberger et al.，2013），部分研究将网络作为商业模式的一个构成要素（Mason and Spring，2011；Stacey，2011），甚至提出网络化商业模式的概念（Palo and Tähtinen，2013），但对于企业间网络如何影响商业模式的形成，商业模式调整又如何推动网络演化未能做出深入解释。

商业模式创新是解释新创企业初期成长的主流逻辑，这一观点得到了已有研究的普遍认可（Snihur et al.，2018；Ansari et al.，2016）。然而，尽管设计了创新的商业模式，为什么有的企业取得了成功，而有的企业却走向了失败？其背后蕴含着互联网情境下依托创业网络实现新创企业快速成长的独特管理问题，这至少表现在三个方面。第一，高成长的新创企业建立组织间网络并不是以资源获取为主要考虑因素，而是出于战略布局的考量。新创企业通过与来自不同行业的伙伴建立网络关系，不断向不同领域延伸拓展，形成涉足多领域的多元化战略布局。伙伴之于新创企业不再拘泥于作为资源的提供者，而是新创企业战略版图中的棋子，成为创造顾客价值的合作者。第二，新创企业不再以网络伙伴的地位和资源含量为主要的筛选标准，而是以伙伴与新创企业所形成的互补类型作为判断依据（Jacobides et al.，2018）。在传统的工业化背景下，新创企业倾向于与拥有丰富资源的高地位主体建立关系，从而获得有价值的资源（Baum et al.，2000）。在互联网背景下，新创企业更倾向于寻找能够与自身在价值活动上形成多种互补类型的伙伴，目的在于双方共同实施价值活动，甚至允许顾客直接从伙伴手中获取价值，而非传统方式中整合伙伴资源再由新创企业向顾客传递价值（Hagiu and Wright，2015）。第三，以往的创业网络更关注通过紧密的网络关系促进资源的传递与共享，而互联网情境下新创企业则侧重于与伙伴建立松散的联结，在治理成本最优化的条件下编排优质资源。传统的网络理论指出表征为频繁互动、紧密关系的强联结能够提供丰富的资源与情感支持（Jack，2010），但在互联网背景下，新创企业组织间网络数量呈几何式增长，新创企业难以承受大规模强联结网络所需的高治理成本，代之以松散的网络联结以提高网络治理效率。由此可见，以战略布局为导向，以快速、松散的方式建立蕴含多种互补类型价值活动的创业网络，是新创企业依托网络实现高速成长的独特路径。

互联网与信息技术快速发展的新情境赋予新创企业新的发展机会，但却对新兴 IT 行业与传统制造行业产生了不同的意义。一方面，身处 IT 行业的新创企业利用互联网与信息技术，以平台化、生态化等新型组织网络形态推动企业高成长；另一方面，传统制造业新创企业利用信息技术或既有平台形成基于互联网的发展模式，或游离于互联网之外，仍保持传统的以契约或信任为纽带的组织间网络。基于此，对比新兴 IT 行业和传统制造行业新创企业的商业模式与组织间网络形成、发展的作用机制，有助于构建新创企业开展商业模式创新，并利用组织间网络实现企业成长的管理模式。

1.2 关键问题与模型框架

本书依托 CPSED Ⅱ 数据库展开理论分析，该数据库以 2013 年 1 月 1 日至 2016

年 3 月 31 日挂牌并隶属于软件和信息技术服务业（I65）、互联网和相关服务（I64）、制造业（C1*、C2*）行业的新三板企业为研究对象，融合二手数据编码与问卷调查的研究设计，形成了包括 969 家新三板 IT 企业（本书将隶属于互联网和相关服务与软件和信息技术服务业的新三板挂牌企业合称为新三板 IT 企业）与 706 家新三板制造业企业的二手数据编码数据库，以及包括其中 101 家企业的总经理问卷调查数据库。本书的整体理论框架如图 1-1 所示。

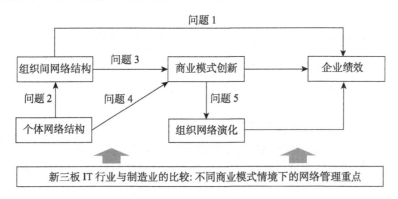

图 1-1　本书的整体框架

1.2.1　什么样的组织间网络结构更能够促进企业绩效的提高？

依靠网络谋求生存与成长是新创企业发展的重要手段，这在互联网与信息技术广泛应用推动数字化蓬勃发展的新情境下尤为突出，新创企业网络化、生态化成为推动企业成长，不断提升绩效的重要路径。组织间网络是包含多样化主体、多种类型关系的复杂结构，如何吸引不同类型的主体、构建不同结构与内容的组织间网络制约着新创企业识别新机会、获取新资源的能力，进而影响着新创企业绩效。从本书来看，新创企业围绕机构投资者、客户、供应商等关键利益相关者着力构建组织间网络，经由多利益相关者构建的网络如何影响新创企业绩效是本书关注的重点问题之一。

1.2.2　董事、高管层面的个体网络如何塑造组织间网络结构？

新创企业为什么以及如何构建组织间网络？对这一问题的回答，已有的研究从关系多元性的角度展开探索，主张组织间网络来源于组织内其他类型的网络关系，其中个体网络的作用更为突出（Beckman et al.，2014），然而我们对于什么样的个体网络对组织间网络构建产生什么样的影响认识不足。围绕这一问题，本书主要从董事会以及高管团队在群体层面的学历状况，先前工作经验深度、相关度、来源多样性以及海归背景方面，剖析新创企业内部以董事、高管为节点的个体网络如何影响表现为机构投资者网络、客户网络、供应商网络的组织间网络的形成。

1.2.3 新创企业组织间网络结构如何影响其商业模式创新？

企业为谁创造价值，从谁的手中获取资源并开展价值共创？锁定不同类型客户，针对不同客户形成差异化的依赖关系；立足不同行业跨界搜寻供应商与合作者，与之开展价值共创，这都会赋予新创企业以新的网络结构，影响新创企业的商业模式创新。因此，对这一问题的回答有助于我们厘清组织间网络结构、内容与商业模式创新关系。从本书来看，作为组织间网络的关键构成，客户和供应商所组成的交易者网络在内容属性、关系属性上表现出对商业模式创新设计的重要影响。

1.2.4 新创企业董事、高管层面的个体网络如何影响商业模式创新？

董事与高管是新创企业重要的领导班子成员，其因年龄、性别、学历、经验等的相似性会形成内部社会网络抑或断裂带特征，而经由外部曾任或现任职又会形成外部关系网络。无论是内部社会网络还是外部社会网络，经由董事或高管所形成的网络特征是否会影响新创企业商业模式创新差异？以董事或高管在人口统计学特征上的表现衡量团队内的内部联结程度与断裂带强度，以董事或高管对外任职情况衡量其外部社会网络构成，本书分析了董事或高管内部社会网络与外部社会网络对企业绩效和商业模式创新的影响，以期从董事或高管网络角度形成对商业模式创新的解释，为新创企业团队构建提供管理建议。

1.2.5 新创企业如何利用商业模式创新推动组织间网络向有利于企业成长的方向演化？

商业模式通过设计新创企业与利益相关者的关系，赋予新创企业以独特优势，驱动利益相关者构成的组织间网络演化，并影响着新创企业在网络中的位置。对此，本书从投资者网络和交易者网络两个角度揭示商业模式创新对网络演化的影响。从投资者网络角度来看，机构投资者看重当下还是关注未来？潜在的问题在于，机构投资者因新创企业当前的业绩表现还是商业模式彰显的未来盈利性做出投资决策，从而影响新创企业投资网络规模的变化。从交易者网络角度来看，商业模式创新带来以客户和供应商为构成要素的交易者网络保持稳定性还是具有波动性？这意味着要回答组织间网络应动态匹配商业模式设计还是稳定地为商业模式实施提供资源支撑这一问题。

1.3   内容框架与研究结论

基于研究问题以及理论模型，本书后续章节的内容安排如下所述。

第 2 章介绍了 CPSED Ⅱ 数据库的设计、建设和拓展情况，CPSED Ⅱ 数据库是本书依托的数据来源，也是本书聚焦中国新兴企业特色的集中体现。系统地介绍数据库，不仅是为了阐述本书的分析数据来源，也是为了吸引感兴趣的同行共同开发数据库，联合开展相关研究。

第 3 章聚焦新创企业组织间网络对企业绩效以及创新结果的影响。主要关注以机构投资者为主要构成的投资者网络（占比与控股情况）、客户网络（网络构成、分散程度、依赖程度）、供应商网络（网络构成、网络演化）等是否以及如何塑造企业绩效、产品或服务创新性、著作权和专利数量等方面的差异。

第 4 章聚焦新创企业个体层面网络对企业绩效以及创新结果的影响。主要关注高管团队内部社会网络联结、董事会外部社会网络、高管团队以及董事会的断裂带特征等是否以及如何塑造企业绩效、产品或服务创新性、著作权和专利数量等方面的差异。

第 5 章重点分析新创企业个体网络对组织间网络的影响。这是在前面分析的基础上，聚焦新创企业在个体与组织间两个层面网络的内在影响机制，揭示组织间网络构成的诱因。具体而言，第 5 章将深入挖掘新创企业高管团队和董事会结构如何带来投资者网络、客户网络、供应商网络的结构差异，讨论两类网络之间的影响作用。

第 6 章重点分析了新创企业组织间网络对商业模式创新的影响。这是在前面部分对组织间网络进行维度划分的基础上，聚焦不同类型网络影响商业模式创新的差异化路径，着重讨论机构投资者网络、客户网络、供应商网络是否以及如何塑造企业两种类型商业模式创新的差异。

第 7 章重点分析了新创企业商业模式创新对组织间网络演化的影响。一方面在既有的机构投资者决策分析关注企业绩效因素的基础上，融入商业模式创新因素，整合商业模式创新与企业既往绩效挖掘两种因素影响机构投资者网络演化的交互作用。另一方面，重点讨论新创企业商业模式创新对客户网络演化、供应商网络演化的影响，形成对商业模式创新驱动组织间网络演化的系统性解释。

第 8 章立足组织间网络情境讨论了新创企业商业模式创新的管理重点与决策挑战。这部分围绕新创企业组织间网络的绩效作用，重点讨论不同商业模式情境下，企业家如何管理企业更有助于发挥商业模式的优势塑造潜力。这部分分析更细致地揭示了商业模式创新过程中的管理挑战，并在此基础上隐喻了过程观视角下值得研究的重点课题。

利用 CPSED Ⅱ 数据库，我们对上述问题进行了探索，围绕以下四个方面形成研究结论。

1.3.1　从组织间网络视角提出新创企业绩效差异的理论解释与经验证据

相较以创业者个体为核心的个人化创业网络，以组织间网络为形态的创业网络之于新创企业成长的作用已被研究认可，但相关研究或关注创业网络在规模、强度等方面的整体性特征，发现认识更多的伙伴、与伙伴形成紧密的关系能够帮助新创企业获取更多的资源；或聚焦于行动者在网络中的位置对创业过程与创业结果的影响，发现相对于网络中的伙伴，新创企业拥有的更强的议价力与话语权将使其获得调用网络资源的权利。然而，本书却从网络内容属性的角度，以新创企业具有不同构成内容的投资者网络、客户网络、供应商网络为切入点，揭示当新创企业在投资者网络中引入更多的机构投资者，其客户网络形成对少数大客户的强依赖结构，以及供应商形成聚焦特定行业与分散行业布局的不同行业属性时，新创企业绩效表现出差异的研究结论。

1.3.2　个体网络影响组织间网络的作用机制

本书发现，新创企业领导班子的董事会和高管团队，在先前工作经验深度、相关度、来源多样性、学历层次、海归背景等群体层面所呈现出的特征，会对吸引机构投资者、引入客户和供应商，以及构建利益相关者组织间网络产生重要影响。这种影响在 IT 业与制造业中存在差异，这可能源于两个行业的董事会和高管团队本身即存在异质性，表现为年龄结构、学历层次、工作经验等方面的差异，使得新创企业所构建的组织间网络存在内容与结构的差异。

1.3.3　组织间网络与个体网络影响新创企业商业模式形成的作用差异

本书发现组织间网络的内容属性与董事或高管个体网络的结构特征会对商业模式创新设计产生影响，但其影响作用机制存在差异。从组织间网络层面来看，机构投资者更多地进入投资者网络，客户网络依赖性增强，供应商网络行业分布更广，这些网络的内容属性改变了新创企业设计商业模式时需要考量的利益相关者数量与类型，影响新创企业对利益相关者的关系的组织安排。从个体网络层面来看，新创企业高管团队内部非正式社会网络关系的形成以及包含的董事、高管的创业团队异质属性特征，影响着新创企业进行商业模式决策的速度、质量乃至价值属性，从决策层面而非组织间网络的内容层面影响商业模式创新。

1.3.4　新创企业商业模式设计与调整驱动组织间网络演化

新创企业成长是商业模式设计、调整与组织间网络变化的共演过程。本书发现，新创企业在商业模式效率和新颖维度表现出不同的创新时，会带动供应商、客户网络不同程度地演化。具体而言，研究发现在 IT 行业中，相对于较低程度的适度创新，在效率维度做出高度创新的新创 IT 企业更可能保持稳定的客户网络和供应商网络。进一步从效率和新颖两个维度的平衡路径来看，相对于在两个维度均实现较低程度创新的低水平平衡企业，采用高水平平衡创新路径的企业更可能保持客户网络和供应商网络的稳定性。这有助于回答新创企业要靠具有交易关系的利益相关者动态调整以适应商业模式创新，还是保持网络的稳定性以保障对商业模式创新的资源支撑。本书还进一步发现，新创企业商业模式在新颖维度表现出创新性时，对机构投资者进入投资者网络的影响更强。这有助于回答机构投资者投资倾向的诱因是更具有盈利性导向还是更具有成长性导向。

第 2 章

CPSED Ⅱ数据库

　　CPSED Ⅱ数据库是以 1675 家 2013～2016 年的新三板挂牌企业为研究对象、采用文本编码和问卷调查相结合的研究设计,以公开转让说明书为时间起点(T_0)、以年度报告为时间序列(T_n)构建的动态跟踪数据库。借用实验研究中实验组和对照组的设计思路,将 1675 家企业分成两组,一组是实验组,包括 969 家隶属于互联网和相关服务行业(行业代码为 I64)和软件和信息技术服务业(行业代码为 I65)的新三板挂牌企业(以下简称为新三板 IT 企业),这是主要的研究对象,也是理论构建和检验的主要情境;另一组是对照组,包括 706 家隶属于制造业(行业代码为 C1*、C2*)的新三板挂牌企业,这是研究发现和结论对传统行业情境的进一步补充检验和拓展。本书主要采用 CPSED Ⅱ数据库中 969 家新三板 IT 企业挂牌当年年底的年度报告展开分析,因为有 14 家企业挂牌当年年底的年度报告缺失,故本书共涉及 955 家新三板 IT 企业。

2.1　理论模型与基本架构

　　什么因素推动新创企业成长? Sandberg 和 Hofer(1987)的研究很有代表性,他们提炼了影响新创企业绩效(new venture performance,NVP)的基本模型: NVP = f {IS × S, IS, S}。其中,IS 为产业结构;S 为企业战略。

　　后续有关新创企业成长的研究基本遵循该思路,基本假设是新创企业成长取决于创业者或高管团队依据环境和产业特征制定恰当的战略,注重挖掘企业战略及其影响因素(创业者或高管团队)、产业结构、环境特征等对创业企业成长的影响。

　　互联网和信息技术等应用的普及已经深刻地改变了商业环境及其竞争逻辑。首先,工业社会清晰的产业边界已经变得模糊,传统的核心资源和能力假设开始遭遇强劲挑战,跨界经营开始成为常态;其次,创造竞争制胜的必然性是战略的基本逻辑,跨界成为常态意味着难以清晰界定并分析竞争对手,价值创造已成为重点;最后,企业边界越来越模糊,更注重以合作和共赢为逻辑的价值创造系统构建。近年来,不少学者也开始意识到这一问题并指出商业模式构建及其与战略互动已成为驱动新创企业成长的重要途径，这一观点迅速得到认同并诱发大量理论探索（Zott and Amit，2007；Teece，2010；Zott et al.，2011）。基于此，我们修正并提出影响新创企业绩效的基本理论模型：NVP = f｛BM，BM×S，S｝。其中，BM 为商业模式；S 为企业战略。

依据这一模型，CPSED Ⅱ以新三板挂牌企业为研究对象开展数据库建设，主要关注（但不限于）以下四个问题：①如何定义并测量商业模式？②商业模式是否以及如何推动成长？③特定商业模式约束下，企业资源和能力等其他因素起到什么作用？④商业模式特别是新商业模式从何而来？

之所以选择新三板挂牌企业为主要研究对象，主要是因为：①新三板挂牌企业具有成长性，同时具有更强的波动性；②作为挂牌标准和政策规定，新三板企业的商业模式已经确立而不是设计过程中；③新三板挂牌企业数量庞大，截至 2017年 1 月底，总共有 10 454 家挂牌企业分布在互联网和相关服务行业、信息技术相关行业、制造业、服务业等多个行业领域，更适合开展行业分类比较研究。

我们采用实验研究中实验组和对照组的思路，从行业分类角度，选择互联网和相关服务和软件和信息技术服务业的新三板挂牌企业为主要研究对象，选择制造业的新三板挂牌企业（以下简称为新三板制造企业）为比较研究对象。互联网和相关服务与软件和信息技术服务业是重要的新兴行业，是新兴技术探索和应用最为活跃，同时又更注重商业模式创新的行业，这两个行业也得到不少商业模式相关的主流研究关注（Zott and Amit，2007）。

针对新三板 IT 企业样本，选择 2013 年 1 月 1 日至 2016 年 3 月 31 日的挂牌企业为对象展开研究。在上述时间范围内，新三板官网即"全国中小企业股份转让系统"网站发布的挂牌企业为 1146 家，进一步查阅公开转让说明书逐一核对其行业类型，发现有 31 家企业在公开转让说明书中提供的行业信息并不属于 I64 与 I65两个行业类别，因此可用于研究的总体样本数量为 1115 家企业。在此基础上，我们随机从中选择了 10 家企业用于试验性编码，剩余的 1105 家企业进入正式编码，在正式编码过程中，因商业模式等关键信息缺失或错漏、编码人员工作失误等原因，剔除了 136 家企业样本，数据库最终包含 969 家有效企业样本。针对剔除样本和有效样本，我们以 10 项企业基本特征指标为标准对剔除样本和有效样本做了统计比较[①]，发现在这些指标方面并不存在显著差异，可以基本认定剔除的 136 家企业不会对总体样本产生偏差。

针对新三板制造企业样本，以 2013 年 1 月 1 日至 2016 年 12 月 31 日挂牌并隶属

---

① 这些特征指标主要包括：挂牌时生存年限、所在地区、挂牌前一年总资产、挂牌前一年资产负债率、挂牌前一年每股净资产、挂牌前一年营业收入、挂牌前一年净利润、挂牌前一年毛利率、挂牌前一年基本每股收益、挂牌前一年净资产收益率等。除了挂牌时生存年限、所在地区，其余都是衡量企业是否具备挂牌资格的重要指标。

于制造业的新三板企业为研究对象。在上述时间范围内，"全国中小企业股份转让系统"网站发布的挂牌企业共有 5582 家，根据企业成立时间与挂牌时间间隔在 8年以内的标准，剔除不符合这一时间要求的企业 3845 家，剩余 1737 家。本书从中随机选择了 4 家企业用于试验性编码，截至 2018 年 6 月 30 日，有 286 家企业退市，23 家企业停牌，因此将这些企业剔除，剩余 1424 家企业。考虑到与新三板 IT 企业样本的比较以及编码工作量问题，我们按照 50%随机抽取 712 家企业进入正式编码。在正式编码过程中，因商业模式等关键信息缺失或错漏、编码人员工作失误等，剔除了 6 家企业样本，数据库最终包含 706 家有效企业样本。同理，我们对有效样本和剔除样本进行了统计检验，结果显示 706 家企业具有很好的代表性。CPSED Ⅱ数据库的基本架构与建设工作如图 2-1 所示。

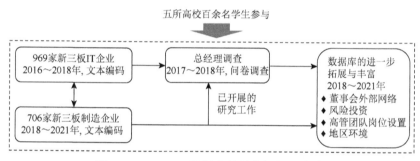

图 2-1　CPSED Ⅱ数据库的基本架构与建设工作

基于数据库设计的理论模型，以样本企业挂牌的公开转让说明书为时间起点（T_0）、以年度报告为时间序列（T_n）针对每家编码企业构建动态跟踪数据库。例如，企业 A 于 2013 年在新三板挂牌，以公开招股书为依据，2013 年是编码时间起点，后续根据企业年度报告（2013 年、2014 年、2015 年、2016 年、2017 年……）作为时间序列分别编码。在编码数据库中，总共包含所包含 1600 多个变量，涉及企业基本情况、企业治理结构、企业高管特征、企业财务情况、企业主营业务与资源情况、企业商业模式特征、企业年度报告等信息。

2.2　编码过程与可靠性检验

样本企业文本编码的二手数据来源包括：公开转让说明书、年度报告、其他重要的公司公告以及公司网站信息等资料。这些是在"全国中小企业股份转让系统"网站公开发布的文本资料，总共涉及 1675 份公开转让说明书、4689 份年度报告以及其他重要的公司公告。

我们分别针对公开招股书和年度报告设计了编码问卷并反复修正和调整，针对公开招股书的编码问卷侧重于高管团队、治理结构、资源状况、商业模式、人口统计等内容，年度报告侧重于财务绩效及其变化、高管团队变化、商业模式变化等内容。依据其客观程度，可以将编码问卷中的变量分为三类：第一类是直接提取的客观变量，即可以直接从上述文本资料中复制的数据和信息，如企业财务信息；第二类是间接提取的客观变量，即可以在上述文本资料中找到客观数据和信息，但需要依据一定标准予以判别，再转化为赋值的变量；第三类是依据文本描述的主观判定变量，即编码人员阅读文本资料并在进一步查阅补充资料的基础上，进行综合性评判打分的变量，主要涉及商业模式特征部分有关效率和新颖维度的 26 个题项。在此基础上，我们设计了编码手册，明确编码问卷中各项题目的填写规则与打分准则。

2016 年 8 月，969 家新三板 IT 企业编码工作正式启动，我们组建了由 7 位编码人员和 1 位编码组长构成的编码工作小组，7 位编码人员均是战略与创业方向的年轻教师、博士研究生和硕士研究生，编码组长是创业管理方向的教授，也是项目的设计者，编码工作小组具备相关的理论和商业知识来支撑编码工作。具体而言，编码工作遵循如下流程展开：结合编码手册，编码组长对 7 位编码人员进行了编码培训，在培训基础上针对 10 家新三板 IT 企业进行试验性编码，核对编码结果和过程，并对编码过程中存在的问题进行了充分讨论，并进一步修正了编码手册，包括对容易产生歧义和误解的题项进行修订、对部分间接提取的客观变量赋值标准进行修订等。在确定编码人员充分了解编码规则之后，启动正式编码。

在正式编码过程中，编码工作划分为三阶段进行，在每一阶段开始时，编码组长随机给每位编码人员分配编码企业名单，在编码小组完成这一阶段的企业编码后，再针对主观判定变量（商业模式创新的效率和新颖维度）进行交互验证，由编码小组随机选择编码人员进行两两配对验证，特别需要指出的是，编码人员事先并不知道配对分配。同时，为了确保主观判定变量两两配对编码验证的整体信度，在每个阶段的两两配对均不相同，以"编码员 1"为例，他在每个阶段的配对验证编码人员各不相同（分别为编码员 3、编码员 6 和编码员 7），同时他在事先并不知道谁是其配对验证人。

基于上述流程，我们的编码工作总共花费 70 天，2016 年 10 月 27 日完成初始编码。在第一阶段完成了 320 家企业编码；第二阶段完成了 352 家企业编码；第三阶段完成了 297 家企业编码，共计 969 家企业。2018 年 3 月，组织研究团队补充完成了 969 家新三板 IT 企业 2016～2017 年的年度报告的编码工作。

2018 年 7 月，针对 706 家新三板制造企业的编码工作启动，工作流程与 969 家新三板 IT 企业的编码工作流程完全相一致，组建了由 1 位编码组长、2 位副组长、22 名编码人员的编码工作组，共花费 30 天完成初始编码工作。2021 年 4 月，组织 42 名编码人员完成了 706 家新三板制造企业 2013～2020 年的年度报告编码工作。

二手数据编码的重点和难点在于数据的可靠性和准确性。基于不同的变量类型，我们采用了相应的措施来确保数据编码的可信度和可靠性。

第一，针对直接提取或间接提取的客观变量，我们采用逻辑抽检、极端值抽检和随机抽检三个步骤来逐步开展各个模块的核查、校验工作，目的是确保编码数据的可靠性和准确性。因为样本量和变量数庞大，我们总共花费了接近一年的时间进行数据核查和校验工作，总体上看，客观变量编码具有较高的可靠性和准确度。具体工作步骤是：①逻辑抽检工作，即核查数据信息是否符合基本逻辑，在编码问卷中，一些题目之间存在着逻辑验证，如股份比例之和是否等于100%、董事会成员数量与后续董事之间是否匹配等。我们针对逻辑抽检中发现的错误信息，采用重新编码的方式予以修正。②极端值抽检，即针对题项的极大值和极小值样本进行复检，对复检企业进行重新编码和验证。以969家新三板IT企业样本为例，针对挂牌前两年的企业财务信息模块，进行上述两个步骤，总共涉及134家企业需要进行编码复检，占总体样本的13.8%，其中，发现有98家企业的信息出现了填写错误，随即进行了修正，占总体样本的10.1%。在完成上述两个步骤之后，我们进行了随机抽检，以编码员为标准，按照20%的比例随机抽取样本企业进行复检，一旦发现随机抽取样本的错误率[①]高于30%，我们就对该编码员处理的企业样本进行全额复检。总体上看，仅在"企业高管信息"部分，出现了2位编码员的随机抽检错误率高于30%而进行全额复检的情况。

第二，针对商业模式效率和新颖维度的主观判定变量的一致性检验，我们在编码过程中采用配对检验的方式进行，总体上看，商业模式效率和新颖维度的测量具有较好的信度和一致性。针对969家新三板IT企业样本，13项商业模式效率维度题项的信度系数是0.902，13项商业模式新颖维度题项的信度系数是0.720，26项整体量表题项的信度系数是0.883。在两两配对检验的一致性方面，13项商业模式效率维度题项的信度系数是0.772，13项商业模式新颖维度题项的信度系数是0.730，26项整体量表题项的信度系数是0.802。针对706家新三板制造企业样本，13项商业模式效率维度题项的信度系数是0.855，13项商业模式新颖维度题项的信度系数是0.788，26项整体量表题项的信度系数是0.851。在两两配对检验的一致性方面，13项商业模式效率维度题项的信度系数是0.764，13项商业模式新颖维度题项的信度系数是0.749，26项整体量表题项的信度系数是0.791。

必须指出的是，鉴于这部分主要改编自Zott和Amit（2007）的研究，相关统计检验与Zott和Amit（2007）报告的结果相一致：一方面，我们的整体一致性系数为0.802，Zott和Amit（2007）的整体一致性系数为0.81；另一方面，与Zott和Amit（2007）的研究一样，本书编码工作三个阶段的一致性系数也呈稳步上升趋势。

---

① 错误率的计算方法：所核查部分信息出现错误的样本/抽取样本。"出现错误的样本"指的是在所核查部分信息出现一处及以上错误的样本。

2.3　总经理调查的设计与实施

2017 年底，我们面向 969 家新三板 IT 企业开展了总经理调查。从调查方法角度来看，尽管调查总体是确定的 969 家企业，但这仍是一项很有挑战性的工作。第一，969 家企业的地理分布很广，涉及全国 28 个省（区、市），并且各个省（区、市）之间的企业数量差异巨大[①]，如何设计调查方法来避免抽样误差就显得非常重要。第二，这次调查的调查对象为 969 家企业的总经理，但我们并不掌握这些总经理的任何个人联系信息，如何有效接触到被调查者并说服其参与调查，就是调查研究必须要解决的重要问题。事实上，这并非这次调查研究所面临的特殊问题。这次调查尝试克服已有调查的缺陷和不足，在调查设计方面做出大胆尝试，采用社会调查的方法论开展调查设计[②]，以期用真实来揭示客观。具体设计和思路如下所述。

第一，明确调查研究的总体。调查研究的本质是用获得的不完全样本信息去描述更加抽象的、更大的总体。样本描述总体的基本前提，就是在抽样之前尽最大的可能描述并刻画总体特征。在调查实施之前，我们登录"全国中小企业股份转让系统"网站逐一核查 969 家企业的资料，核对每家企业是否仍处于挂牌状态，总共有 104 家企业处于停牌状态[③]。尽管企业停牌的原因有多种，也有可能过一段时间会恢复挂牌，但我们没有办法去核实具体的停牌原因，因此我们统一将 104 家停牌企业剔除，剩余的 865 家企业构成调查的总体。那么，剔除停牌企业是否会带来系统性的误差呢？针对 104 家停牌样本和 865 家挂牌样本，我们以 10 项企业基本特征指标为标准对剔除样本和有效样本做了统计比较[④]，发现除了总资产和净利润指标，其他指标方面并不存在显著差异，可以基本认定剔除的 104 家企业不会带来系统性的误差。

第二，确定调查问卷设计。鉴于调查的难度和独特性，2017 年 2 月至 2017 年

---

① 969 家企业涉及北京、广东、上海、浙江、江苏、山东、四川、福建等 28 省（区、市），地理分布相对零散。数量最多的北京共涉及 268 家企业；数量较少的贵州、海南和云南等仅有 3 家企业。北京、广东和上海的企业数量超过了 100 家，但重庆、吉林、新疆等 11 个省（区、市）的企业数量少于 10 家。

② 总经理调查主要参考的调查方法论工具书为 *Survey Methodology*。

③ "全国中小企业股份转让系统"网站会定期披露挂牌企业的公告和重要事项信息，停牌信息就是其中一项重要信息，停牌意味着企业股票停止转让或交易，从某种程度上说，停牌企业就不再是新三板挂牌企业。一般来看，新三板企业停牌可以分为主动和被动两种情况：主动情况指的是企业因自身经营变动或存在其他重大事项（如更名、经营业务变更、升级到创业板上市等）主动向系统提交申请并发布停牌公告；被动情况是企业因业绩或违规等被系统发布停牌公告。无论哪种情况，尽管都有复牌的可能性，但至少在停牌期间，可以认定企业不再是新三板挂牌企业。

④ 这些特征指标主要包括：挂牌时生存年限、所在地区、挂牌前一年总资产、挂牌前一年资产负债率、挂牌前一年每股净资产、挂牌前一年营业收入、挂牌前一年净利润、挂牌前一年毛利率、挂牌前一年基本每股收益、挂牌前一年净资产收益率等。除了挂牌时生存年限和所在地区，其余都是衡量企业是否具备挂牌资格的重要指标。

9 月，研究团队对设计的调查问卷进行了反复测试，以提高被调查者在调查过程中的参与度，避免被调查者因误解或不解问卷内容而产生误差。首先，我们在研究团队内部进行了第一轮的问卷试测，由项目组学术指导张玉利教授通读问卷，并对问卷中题项的表达进行了审核，确保问卷题项的达意与原量表一致；其次，邀请15 位 MBA（master of business administration，工商管理硕士学位）学员扮演企业总经理角色对问卷进行第二轮试测，根据学员在填写中的疑惑和反馈，进一步修正调查问卷的表述；再次，邀请从事二十余年社会调查的朋友及其团队进行问卷的第三轮试测，组织不具备管理经验的普通员工和普通访问员阅读并试填问卷，理清问卷中存在歧义或语义混淆的地方，根据专业社会调查人士的意见，进一步修改和完善问卷表述，确保普通人能准确理解问卷题项所表达的含义；最后，邀请 10 位不属于调查总体的新三板挂牌企业总经理进行问卷试填，一方面针对调查数据进行信度分析，另一方面进一步获取总经理对调查问卷的反馈，进一步修正问卷。基于上述四个步骤，我们最终定稿了调查问卷。

第三，采用线下接触与线上问卷相结合的方式开展调查。基于"全国中小企业股份转让系统"网站发布的信息，我们可用于推动调查的资源包括：公司基本联络信息（包括公司注册地、办公地等）、公司现任总经理姓名、公司信息披露人[①]的联系信息（电子邮箱、邮寄地址、联系电话）等。最关键的是，我们并不掌握被调查公司总经理的任何个人联系信息。基于已有的资源，我们设计了"邮寄邀请函—电话接触推动—发送问卷链接"的基本调查思路：①利用公司基本联络信息，向公司总经理邮寄正式的纸质调查邀请函，如果总经理看到邀请函，愿意参加调查，可以通过扫描二维码或拨打电话方式联系到项目团队；②利用公司信息披露人的电子邮箱信息，向公司信息披露人发布正式的电子调查邀请函，这一邀请函所传达的信息非常简单明确，邀请公司信息披露人向总经理传达调查信息，并邀请和说服总经理参与调查；③利用公司信息披露人的电话信息，拨打电话努力直接接触到被调查公司总经理，说服总经理参与调查[②]；④在有效接触到被调查公司总经理并说服其同意参与调查的条件下，再给总经理的个人电子邮箱发送在线问卷链接，每位总经理有专属的问卷填写密码，在成功回收问卷之前，定期对总经理进行追访，尽可能地降低成功样本的流失率。调查工作的基本逻辑，见图 2-2。

---

① 在调查之前，我们详细整理了被调查公司的联络信息以及公司信息披露人的详细信息。公司信息披露人在公司担任的职务包括董事长/总经理、副总经理、董事、董事会秘书、财务负责人与其他等。基于这些职务，我们判断，公司信息披露人在公司与总经理之间的职位以及空间距离非常近，在难以直接接触到被调查公司总经理的情况下，通过公司信息披露人有可能间接接触到被调查公司总经理。

② 在公司年度报告中信息披露人一栏公布的电话，可以划分为以下四类：前台电话、总经理/总助电话、公司信息披露人电话、部门电话。针对总经理/总助电话，我们的策略是说服邀请总经理参与调查；针对前台电话，我们的策略是利用沟通技巧请前台转接总经理；针对公司信息披露人电话，我们的策略是邀请其帮忙联系总经理推动调查，同时争取能拿到总经理的邮箱或电话等个人联系方式；针对部门电话，我们的策略是直接放弃，因为这种电话难以转接到任何其他部门，更难以有效接触到总经理。

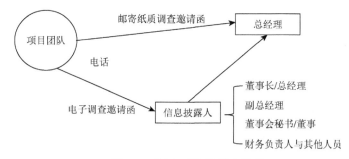

图 2-2　调查工作的基本逻辑

实线箭头表示项目团队直接联系企业人员；虚线箭头表示企业人员间接联系到总经理

第四，调查员培训与调查实施的关键要点。基于调查的基本思路，杨俊牵头组织了由 4 位同学组成的调查团队，并对调查员就调查实施的基本原则和关键要点进行了系统性培训。这些关键要点包括：①等效接触原则，在有效接触到总经理或公司信息披露人之前，每家公司至少电话接触 3 次以上，目的是保证调查总体中的每家企业有均等的机会参与调查。②有效反馈原则，对应调查研究中的应答率问题。对于所接触的每家被调查企业，只有在有效接触到总经理或公司信息披露人并给予明确反馈的前提下，才可以判断该企业在调查中所处的状态（成功或拒绝），若 3 次以上均未能接触到总经理或公司信息披露人，将该公司判断为失联状态。③有效追访原则，对于已经同意接受调查的被调查企业，定期追访总经理并提醒其填写问卷，降低成功样本的流失率。

第五，关于样本量和抽样问题。2017 年 11 月 1 日至 11 月 7 日，我们在 865 家被调查企业中按照系统抽样原则随机选择了 29 家企业进行了试调查，目的是检验调查设计和方案的可行性，结果表明，有 3 家企业的总经理成功接受了调查，应答率为 10.3%。基于试调查的结果，我们设定了样本量不得低于 100 份，尽可能达到 300 份的调研目标，即应答率为 12%～35%。关于抽样问题，这次调查是对总体的全样本调查，故不存在抽样的设计问题。

2017 年 11 月 8 日至 2018 年 1 月 31 日，问卷调查工作全面展开，共成功接触到 293 家企业的总经理、总经理助理或董事会秘书（占比 33.9%），其中，136 家企业总经理愿意接受调查（占比 46.4%），157 家企业的总经理拒绝接受调查（占比 53.6%）。对于剩余的 572 家企业（占比 66.1%），我们未能成功接触到公司的总经理、总经理助理或董事会秘书。针对 136 家愿意接受调查的企业，成功回收 101 份有效问卷，有效问卷回收率为 74.3%[①]，共 35 家愿意接受调查的企业总经理因各种原因未能成功提交问卷（占比 25.7%）。

---

① 问卷回收率远低于乐观的预期目标，主要原因是调查的时机不适宜，调查期间恰好处于财务年尾和农历年尾，不少被调查公司的总经理都在外出差，我们多次电话联系均没有联系上，部分同意接受调查的公司总经理因过于忙碌等原因，尝试登录问卷链接填写一部分后就放弃了。如果在 2017 年 9 月启动调查，成功率很有可能会达到 30%，有效问卷回收率也很可能会达到 90%。

　　我们针对每家被调查企业采用标准调查流程推进调查工作。借助调查公司将正式的纸质版邀请函邮寄给被调查公司的总经理，这封邮件在外包上标注两点重要信息，一是总经理本人亲启，二是标注南开大学，目的是提升总经理收到并阅读纸质邀请函的可能性，借助这一流程，我们判断会有被调查公司的总经理愿意接受调查，并会主动联系我们。在邮寄纸质版邀请函之后，利用南开大学教工邮箱给被调查公司在年度报告中的公司信息披露人电子邮箱发送电子版邀请函，目的是邀请公司信息披露人帮忙邀请或推动公司总经理接受问卷调查。在上述两项工作的基础上，我们拨打被调查公司在年度报告中的公司信息披露人电话，尝试通过该电话联络被调查公司的总经理或公司信息披露人，进一步邀请并说服公司总经理接受问卷调查。

　　为了确保总经理本人亲自填写问卷，我们在调查实施过程中采取了如下措施：①在得到总经理的私人电话、私人邮箱或私人微信确认参与调查后，我们才将调查问卷链接和填写密码通过邮件回复或微信回复的方式提供给被调查者。②在某些情况下，被调查公司总经理愿意接受调查，责成公司董事会秘书或其他高管来负责联络工作，我们会将问卷链接和填写密码发送给总经理授权联络人，并要求联络人将问卷链接和填写密码转发给总经理的同时将邮件抄送给专门用于调查联络的南开大学教工邮箱。③某些情况下，在邮件、电话或微信沟通中，被调查公司的总经理表示倾向于填写纸质版问卷，我们会在沟通中明确表示要求总经理在填写纸质版问卷后，签署确认是本人亲自填写，在收到问卷后，我们又利用电话进行回访确认。④在调查问卷中，我们要求被调查公司总经理填写名字、手机（电话）和电子邮箱等信息，利用这些信息与我们掌握的总经理手机（电话）或电子邮箱进行核对来交互验证。同时，调查团队针对被调查企业的上述关键联络信息进行了证据留存。

　　图 2-3 概括了调查工作实施的基本情况以及 101 份有效问卷的来源和渠道①。值得一提的是，865 家被调查企业年度报告中公布的公司信息披露人电话中，有169 家企业发布的是错误电话号码，51 家企业发布的是公司部门电话，这 220 家公司我们无法通过电话途径来接触到公司总经理或董事会秘书②。这意味着，调查所可能接触到的样本总量仅为 645 家，按照这个总量进行测算，调查的成功率为 21.1%，

----

　　① 对主动联系和电话联系的有效样本回收率进行统计比较发现，两者之间的有效样本回收率存在着显著差异，造成这一事实的原因可能有两个：一是两者之间参与意愿的差异，主动联系的总经理看到了调查团队邮寄的纸质邀请函，具有更高的参与意愿；电话联系则是调查团队推动实施的调查，意愿相比主动联系的总经理更低。二是主动联系大约集中发生在 2017 年 11 月中旬至 12 月中旬，这段时间总经理的时间相对更加充裕，电话联系成功样本的流失集中发生在 2017 年 12 月底至 2018 年 1 月底，这段时间总经理非常忙碌，2018 年 1 月的成功样本流失率最高，占到流失成功样本的 85%。

　　② 在这里，我们表达的不可接触性是根据我们设计的调查方案而言，同时据调研团队的判断，这一调查方案是用于解决被调查企业地理分布广以及调查对象独特性两个重要问题的可行方案。尽管我们可以通过面访等途径去接触 220 家企业，但考虑到时间、成本等因素的制约，这一方案的可行性其实非常低，至少有两个原因：第一，面访很可能会被挡在公司前台；第二，即便没有被挡在前台，突兀的拜访反而会引起被调查企业总经理的反感。

有效问卷回收率为 15.7%。依据我们调研对象的特殊性来看，成功率和回收率已经达到了不错的水平，也在一定程度上证实了我们设计的调查方案的有效性。

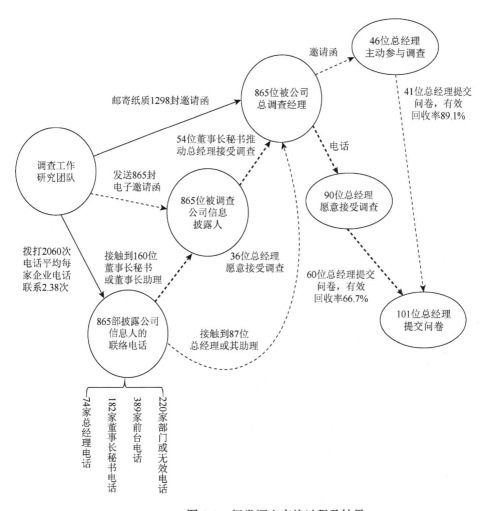

图 2-3　问卷调查实施过程及结果

实线箭头表示项目团队直接联系企业人员的路径；虚线表示直接联系后产生的间接联系及其结果
（其中粗箭头表示电话联系；细箭头表示电子或纸质邀请函联系）

　　调查团队自 2017 年 11 月 8 日至 30 日，先后邮寄了 865 封正式的纸质邀请函，2018 年 1 月 3 日至 7 日，我们又针对电话联系中判定的失联企业邮寄了 433 份正式的纸质邀请函，共计邮寄了 1298 份纸质邀请函。在 24 个工作日内，调查团队总共拨打 2060 次电话，平均每个工作日拨打 85.8 个电话，平均每家企业拨打电话 2.38 次，从不同样本状态的电话拨打数量分布来看，在剔除掉 220 家不可接触企业后，成功样本的平均拨打电话次数达到 2.98 次，失联样本的平均拨打电话次数为 2.74 次，表明调查团队在调查实施中严格执行了调查计划，每家企业原则上 3 次以上不能接触到总经理或董事会秘书，才能判断为失联样本，见表 2-1。

表 2-1　819 家企业的电话联络情况统计　（单位：次）

拨打电话情况	失联样本	成功样本	拒绝样本	统计值
平均值 [a]	2.74	2.98	2.15	
标准差 [a]	1.25	1.29	1.34	$F = 15.933$
最小值 [a]	1.00	1.00	1.00	$p = 0.000$
最大值 [a]	8.00	7.00	7.00	$N = 599$
平均值 [b]	2.46	2.97	2.15	
标准差 [b]	1.25	1.29	1.34	$F = 12.245$
最小值 [b]	1.00	1.00	1.00	$p = 0.000$
最大值 [b]	8.00	7.00	7.00	$N = 819$

注：865 家企业中，有 46 家企业总经理在收到邮寄的纸质邀请函后主动联络我们参与调查，所以我们通过电话联络接触总经理的被调查企业总量为 819

a 表示剔除 220 家不可接触企业后的 599 家企业的统计；b 表示 819 家企业的统计

从邮件联系上看，除了给 865 家被调查公司信息披露人发送电子版邀请函，我们还涉及将邮件作为与被调查公司总经理或公司信息披露人之间电话联络的补充渠道，用于向总经理或公司信息披露人传递电话沟通难以传递的信息。概括起来，我们总共发送 1317 封电子邮件，平均每家企业 1.52 封邮件，给被调查企业发送的最大邮件数量为 6 封。按照调查实施计划，针对成功样本，一方面要给总经理或公司信息披露人发送问卷填写链接邮件，另一方面还要通过邮件定期提醒总经理登录填写问卷，邮件发送次数自然会最高。基于调查工作记录的统计分析表明，不同状态的邮件数量存在着显著性差异（$F = 107.257$，$p = 0.000$），失联样本的邮件联络平均值是 1.35 次（标准差为 0.65），成功样本的邮件联络平均值是 2.41 次（标准差为 1.14），拒绝样本的邮件联络平均值是 1.39 次（标准差为 0.79）。这一结果从邮件联系的角度表明，调查团队严格遵照调查实施计划执行调查。

上述结果表明，调查团队在执行调查计划方面并没有出现偏差或失误，我们可以保证所有问卷均由公司总经理亲自填写，所回收的调查问卷具有较高的可信度[①]。更为重要的是，除了可信度，有效样本质量的核心在于代表性而不在于样本数量，从总体上看，101 份调查问卷具有很好的代表性。

第一，调研设计克服了由调查员能力差异带来的抽样偏差。尽管在调查正式实施前，对调查员进行了系统培训，但是调查员能力存在的差异，可能会导致调查过

---

① 在 101 份有效问卷中，有 5 家企业的情况特殊，由于公司治理方面的特殊原因，公司在公开信息中公布的总经理长期在国外或不实质参与公司管理和经营，公司的管理和经营由公司的常务副总经理负责，总经理只是名义上的公司负责人。经过反复电话沟通，我们同意这 5 家企业的问卷由负责公司管理和经营的常务副总经理填写。这 5 家企业的股票代码分别是：831472、835013、830953、832015、835305。

程中接触到总经理/公司信息披露人可能性的偏差，这是导致抽样误差的最关键因素，即调查员能力导致有些可能被抽取的样本没有被成功抽取。在考虑调查员能力差异是否带来偏差之前，我们检验了不同调查员所负责的被调查企业群体的电话分布是否存在差异，因为电话属性不同显然会导致调查员所负责被调查企业可接触性的系统性偏差。统计发现，5 位调查员所负责的被调查企业的电话性质分布并不存在显著性差异，进一步检验发现，5 位调查员接触到被调查总经理/公司信息披露人的概率分布也不存在显著性差异。这表明，调查并不存在调查员能力差异所引起的偏差，在一定程度上反映出调查前培训的有效性和必要性。

第二，关于 220 家不可接触被调查企业与 645 家可接触被调查企业的偏差检验。尽管在调查设计上，我们采用邮寄纸质邀请函与电话联系相结合的设计，但从理论和实际效果上看，电话联系是联络并邀请被调查企业总经理参与调查的主要手段，图 2-3 也表明，101 份有效问卷中，有 60 份问卷来自电话联络，占有效问卷的 60%。那么，就很有必要检验年度报告中发布的电话号码错误及发布部门电话导致我们不可能通过电话途径接触到总经理或公司信息披露人的 220 家被调查企业是否会带来系统性偏差。我们以 10 项企业基本特征指标为标准对 220 家和 645 家被调查企业做了统计比较，发现除了挂牌前一年每股净资产和挂牌时生存年限指标，其他指标方面并不存在显著差异，可以基本认定不可接触的 220 家企业不会给调查带来系统性偏差。

第三，关于成功接触样本和未能成功接触样本的偏差检验。按照调查实施计划，我们将被调查企业划分为成功、拒绝和失联三种结果状态，其中，成功和拒绝样本意味着我们成功接触到了被调查企业的总经理或公司信息披露人，而失联样本则意味着我们未能成功接触到被调查企业的总经理或公司信息披露人。那么，成功接触样本和未能成功接触样本之间，是否存在着系统性偏差呢？换句话说，是否是某些企业因素导致其更容易被接触，如规模，这些因素有可能给我们的调查带来抽样偏差。我们以 10 项企业基本特征指标为标准对 293 家成功接触样本和 572 家未能成功接触样本做了统计比较，发现除了挂牌前一年资产负债率指标，其他指标方面并不存在显著差异，可以基本认定未成功接触的企业样本不会给调查带来系统性偏差。

第四，关于成功样本和拒绝样本的偏差检验。我们以 10 项企业基本特征指标为标准对 136 家成功接触样本和 157 家拒绝样本做了统计比较，发现除了挂牌前一年资产负债率指标，其他指标方面并不存在显著差异，可以基本认定拒绝样本不会给调查带来系统性偏差。

第五，关于有效样本的代表性检验。我们进一步从有效样本的地域分布、创建年限、挂牌年限、所属行业等四个方面检验了其相对于总体的代表性。描述性分析结果综合表明，尽管从有效样本/总体样本的比例分布来看，在地域分布、创建年限、挂牌年限和所属行业等四个方面的比例分布存在着一些差异，但有效样本相对于总体样本的上述四项特征频次分布具有较好的相似性，即抽取到的有效样本在地域分布、创建年限、挂牌年限和所属行业等四个方面的分布上与总体样本相比较具有一致性。可以判断，抽取到的 101 份有效问卷能够代表总体的基本特征。

2.4　数据库的进一步拓展与丰富

跨校学术团队在联合研究中不断共同建设和丰富 CPSED Ⅱ数据库。在具体研究工作中，以研究问题为导向，从董事会外部网络、风险投资、高管团队岗位设置、地区环境等微观主题入手进一步建设和丰富 CPSED Ⅱ数据库，主要包括：西南政法大学韩炜教授牵头组织研究团队增添了董事会外部网络数据，补充了1500 多条董事外部任职信息。华中科技大学叶竹馨副教授牵头补充了 969 家新三板 IT 企业高管团队岗位设置方面的信息。暨南大学叶文平副教授将地区生产总值、市场化指数、创业环境等地区环境数据与 969 家新三板 IT 企业数据匹配起来。浙江大学沈睿研究员通过公开转让说明书、Wind 数据库、CVSource 投中数据库、私募通等渠道，收集了参与投资 969 家新三板 IT 企业的所有风险投资机构信息，截止到 2018 年底，366 家新三板企业获得了 1118 笔风险投资。通过中国证券投资基金业协会、风险投资机构官网等渠道，手动检索并收集风险投资机构投资人的人口统计学特征、教育背景、工作经验、过往投资经验等信息。将风险投资数据与新三板 IT 企业数据相匹配，风险投资数据包括投资人、投资机构和交易记录三个层面的信息，为探讨创业者与投资人、创业团队与投资团队之间的互动提供了丰富的数据。

第 **3** 章

新创企业组织间网络对企业绩效
与创新的影响

网络如何促进新创企业生成和成长，是创业研究领域的经典话题。网络在新创企业成长过程中的资源功能和声誉功能已得到大量研究的论证，并且已有研究认同网络之于新创企业成长的解释逻辑。先前研究大多数以机会为主线，注重挖掘基于社会属性的网络关系如何为机会识别和开发活动提供信息、资源、声誉、合法性等支持的作用机理，同时进一步揭示了网络从个体网络发展至组织间网络的过程机制。然而，具有不同构成内容的组织间网络对新创企业成长的作用如何，我们对此尚缺乏系统性认知。基于此，本章着重挖掘以投资者网络、客户网络、供应商网络为主要内容的组织间网络对新创企业绩效的影响，以解释新创企业情境下组织间网络的绩效作用。

3.1　机构投资者网络对新创企业绩效与创新的影响

机构投资者网络的作用在于为新创企业提供创业与成长所需的资金，这种资金供给并不是决策做出后的一次性行为，而是关系到新创企业成长的持续性行为。因此，新创企业构建并维持投资者网络运营的目的在于，通过与投资者的多维互动，吸引投资者更为深入地了解企业经营，对企业成长潜力做出正确判断，从而持续性地提供资金支持。从这个角度来说，新创企业与投资者的联系不仅是资金的需求与供给，更在于双方对新创企业商业模式的阐释与理解、交流与互动、执行与协助。

从投资类型来看，新创企业的投资者网络往往包含独立风险投资、公司风险投资（corporate venture capital，CVC）等；从组织属性来看，投资者又可分为自然人投资者和机构投资者。无论是独立风险投资还是 CVC，都属于机构投资者范畴，这也是本书集中关注的网络主体。美国学者彼得·德鲁克最早观察到机构投资者这一现象的兴起，他发现养老基金等机构投资者的发展使得上市公司股权结构呈现机构化的特征，由此带来两个直接的变化：一是上市公司股权结构由分散向集中发展，二是机构投资者更积极地监督所投资公司的管理层，彼得·德鲁克据此认为机构投资者兴起有助于破解伯利–米恩斯假说，包括现代企业所有权分散问题以及所有权与控制权分离的问题。随着全球范围内机构投资者持有的证券数量不断上升，他们将成为上市公司中越来越重要的股东，地位越来越重要。

通过对 CPSED Ⅱ 数据库中 918[①]家披露了投资者信息的 IT 企业的分析发现，682 家企业吸引了机构投资者成为公司股东，占 74.3%，其中机构投资者成为控股股东的企业有 157 家，占 23%。相比之下，在 706 家制造业企业中，拥有机构投资者股东的企业数量为 458 家，占比 64.9%，其中机构投资者作为控股股东的企业为 153 家，占比 33.4%。由此可以看出，从机构投资者角度而言，相比传统的制造行业，软件和信息技术服务业等新兴行业更加吸引机构投资者的广泛关注。新创企业被机构投资者选中说明其在商业模式或业绩结果上具有较好的表现，可以增强机构投资者成为控股股东以控制新创企业，快速获取回报的动机。

3.1.1　机构投资者占比与控股情况的绩效影响

新三板设立的主要目的是为挂牌企业提供融资功能。由此，一个重要而有趣的问题是，谁为新三板企业提供了资金？依靠新三板平台的融资声誉，成功挂牌使得企业能够利用新三板平台的融资信用，获取更为丰富的外部资金，然而，这些资金来自哪里？更进一步，我国主板市场的投资者以中小投资者为主，新三板市场是一个机构投资者为主的市场，同时新三板企业又是新创企业的典型代表，那么机构投资者对新三板企业绩效会产生怎样的影响呢？在这一部分，我们将着重分析由机构投资者构成的新三板挂牌企业投资者网络，特别关注网络中机构投资者规模、投资偏好以及投资回报等问题。

1. 机构投资者在股权结构中的占比及其对业绩的影响

引入机构投资者一定会带来新创企业更好的绩效表现吗？支持的观点主要出于两种逻辑。一是资源支持逻辑，即机构投资者投入的资金是新创企业初期成长的关键资源，这已被企业成长理论以资源扩张推动企业成长的核心观点所解释。二是治理优化逻辑，即机构投资者持有公司股份会对公司治理产生积极影响，尤其是通过引导公司核心管理层行为改变，推动公司业绩提升。这一逻辑的本质在于机构投资者在公司股权结构中占比越高，意味着机构投资者的力量越强大，公司核心管理层会更充分意识到机构投资者的重要性，从而增强与其的合作和交流。机构投资者由此能够对公司治理产生更积极影响，其结果表现为公司业绩的改进与股东财富的增加。

---

① 本书中分析新三板 IT 企业样本时不足 969 家全样本的情形，以及分析新三板制造企业样本时不足 706 家全样本的情形，皆因所涉及变量信息缺失。

反对的观点主张机构投资者的参与会干扰管理者的正常工作，从而对企业产生不利影响。这来源于两种假说：一是利益冲突假说，即机构投资者和公司之间由于存在其他盈利性的业务关系而被迫支持核心管理层；二是战略同盟假说，即机构投资者认为与核心管理层合作对双方更有利而主动支持核心管理层。无论哪种假说都降低了机构投资者所拥有的信息与资金优势，使得机构投资者持股比例对企业绩效产生消极的影响。由此，无论是学术界还是实践界，关于机构投资者对新创企业绩效的影响究竟是积极正向的还是消极负向的，并未形成一致性观点。

从自身作用与优势来看，机构投资者除了使用传统的"用脚投票"的策略即抛售股票的方式以外，还可以积极地"用手投票"即主动参与公司治理和改进公司治理方式以实现其资本保值增值的目标，如改变公司的发展战略和核心管理层。这一发展趋势的标志性事件发生在 20 世纪 90 年代，IBM、通用汽车、康柏电脑、AT&T 以及捷运等五家美国大型上市公司迫于机构投资者压力，通过解雇 CEO（chief executive officer，首席执行官）以迫使核心管理层改变企业战略，至此，机构投资者的重要性得到业界与学术界的共同认可。具体而言，机构投资者自身具有两个显著优势：一是专业优势，机构投资者是由一组专业人士组成的专家化群体，当他们行使资本所有权与经营权时，意味着这一主体拥有一般投资者所不具备的专业与信息优势；二是资金优势，机构投资者通过募集众多自然人资本参与新三板企业治理，因此往往体现出股份比例大、股权集中度高的资金优势，正是因为这两个优势机构投资者才可能对新三板企业的业绩与创新产生重要影响。

1）新三板 IT 企业

这一部分我们主要分析机构投资者在公司股权结构中占比情况对企业绩效和经营状况的影响。具体而言，在 918 家披露了机构投资者信息的新三板 IT 企业中，依据机构投资者股东在股权结构中所占比例，我们将其划分为四类：机构投资者高占比组（机构投资者占比大于或等于 67%）、机构投资者中占比组（机构投资者占比在 31%~67%）、机构投资者低占比组（机构投资者占比介于 0~31% 且包含 31%）、无机构投资者组（股东大会中没有机构投资者股东）。新三板 IT 企业股权结构中机构投资者占比与企业挂牌当年年底的总资产（相关系数为 0.228，$P=0.000$）、营业收入（相关系数为 0.069，$P=0.039$）正相关，与企业挂牌当年年底的资产收益率（相关系数为 -0.174，$P=0.000$）、每股收益（相关系数为 -0.111，$P=0.001$）负相关。

基于机构投资者所占比例进行的分组，在总资产（$F=19.867$，$P=0.000$）、资产收益率（$F=6.991$，$P=0.000$）、每股收益（$F=3.486$，$P=0.015$）方面表现出了显著性差异，如图 3-1 所示。在总资产方面，机构投资者高占比组的资产规模显著高于中低占比组，也显著高于无机构投资者组；在净利润（去掉资产收益率）和每股收益方面，机构投资者中低占比组显著高于高占比组。对于挂牌当年年底的总资产而言，机构投资者占比越高，总资产平均值越高。具体而言，高占比组平均值为 2.468，高于其他三组，特别是高于无机构投资者组的 0.562。对于净利润和每股收益而言，机构投资者占比越高，净利润和每股收益越低。机构投资者低占比组的净利润最高为 0.087，无机构投资者组每股收益平均值为 0.347。

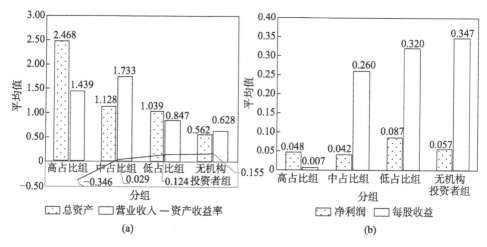

图 3-1　新三板 IT 企业机构投资者占比与企业绩效差异

这一结果表明，新三板 IT 企业通过引入机构投资者收获成长所需资金，实现自身规模的快速扩张，集中体现了机构投资者的资金优势。但是，新创企业难以在成长初期实现利润水平与初期规模幅度一致的变化，这就使得规模扩张较大的企业往往最终资产收益率水平较低；同时，资产规模的扩大使得新创企业流通在外的普通股股数更多，但对于利润增长缓慢的新创企业而言，较低的利润水平分摊到较多的普通股股数上，就呈现出每股收益水平较低的盈利表现。

尽管不存在显著性差异，但低占比组的企业净利润平均值最高（0.087），而中占比组的营业收入平均值最高，为 1.733。这一结果也佐证了本书对引入机构投资者影响资产收益率与每股收益变化的作用机制的判断，即机构投资者的资金及其管理参与并不能快速或直接带来企业收益水平的提高。我们认为，机构投资者针对主板和新三板挂牌企业的投资决策存在差异，这关乎投资"当下"还是"未来"的问题。机构投资者凭借其专业的投资知识与丰富的投资经验，能够对新创企业的成长性与盈利性做出预判，但机构投资者更多地出于成长潜力的考量而对新创 IT 企业进行投资，而不是像针对主板上成熟企业那样，关注上市公司当前的盈利性。因此，机构投资者成为新创 IT 企业的投资利益相关者，并不是快速地助力新创企业资产收益率、每股收益等短期利益的增加，从而以分红、套现等方式实现收益，而是更加关注新创 IT 企业创新驱动的成长性。

我们没有发现机构投资者占比与企业总资产增长率、营业收入增长率和净利润增长率差异的统计证据。无论是基于这一占比所划分的哪一个组别，都没有发现总资产增长率、营业收入增长率、净利润增长率在组间呈现出显著差异。

2）新三板制造业企业

以新三板制造业企业为样本，我们发现了与新三板 IT 企业相似的研究结论。新三板制造业企业股权结构中机构投资者占比与企业挂牌当年年底的总资产（相关系数为 0.154，$P=0.001$）、营业收入（相关系数为 0.134，$P=0.004$）、净利润（相关系数为 0.113，$P=0.036$）正相关。基于机构投资者所占比例进行的分组，在总资产（$F=13.411,P=0.000$）、营业收入（$F=4.815,P=0.003$）、利润总额（$F=2.970$，$P=0.031$）、净利润（$F=3.994,P=0.008$）、资产收益率（$F=4.403,P=0.004$）方面均表现出了显著性差异，如图 3-2 所示。相比于新三板 IT 企业，新三板制造业企业股权结构中机构投资者占比对企业绩效的影响范围更广，表现在资产类、收入类、利润类多项指标上。特别是在利润总额与净利润方面，新三板制造业企业机构投资者占比存在较为显著的组间差异，这在新三板 IT 企业样本中并不显著。

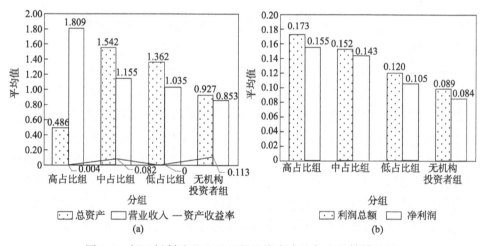

图 3-2 新三板制造业企业机构投资者占比与企业绩效差异

机构投资者占比越高，新三板制造业企业当年年底利润总额、净利润、营业收入平均值越高。对于利润总额而言，机构投资者高占比组平均值为 0.173，高于其他三组，特别是明显高于无机构投资者组 0.089；对于净利润而言，机构投资者高占比组平均值为 0.155，高于其他三组，同样明显高于无机构投资者组的 0.084；对于营业收入而言，机构投资者高占比组平均值为 1.809，高于其他三组，同样大幅度高于无机构投资者组的 0.853。

上述结果表明，引入机构投资者的制造业新创企业，能够利用机构投资者提供的资金快速实现资产规模、收入规模的扩大，反映出融资资金所带来的规模效应。更为有趣的是，与新创 IT 企业不同，新创制造业企业在较多地引入机构投资者后，借助后者的资金优势及其参与传统行业投资的专业优势，能够实现利润水平的提高。IT 行业新创企业动辄依靠"烧钱"的平台模式，抑或流量思维驱动的盈利模式，其往往在新颖的商业模式背后需要大量的资金支持和利益相关者关系支撑，其创新的商业模式可能面临着较高的合法性缺陷；制造业新创企业的商业模式较难有颠覆性创新，因而多被利益相关者所接受，其商业模式的市场检验效率也更高。因此，机构投资者进入制造业新创企业后，更能够驱动制造业新创企业在资产、收入乃至利润水平上不断提高。

在制造业样本中，我们也没有发现机构投资者占比与企业总资产增长率、营业收入增长率和净利润增长率差异的统计证据。无论是基于这一占比所划分的哪一个组别，都没有发现总资产增长率、营业收入增长率、净利润增长率在组间呈现出显著差异。

2. 机构投资者的权益及其对业绩的影响

机构投资者向新三板企业投资，其目的一方面在于看重新三板企业的成长性，以便在高成长的业绩中分红；另一方面则在于形成对新三板企业的控制，通过影响企业决策与运营，促进企业高成长，为将来企业出售奠定基础。在数据编码过程中我们发现，机构投资者成为新三板企业股东后的控股情况存在较大差异，表现为有的企业拥有很多的机构投资者股东，但都不控股；有的企业仅有一个机构投资者且是唯一的控股股东；有的企业由多个机构投资者共同控股。

已有研究提出，是否在持股公司中控股将在很大程度上影响机构投资者能否有效参与上市公司治理。就机构投资者参与公司治理而言，他们既能够采取消极行动，即"用脚投票"，也能够采取积极行动，即参与公司控制权竞争进而影响企业经营。从大量已有研究来看，积极行动对企业绩效尤其是长期经营绩效会产生正向影响。就机构投资者作为大股东甚至控股股东参与控制权竞争而言，一方面他们更有意愿对公司核心管理层进行监督，进而对公司绩效产生积极影响；另一方面，他们也更可能利用其控制力减少其他大股东的控制权和私人收益，进而对公司绩效产生积极影响。

因此，机构投资者在所投新三板挂牌公司中控股，意味着投资者享有控制公司经营与治理的权力，以及通过参与经营推动企业绩效提升从而更高比例地获取成长性收益的权利。基于此，本书在对机构投资者股权占比影响公司业绩的分析基础上，进一步分析机构投资者控股这一要素的作用。

1）新三板 IT 企业

我们根据机构投资者控股情况将 682 家股权结构中有机构投资者的企业划分为四类：多投控股组（拥有大于 1 个机构投资者且有机构控股股东）、多投不控股组（拥有大于 1 个的机构投资者但都不控股）、单投单控组（仅有 1 个机构投资者且为控股股东）、单投不控股组（仅有 1 个机构投资者但不控股）。

已有研究主要将机构投资者控股情况分为三种类型：一是股权高度集中，即公司有且仅有一个机构投资者控股股东，该股东对公司拥有绝对控制权，对应上述分类中的单投单控组；二是股权高度分散，即公司没有机构投资者大股东，对应上述分类中的多投不控股组；三是股权适度集中，即公司拥有较大的相对控股机构投资者股东，同时还有其他大股东，对应上述分类中的多投控股组。相较之下，本书根据数据分布状况呈现出的分类特征，反映出机构投资者在被投企业中的股权集中度水平，是股权结构"量"的体现。

机构投资者在被投企业中的股权集中度水平基于机构投资者控股情况的分组在总资产（F=16.453，P=0.000）、营业收入（F=3.129，P=0.025）、资产收益率（F=3.400，P=0.018）、每股收益（F=2.157，P=0.092）等方面表现出显著差异，如图 3-3 所示。

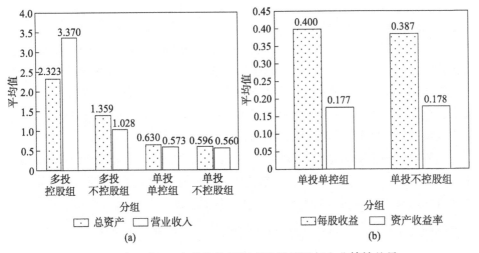

图 3-3　新三板 IT 企业机构投资者控股情况与企业绩效差异

从总资产与营业收入这两类指标来看，多投控股组的总资产平均值为 2.323 显著高于多投不控股组的 1.359，也显著高于单投单控组的 0.630 和单投不控股组的 0.596；多投控股组的营业收入平均值最高为 3.370，依次高于多投不控股组的 1.028、单投单控组的 0.573 和单投不控股组的 0.560。上述结果表明，一方面，引入多个机构投资者的新创企业因融资规模的累积效应而产生了总资产规模的增加，同时也带来了销售规模的整体提升，这主要源于多个机构投资者的资本规模效应；另一方面，当多个机构投资者中存在控股情形时，企业在总资产与营业收入上的规模提升最为显著，这主要源于具有控制权的机构投资者在机构股东中塑造了一致性行动氛围，机构投资者之间的相似性使其存在控股股东带领下的行为整合，提高了企业在关键问题上的决策效率，实现了营业收入的提升。

从资产收益率与每股收益这两类收益性指标来看，单投单控组每股收益平均值最高为 0.400，高于单投不控股组的 0.387；单投单控组的资产收益率平均值 0.177，仅仅略低于单投不控股组的资产收益率平均值 0.178，也属于较好的水平。上述结果表明，当新创企业存在唯一的机构投资者股东时，其更可能获得较高的资产收益率以及每股收益。可能的原因在于，不同的机构投资者在战略性投资或财务性投资上的投资导向存在差异，这就使得新创企业在引入多家机构投资者时面临着与不同机构投资者之间的协调。当机构投资者作为唯一投资者进入新创企业股权结构中时，其会在新创企业中形成一致化的投资决策与经营管理，降低新创企业因与多个投资者互动而产生的协调成本。进一步地，单一机构投资者控股增强了机构投资参与新创企业经营管理的动机，机构投资者更会在其最为关心的投资收益性上做出战略承诺与进行资源投入，这有利于新创企业在机构投资者投资的资产收益以及形成的每股收益上拥有更好的业绩表现。

2）新三板制造业企业

与新三板 IT 企业不同，新三板制造业企业中拥有 1 家以上机构投资者控股股东的情况比较少见，仅有 5 家企业具有这一特征（有 2 个机构投资者控股股东的企业为 3 家，有 3 个机构投资者控股股东的企业为 1 家，有 4 个机构投资者控股股东的企业为 1 家）。因此，制造业样本就难以像新三板 IT 企业样本那样将机构投资者控股情况区分为单投控股和多投控股。

我们根据制造业企业机构投资者占比情况与控股情况，采用二阶聚类方法分析，将 457 家有机构投资者的企业划分为四类：第一类是高占比控股组（机构投资者占比高且有机构投资者控股），这一类企业数量为 54 家，占比 11.8%；第二类是低占比控股组（机构投资者占比低，但有机构投资者控股），这一类企业数量为 99 家，占比 21.7%；第三类是高占比不控股组（机构投资者占比高，但机构投资者不控股），这一类企业数量为 203 家，占比 44.4%；第四类是低占比不控股组（机构投资者占比低且机构投资者不控股），这一类企业数量为 101 家，占比 22.1%。前两类代表股权适度集中的情形，后两类代表股权高度分散的情形。

基于机构投资者控股情况的分组在总资产（$F=6.035$，$P=0.000$）、营业收入（$F=4.837$，$P=0.003$）方面表现出的显著差异如图 3-4 所示，这种影响甚至延续到下一年，即机构投资者控股分组在挂牌下一年年底的总资产（$F=5.422$，$P=0.001$）、营业收入（$F=3.530$，$P=0.015$）方面也表现出显著差异。具体而言，从总资产来看，高占比控股组的总资产平均值为 2.554，显著高于其他三组，并且大幅度高于低占比不控股组的 1.267；从营业收入来看，高占比控股组的营业收入平均值最高，为 2.808，高于其他三组，特别是明显高于低占比不控股组的 0.978。从挂牌下一年年底总资产来看，仍然是高占比控股组的总资产平均值最高（3.002），依次高于其他三组，特别是明显高于低占比不控股组（1.582）。从挂牌下一年年底营业收入来看，高占比控股组的总资产平均值为 2.238，依次高于其他三组，明显高于低占比不控股组的 1.176。

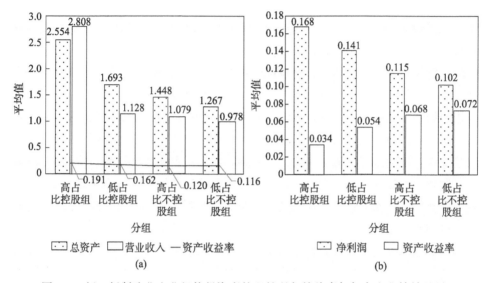

图 3-4　新三板制造业企业机构投资者控股情况与挂牌当年年底企业绩效差异

上述结果表明，首先，与新三板 IT 企业样本不同之处在于，在新三板制造业企业中通常存在单一的机构投资者控股企业，而不存在联合控股的情况。这可能来源于机构投资者对传统制造业领域的投资与股权控制判断，更多地倾向于由一个机构投资者控制以更好地引导新三板制造业企业向聚焦方向发展。其次，与新三板 IT 企业样本类似，新三板制造业企业中企业的控制权掌握在机构投资者手中时，企业更能够获得资产规模与收入规模的增长。因为机构投资者的投资驱动逻辑是依靠投资推动企业资产规模提高，带动收入规模扩大，进而以此为基础提升收益水平。这种投资规模驱动效应，在新三板制造业企业中更为明显，表现为无论是企业挂牌当年还是下一年资产与收入规模，均在机构投资者控股组水平更高；基于机构投资者控股情况的分组在挂牌企业下一年营业收入增长率方面存在差异（$F=2.252$，$P=0.082$），高占比控股组在挂牌企业下一年营业收入增长率平均值为 4.19，显著高于其他三组。这也进一步说明，机构投资者凭借控股掌握权力才能更好地以控制权与积极行动影响企业经营，推动企业的规模化成长。

3.1.2　机构投资者占比与控股情况的创新影响

从已有文献可知，机构投资者会对企业投资决策产生重要影响，而创新是一种重要的投资决策，因此机构投资者与企业创新显然存在内在逻辑联系。本节将着重分析机构投资者在股权结构中占比对技术、产品或服务创新性的影响。

国外学者围绕机构投资者和企业创新进行了大量实证研究，形成了重要的研究结论，主要可以分为两种观点。一种观点认为机构投资者投资对企业创新会产生消极的影响，其基本理由是强调机构投资者的短视特征。一方面，由于机构投资者承担较大的业绩压力，并且评价周期通常比较短，因此他们更追求短期的投资收益，不愿意就创新展开长期投资。另一方面，机构投资者往往不掌握企业经营的详细信息，尤其是在其自身投资标的十分分散的情况下，他们也无法评价与判断企业的长期价值。综合上述两个方面，相关研究认为机构投资者持股水平与企业创新呈负相关关系。另一种观点认为机构投资者会对企业创新产生积极的影响，其基本理由是强调机构投资者积极参与经营的特征，认为机构投资者仅做短线投资组合容易遭受损失。因此，他们会有动力对企业做出长期干预，通过在具有长期导向的创新活动上投资，从而关注企业的长期价值。在此基础上机构投资者的信息优势会发挥作用，尤其是对企业的长期利润能够形成正确评价。综上可知，机构投资者与企业创新的关系并未形成定论，亟待立足不同情境、针对不同样本揭示机构投资者投资对企业创新的影响。

值得注意的是，国内外的机构投资者存在很大差异，尤其是在制度层面，单纯将国外关于机构投资者的研究结论复制到我们国家，其适用性值得商榷。所以，将我国证券市场作为机构投资者与企业创新关系研究的制度背景，对于全面理解机构投资者以及企业创新都具有重要意义。

1. 机构投资者投资对创新活动的影响

机构投资者投资是否能够激发企业进行创新活动？为了回答这一问题，我们着重考察了有机构投资者投资的新创企业，在专利与著作权申请上的差异表现。企业申请专利、著作权是典型的创新活动，专利、著作权数量越多，说明企业在积极地从事研发与创新活动，表明其在创新活动上具有活跃性。在新三板 IT 企业样本中，机构投资者占比与著作权数量（相关系数为 0.102，$P=0.002$）呈正相关关系。在新三板制造业企业样本中，基于机构投资者占比的分组，在著作权数量（$F=2.318$，$P=0.074$）和专利数量（$F=191$，$P=0.088$）方面均表现出显著差异。

具体来看，在新三板 IT 企业样本中，机构投资者高占比组著作权数量平均值最高为 27.86，其次为中占比组的 24.47，这高于低占比组的 20.50 和无机构投资者组的 15.47，直观的数据表明机构投资者占比越高的企业所拥有的著作权数量平均值越高。然而在新三板制造业样本中，在著作权数量上，机构投资者低占比组的企业申请获批著作权平均数量最高为 4.44，高于高占比组的 2.39 和中占比组的 2.12，大幅度高于无机构投资者组的 1.51。在专利数量上，机构投资者中占比组的企业申请专利的平均数量最高为 16.29，高于高占比组的 14.36 和低占比组的 13.48，明显高于无机构投资者组的 11.20（图 3-5）。

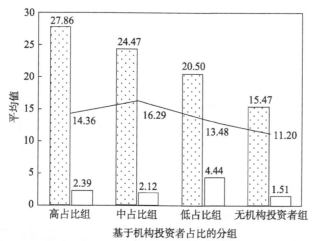

图 3-5　新三板 IT、制造业企业机构投资者占比情况与著作权、专利数量差异

进一步地，基于机构投资者控股情况的分组在著作权数量（$F=2.268$，$P=0.079$）上表现出了显著性差异。具体而言，多投控股组的著作权数量平均值最高为 28.09 件，依次高于单投单控组的 27.59、多投不控股组的 23.51 和单投不控股组的 19.95。

综合新三板 IT 企业样本与新三板制造业样本中发现的数据结果，相比没有引入机构投资者投资的情形，拥有机构投资者股东的新创企业会更为积极地开展创新活动，因此使专利、著作权的数量显著增加。进一步地，在新三板 IT 企业样本中，机构投资者高占比组在著作权数量上平均水平更高，可能的解释是高额的投资使得机构投资者与新创企业形成了同呼吸、共命运的共同体思维，激发了机构投资者的长期利益导向，机构投资者更可能从新创企业角度出发谋划企业的长期发展，从而更加注重对具有长期导向的创新活动的支持与投入。特别地，著作权类无形资产作为企业成长的关键资源，构成了新创企业成长的重要基础，因而成为高投资占比带来的长期导向的机构投资者更为关注的创新活动。

相较之下，在新三板制造业样本中，机构投资者中占比组在专利数量上表现出高水平，而低占比组在著作权数量上表现出高水平，可能的解释是：对于制造业企业而言，专利和著作权往往关乎企业生产流程、制作工艺、产品核心部件等，这些无形资产的取得比新三板 IT 行业领域针对软件开发与数据研发所需时间更长，并且需要更多的管理者注意力以及企业资源投入于专利、著作权与企业生产经营实践的转化应用。因此，高额投资固然使得机构投资者与新创企业形成共同体思维，但也促使机构投资者对新创企业形成了"收益性依赖"，新创企业的业绩水平直接影响着机构投资者的整体投资收益。制造业领域创新活动的时间投入激发了机构投资者对短期利益的关注，促使其利用业绩驱动的战略行为而非创新驱动的战略行为推动新创企业成长与绩效提升。

2. 机构投资者投资对创新结果的影响

机构投资者投资是否会带来企业创新结果的改善？衡量创新结果的变量很多，在 CPSED Ⅱ 数据库中我们采用产品或服务创新性来描述并测量企业创新活动所带来的结果。参考张玉利等（2008）的研究对产品或服务创新性的评价方式，根据公开招股书的相关内容进行编码，基于初始编码数据进一步重新赋值。最终获得的数据表明，在新三板 IT 企业样本中，机构投资者占比与企业产品或服务创新性（相关系数为 0.169，$P=0.000$）呈正相关关系。在新三板制造业企业样本中，机构投资者占比在企业产品或服务创新性（$F=4.708$，$P=0.003$）上表现出显著差异。

具体而言，新三板 IT 企业机构投资者占比越高，企业产品或服务创新性越高。如图 3-6 所示，表现为高占比组的产品或服务创新性水平平均值为 3.193，高于中占比组的 3.179 和低占比组的 3.113，远高于无机构投资者组的 2.688。随着新三板制造业企业机构投资者占比的提高，企业产品或服务创新性也表现出逐渐提高的趋势，高占比组的产品或服务创新性水平平均值为 3.060，高于中占比组的 3.000 和低占比组的 2.948，也高于无机构投资者组的 2.802。

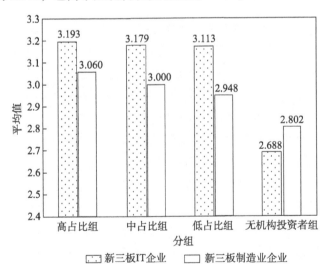

图 3-6　新三板 IT、新三板制造业企业机构投资者占比情况与产品或服务创新性差异

上述数据结果表明，机构投资者投资带来了创新绩效驱动作用。有别于对创新活动的驱动，机构投资者投资引发了企业在终端市场上产品或服务创新性的提升。尽管并没有直接证据证明，产品或服务创新性提升来自投资驱动创新活动带

来的创新结果，但数据结果意味着机构投资者对创新表现的关注，懂得产品或服务的创新性表现能够吸引客户及其他利益相关者，成为企业绩效提升的诱因。无论采用创新活动还是创新结果衡量企业的创新水平，有机构投资者的企业整体表现优于没有机构投资者的企业，这一结论为机构投资者有利于促进企业技术创新与产品创新提供了实证证据。

3.2　客户网络对新创企业绩效与创新的影响

企业的成长和发展嵌入于各类交易关系之中，其中客户和供应商是主要的交易主体，也是企业所构建的外部社会网络中重要的参与者，是其商业模式架构中的关键利益相关者。创新的商业模式设计需要对客户和供应商的类型及客户和供应商在价值链上的位置、接入客户和供应商的数量以及它们之间的交易关系等做出安排，并对上述内容做出创新性的思考。例如，戴尔建构了相对稳定的供应商网络，其与供应商实时共享客户信息的方式，构建了客户与供应商之间的链条，实现了整体价值链的高效率，这反映出其商业模式在效率维度的创新。相比之下，苹果的智能手机操作系统通过引入 APP（application，应用）开发商这一新参与者，并且设计了用以捆绑 APP 开发商的新交易关系与激励方式，为用户提供全新的体验与顾客价值，这反映出其商业模式在新颖维度的创新。由此，大量的现象表明，企业在客户、供应商层面的组织间网络深刻影响着企业的商业模式创新设计。因此，本节将着重围绕客户、供应商网络的相关问题，探讨其与商业模式创新的关系。

3.2.1　客户网络与企业绩效表现

1. 客户网络构成内容

客户网络表达的是企业的客户群在结构和关系上所呈现出来的整体性特征。在结构上，客户网络通常着眼于客户群的宽度、收入集中度、异质性、流失率等问题；在关系上，客户网络主要着眼于关系的强度、关系的动态性和关系的互动等。对客户网络进行分析，旨在从整体上把握企业客户群的组合性特征、价值及其对企业的影响，而不是孤立地看待单个客户的影响，即分析整片森林，而不是森林中一株典型的树木。

客户作为产品或服务的购买者，对在市场上获取收益的每个企业都是至关重要的。客户群体和客户购买企业的产品或服务的需求能够被满足，往往是企业主动选择的结果。当企业对自己的客户群体做出明确界定，并在经营中不断拓展进而形成客户网络，维护稳定的客户关系时，企业为更好地满足这些客户日渐挑剔的需求，需要不断进行创新，以提供更新、更高水平的价值。恰如有研究指出，客户与企业之间的关系越持久，企业所做的营销宣传对这些客户的吸引效果越弱，而实实在在的价值提升或更强的价格竞争优势，是维持客户关系的关键。反过来，客户网络也对企业的成长和发展具有重要影响。除通过向客户网络销售产品或服务创造收入之外，客户网络也是企业获取知识和信息的重要源泉，据此企业能够提升自身创新能力，获得有关市场的更深入的洞察，从而帮助企业更好地服务市场和客户，加快成长的速度。

在新三板 IT 企业所构建的客户网络中，客户类型呈现出了客户网络在内容层面的特征，表现为客户网络包含以消费者为主的客户，或以企业或组织为主的客户，抑或两者兼有。市场中"to B"（to business，以企业或组织为客户）和"to C"（to consumer，以消费者为客户）型企业面临着不同的客户群体，它们会对企业的产品和服务提出不一样的要求。例如，"to C"型企业，面临的通常是消费者个人的购买决策，而"to B"型企业，面临的则是客户群体性购买决策，参与决策的可能有采购人员、使用人员以及能够影响采购的其他人员，因此需要考虑不同人的价值需求。在做出购买决策时，单个消费者可能会较多地受到产品或服务感性的影响，组织购买者的决策却更偏于理性。因此，面对不同的客户类型意味着企业在进行价值创新以更好满足客户需求时所需兼顾的因素存在显著的差别。那些同时服务于消费者客户和组织客户的企业，为满足不同类型客户的需求，所需考虑的因素则更为多元而复杂，因此面临更为显著的挑战，也需要企业具备更强的创新能力和对不同客户需求的洞察力。

在 969 家新三板 IT 样本企业数据库中，客户类型为企业或组织的企业数量为 815 家，占比 84.1%；客户类型为消费者的企业数量为 11 家，占比 1.1%；两者兼有的企业数量为 143 家，占比 14.8%。在 706 家新三板制造业样本中，客户类型为企业或组织的企业数量为 638 家，占比 90.4%；客户类型为消费者的企业仅有 4 家，占比 0.6%；两者兼有的企业数量为 64 家，占比 9.1%。在这共计 1675 家新三板上市样本企业中，有 1453 家企业的客户类型为企业或组织，即属于"to B"型企业，占比达到 86.7%，而只有 0.9%，即 15 家企业为纯粹的"to C"型企业。这可能透露出几方面的信息：一是以新创企业为主体的新三板上市公司，大多并不直接接触终端用户，它们中一部分为其他企业或组织提供配套服务，另一部分则通过渠道商将商品或服务销售给终端用户，因此它们主要面临的是作为组织的中间商的采购需求；二是绝大多数企业面临的是组织的购买决策，它们的商业模式创新也更多地考虑与这些组织之间的连接关系，而非与终端用户之间的关系；三是相对于单个消费者而言，组织往往具有更强的谈判能力，这可能需要这些企业提供更强的价值创新，以削弱组织客户的议价能力，或以更高水平的效率创新弱化组织客户议价能力的威胁，从而在创造价值之后从中占有更大比例的收益。这也从侧面证明了"to C"型企业大多不在新三板上市，"to B"型企业是新三板的主要构成部分，推动了制造业、服务业的转型升级。

在这两大类行业的样本企业中，相较而言，制造业企业的客户中企业或组织所占的比例更高，直接面向消费者的情况更为罕见，这与制造业的行业特性有关。相比于 IT 行业，制造行业中相当比例的企业属于中间投入品制造商，它们不需要面向终端用户，而那些面向市场提供制成品的制造业企业，相对于 IT 行业，其产品的标准化程度更高，也因此相对降低了直接接触终端用户的必要性。同时，由于制造业普遍存在自建渠道成本过高和管理困难的障碍，创业企业尤其难以满足其中的投入和管理能力要求。即便互联网使得制造业企业有更多机会直接借助电商平台面向终端消费者，但随着流量成本的增加，互联网销售渠道建设面临越来越高的成本障碍。因此，直接面向消费者的"to C"模式，相比于面向中间商进而抵达消费者的"to B"模式，有着更高的风险。新三板企业普遍规模较小，风险承受能力不强，多数企业采用"to B"模式也是理性选择的结果。为终端消费者而非企业客户提供产品的 IT 企业也面临类似的情况，但由于 IT 行业相对定制化程度较高，产品迭代速度更快，和消费者直接接触更有利于提升服务水平和敏捷反应能力，增强竞争优势。

不同的客户类型会影响到企业的绩效水平，如图 3-7 所示。以上述客户类型分组为基础，考察新三板 IT 企业的经营业绩，发现其在营业收入（$F=4.199$，$P=0.015$）、总资产增长率（$F=4.178$，$P=0.016$）和净利润增长率（$F=2.786$，$P=0.062$）上表现出显著差异。具体而言，就企业挂牌当年年底的营业收入而言，客户类型为两者兼有的企业营业收入平均值最高为 2.804，远高于企业或组织客户组的0.859。就企业挂牌当年年底相比上一年的总资产增长率而言，客户类型为两者兼有的企业增长率平均值 533.7%，远高于消费者客户组的 140.9%。就企业挂牌当

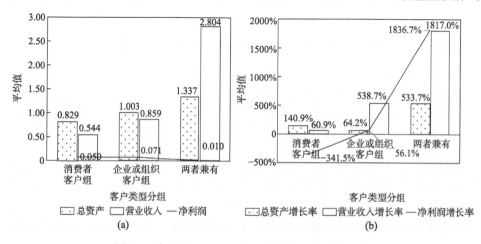

图 3-7　新三板 IT 企业客户类型与企业绩效差异

年年底相比上一年的净利润增长率而言,客户类型为两者兼有的企业净利润增长率平均值为 1836.7%,远高于企业或组织客户组的 56.1%。

就新三板制造业企业来看,由于以消费者为客户的企业数量较少,因此将这 4 家企业剔除,进而根据客户类型为企业或组织,抑或兼有企业或组织与消费者的客户,将新三板制造业企业划分为企业或组织客户组和两者兼有两类。这一分组在企业挂牌当年年底利润总额($T=-2.876, P=0.004$)、净利润($T=-3.172, P=0.002$),以及挂牌下一年年底利润总额($T=-2.379, P=0.018$)、净利润($T=-2.702, P=0.007$)上表现出显著差异,如图 3-8 所示。就企业挂牌当年年底利润总额来说,两者兼有的企业,其利润总额平均值为 0.197,高于企业或组织客户组的 0.115。就企业挂牌当年年底净利润来说,两者兼有的企业,其净利润平均值为 0.181,高于企业或组织客户组的 0.100。就企业挂牌下一年年底利润总额来说,两者兼有的企业,其利润总额平均值为 0.203,高于企业或组织客户组的 0.136。就企业挂牌下一年年底净利润来说,两者兼有的企业,其净利润平均值为 0.189,高于企业或组织客户组的 0.120。

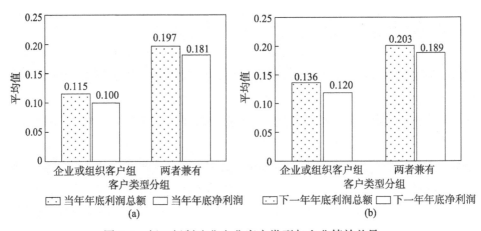

图 3-8　新三板制造业企业客户类型与企业绩效差异

上述数据显示出,不论是 IT 行业,还是制造行业,在不同的经营业绩维度上,客户类型的影响均呈现出不一致的现象,两者兼有的企业明显具有更高的财务绩效。可能的原因在于,两者兼有型企业需要在商业模式上做出更为独特的设计,因而依靠商业模式创新创造竞争优势,获取更为优异的绩效。消费者客户和企业或组织客户是不同类型的客户,他们的需求、偏好和行为都存在差异,因而两者兼有型企业需要针对不同的客户设计不同的交易关系、激励方式,甚至引入新参与者,如渠道商,为不同类型客户提供更好的服务。这就使得企业在商业模式设计上需要思考如何融入"新颖要素",做出有别于其他企业的新交易关系安排,还要考虑如何在不同类型客户间打通沟通的链条,增加跨类型客户的互动,简化交易方式与交易成本。因此，创新商业模式是两者兼有型新创企业获得高绩效的可能中间机制。从数据结果来看，两者兼有型新创企业在商业模式新颖维度上的平均分值为 0.42，高于客户类型为企业或组织的 0.36。

2. 客户网络分散程度

企业所服务的客户群呈现出集中还是分散的状态，对企业的成长和发展会产生不同的影响。根据中国证券监督管理委员会的要求，上市公司在年报中需披露主要客户的情况，以汇总方式披露公司排名前 5 的客户销售额占年度销售总额的比例。这些信息和数据有助于我们把握企业的产品或服务销售是否集中于少数客户甚至单一客户，或呈现分散状态。一般认为，在客户集中程度较高情况下，客户力量更强有利于企业整合上下游企业间的资源并实现信息共享，从而形成一种外部治理机制，也能够对管理层起到较强的督促作用，促使其更加努力地工作，以满足客户的需求。而且，客户越集中，企业越容易与少数大客户建立较为紧密的关系，从而更可能从大客户处获得知识、学习机会以及联合创新、提升效率的机会。但客户集中程度过高也让企业面临着风险，如客户采购量较大，则议价能力相对更强，有更大可能侵蚀企业的收益，并且一旦失去一个客户或客户面临经营困境，将导致企业销售收入显著下降。相对应地，在客户群相对分散情况下，企业面临的议价压力较小，不会受制于大客户，但整合众多客户的资源和信息，满足众多客户更多样化的需求也面临较大的挑战，为获得并维持数量庞大的顾客群体，企业的营销、销售费用更高，客户管理、账款管理等也面临更为复杂的局面。

根据客户分散程度，我们将新三板 IT 企业分为三组：高度分散组（客户分散程度的主观测量分值为 4 或 5，即分散程度较高或非常高），企业数量为 374 家，占比 38.6%；适度分散组（客户分散程度的主观测量分值为 3，即分散程度一般），企业数量为 248 家，占比 25.6%；低度分散组（客户分散程度的主观测量分值为 1 或 2，即分散程度较低或非常低），企业数量为 347 家，占比 35.8%。相似地，我们将新三板制造业企业也分为高度分散组、适度分散组和低度分散组。其中，高度分散组的企业数量为 345 家，占比 48.9%；适度分散组的企业数量为 131 家，占比 18.6%；低度分散组的企业数量为 230 家，占比 32.6%。如图 3-9 所示，制造业企业客户分散程度更高，即接近半数的企业拥有高分散的客户，而 IT 企业中拥有不同客户分散度的企业分布相对更为均衡，这或与制造业企业所提供的产品相对标准化且面向更为广泛的用户群体有关。

在新三板 IT 企业样本中，基于客户分散程度的分组在企业挂牌当年年底总资产（$F=3.848$，$P=0.022$）、当年年底营业收入（$F=2.355$，$P=0.095$）方面呈现出显著差异，如图 3-10 所示。就企业挂牌当年年底总资产而言，高度分散组总资产平均值为 1.250，高于适度分散组的 1.057 和低度分散组的 0.837。就企业挂牌当

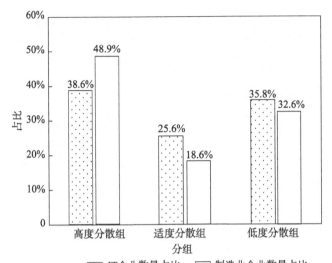

图 3-9　新三板 IT 企业、制造业企业客户分散程度差异

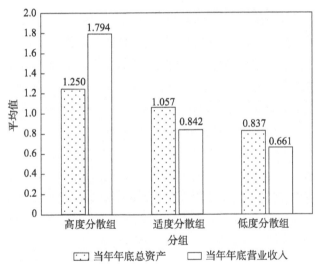

图 3-10　新三板 IT 企业客户分散程度与企业绩效差异

年年底营业收入而言，高度分散组营业收入平均值为 1.794，高于适度分散组的 0.842 和低度分散组的 0.661。我们没有发现上述分组在净利润、总资产增长率、营业收入增长率和净利润增长率上的显著差异。

在新三板制造业企业样本中，基于客户分散程度的分组，在总资产（$F=4.112$，$P=0.017$）、净利润（$F=2.350$，$P=0.095$）方面呈现出显著差异，如图 3-11 所示。适度分散组企业在挂牌当年年底的总资产平均值最高，为 1.674，高于高度分散组的 1.345 和低度分散组的 1.118。适度分散组企业在挂牌当年年底的净利润平均值也最高，为 0.137，高于高度分散组的 0.108 和低度分散组的 0.091。此外，新三板制造业企业基于客户分散程度的分组,还在企业挂牌下一年的总资产(F=4.076,P=0.017)、净资产收益率(F=2.469,P=0.085)上呈现出较大差异。从总资产角度来看,适度分散组在企业挂牌下一年的总资产上平均值最高,为 2.005,明显高于高度分散组的 1.638 和低度分散组的 1.360。从下一年净资产收益率角度来看,高度分散组的下一年净资产收益率最高,为 7.30%,高于低度分散组的 5.80% 和适度分散组的 2.20%。

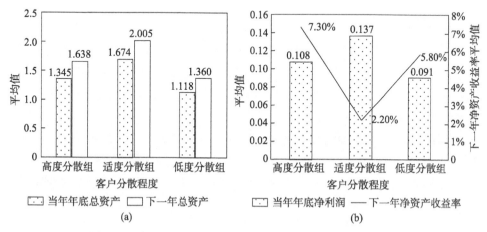

图 3-11　新三板制造业企业客户分散程度与企业绩效差异

上述数据结果表明,IT 行业中新创企业往往要靠分散的客户形成多样化的客户网络,特别是采用平台模式的新创企业,平台的开放性使新创企业引入多种类型参与者,形成多参与者、多类型互补的网络格局。新参与客户的引入分散了企业的客户结构,但也为企业提供了多样化的收入来源,形成了较好的业绩表现。相较之下,制造业新创企业则因适度分散的客户网络结构形成了较好的业绩,表现为在总资产、净利润上存在显著差异。这源于制造业企业更需要借助部分稳定大客户的支持,其更适宜采用集中少数客户重点服务以获取更高回报,或者尽力拓展直接接触和管理的客户群体以增加拓展市场的机会,而强调客户高度分散并非上佳选择。然而,制造业客户分散结构影响绩效的滞后效应却产生有趣的结果,高度分散的客户结构更能够引发总资产以及资产收益率的提高,这预示着即使是像制造业这样的传统行业,利用互联网与信息技术开放客户网络,引入多类型、多个客户参与者,形成多样化收入来源的客户分散结构也是企业发展的方向。

3. 客户网络依赖程度

企业客户网络中是否存在营业收入占比较高的大客户,意味着企业的商业模式是否依赖于主要客户,这会影响到商业模式的脆弱性。当企业的营业收入较多地依赖于某一个大客户时，企业相对于这个客户的议价力会大幅度降低，如果这一客户在与企业的交易关系上做出变更，乃至取消交易关系，会对企业经营造成重大影响，甚至影响到企业商业模式中的其他利益相关者。正如百度创始人李彦宏所言，企业不能因为有了一两个固定的大用户而窃喜，命运只能掌握在自己手中，绝不能放在别人手中，分散大客户垄断所带来的风险才能把握主动权。因此，企业客户网络中对大客户的依赖蕴含着企业的经营风险，也会对企业商业模式创新产生影响。

1）客户网络依赖分布情况

我们根据企业在挂牌前最大客户营业收入占比情况，衡量企业对大客户的依赖程度。据此，我们将新三板 961 家 IT 企业划分为三组。一是高度依赖组（最大客户营业收入占比大于或等于 0.5），从挂牌前两年情况来看，这一组企业数量为 204 家，占比 21.2%；从挂牌前一年情况来看，这一组企业数量为 171 家，占比 17.8%。二是适度依赖组（最大客户营业收入占比介于 0.3 到 0.5 之间），从挂牌前两年情况来看，这一组企业数量为 201 家，占比 20.9%；从挂牌前一年情况来看，这一组企业数量为 193 家，占比 20.1%。三是大客户低度依赖组（最大客户营业收入占比小于等于 0.3），从挂牌前两年情况来看，这一组企业数量为 556 家，占比 57.9%；从挂牌前一年情况来看，这一组企业数量为 597 家，占比 62.1%，如图 3-12 所示。总体上看，IT 行业的样本企业中过度依赖单一客户的企业并不多，多数企业仍尽量选择分散客户的方式，以降低单一客户垄断势力过大导致潜在地被锁定，进而形成机会主义行为的风险。

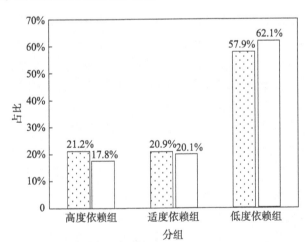

图 3-12　新三板 IT 企业挂牌前一年、前两年客户依赖情况

与 IT 行业类似，新三板制造业中多数企业也倾向于分散客户，以增强掌控权。我们同样根据企业在挂牌前最大客户营业收入占比情况，将新三板制造业企业划分为高度依赖组、适度依赖组和低度依赖组。从挂牌前两年情况来看，高度依赖

组的企业数量为 152 家,占比 21.8%;适度依赖组的企业数量为 145 家,占比 20.8%;低度依赖组的企业数量为 401 家，占比 57.4%。从挂牌前一年情况来看,高度依赖组的企业数量为 118 家，占比 20.0%;适度依赖组的企业数量为 110 家，占比 18.6%；低度依赖组的企业数量为 362 家，占比 61.4%，如图 3-13 所示。

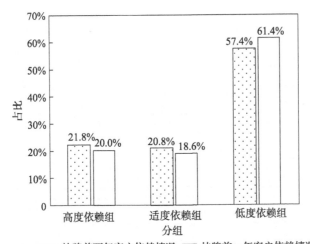

图 3-13　新三板制造业企业挂牌前一年、前两年客户依赖情况

2）客户网络依赖与企业资产规模

不同资产规模的企业在大客户依赖上呈现出较为显著的差异。就新三板 IT 企业在挂牌前两年的最大客户营业收入占比情况进行的分组，在总资产（$F=4.265$，$P=0.014$）上表现出显著差异，如图 3-14 所示。具体表现为，低度依赖组的总资产平均值最高，为 1.215，显著高于高度依赖组的 0.843 和适度依赖组的 0.823，后两组之间不存在显著差异。就企业在挂牌前一年的最大客户营业收入占比情况进行的分组，在总资产（$F=4.017$，$P=0.018$）、总资产增长率（$F=4.017$，$P=0.018$）上也都表现出显著差异。具体表现为，低度依赖组的总资产平均值最高为 1.197，显著高于高度依赖组的 0.880 和适度依赖组的 0.778，后两组之间不存在显著差异；高度依赖组的总资产增长率最高为 419.80%，高于其他两组，特别是高于低度依赖组的 69.90%。

新三板制造业企业基于挂牌前两年最大客户营业收入占比情况的分组，在企业挂牌当年年底总资产（$F=4.073$，$P=0.017$），挂牌下一年的总资产（$F=4.191$，$P=0.016$）、总资产增长率（$F=4.250$，$P=0.015$）上均表现出显著差异。从挂牌当年年底的总资产来看，低度依赖组的总资产平均值最高为 1.498，高于适度依赖组的 1.170 和高度依赖组的 1.062。从企业挂牌下一年的总资产来看，低度依赖组的总资产平均值最高为 1.811，高于适度依赖组的 1.434 和高度依赖组的 1.286。从企业挂牌下一年的总资产增长率来看，适度依赖组的总资产增长率平均值最高为 39.00%，高于高度依赖组的 32.80% 和低度依赖组 25.90%。

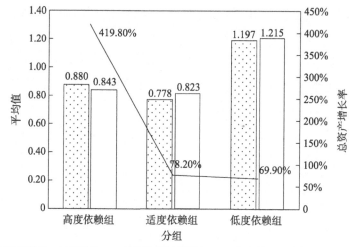

图 3-14 新三板 IT 企业挂牌前一年、前两年客户依赖程度与企业绩效差异

新三板制造业企业基于挂牌前一年最大客户营业收入占比情况的分组，在企业挂牌当年年底总资产（F=3.141，P=0.044），挂牌下一年的总资产（F=2.718，P=0.067）、总资产增长率（F=4.481，P=0.012）表现出显著差异，如图 3-15 所示。从企业挂牌当年年底的总资产来看，低度依赖组的总资产平均值最高为 1.421，高于适度依赖组的 1.211 和高度依赖组的 0.946。从企业挂牌下一年的总资产来看，低度依赖组的总资产平均值最高为 1.690，高于适度依赖组的 1.542 和高度依赖组的 1.184。从企业挂牌下一年的总资产增长率来看，适度依赖组的总资产增长率平均值最高为 41.8%，高于高度依赖组的 31.1% 和低度依赖组的 26.9%。

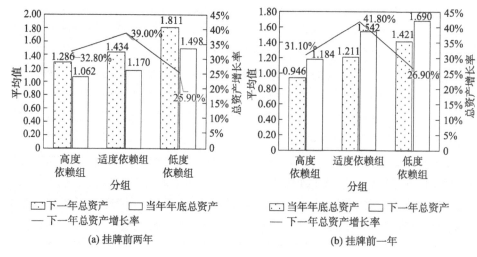

图 3-15 新三板制造业企业挂牌前两年、前一年客户依赖程度与企业绩效差异

　　上述数据结果表明，无论是在 IT 行业还是制造业，在新三板上挂牌前拥有低度依赖网络结构的新创企业，往往具有规模较大的资产结构。或因为规模越大，企业往往拥有更多资源和更广泛的社会网络，因此也有更高能力拓展和服务更多客户，进而分散单一客户贡献过大潜藏的风险。进一步地，客户网络依赖性还会对新创企业资产增长率产生影响，但这存在行业差异。IT 行业中，挂牌前存在高度依赖客户网络的新创企业总资产增长率更高，而在制造业中，挂牌前存在适度依赖客户网络的新创企业总资产增长率更高。这或与资产的基数相关，一般资产规模越大，边际增长速度越慢，因此低度依赖组的总资产增长率较低。同时，从行业特性来看，IT 行业中新创企业发展需要在分散的客户结构中精选可助推收入增长的大客户，围绕大客户的需求开展更多专用性资产投资，从而使资产增长较快，这往往是新创企业早期发展的重要特征；制造业中新创企业则要保持部分集中、部分分散的平衡型客户网络结构，这样更有利于在不同类型客户中进行资源分配，有利于资产的协调增长。

　　3）客户网络依赖与企业收益水平

　　不同客户依赖的企业呈现出差异显著的营业收入和收益水平。新三板制造业企业基于挂牌前两年最大客户营业收入占比情况的分组，在企业挂牌当年年底的营业收入（$F=4.630$，$P=0.010$）、利润总额（$F=2.783$，$P=0.063$）、净利润（$F=2.958$，$P=0.053$）上表现出显著差异，也在企业挂牌下一年的营业收入（$F=3.118$，$P=0.045$）、利润总额（$F=2.432$，$P=0.089$）、净利润（$F=2.647$，$P=0.072$）上表现出显著差异，如图 3-16 所示。

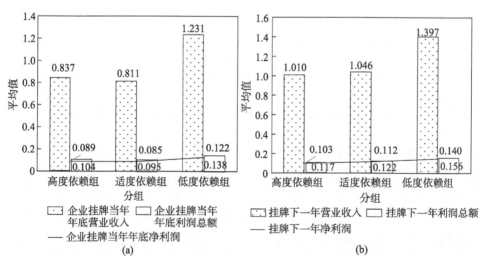

图 3-16　新三板制造业企业挂牌前两年客户依赖程度与企业绩效差异

　　从企业挂牌当年年底的营业收入来看，低度依赖组的营业收入平均值最高为 1.231，高于高度依赖组的 0.837 和适度依赖组的 0.811。从企业挂牌当年年底的利润总额来看,低度依赖组的营业收入平均值最高为 0.138,高于高度依赖组的 0.104 和适度依赖组的 0.095。从企业挂牌当年年底的净利润来看,低度依赖组的年底净利润平均值最高为 0.122,高于高度依赖组的 0.089 和适度依赖组的 0.085。从企业挂牌下一年的营业收入来看,低度依赖组的营业收入平均值最高为 1.397,高于适度依赖组的 1.046 和高度依赖组的 1.010。从企业挂牌下一年的利润总额来看,低度依赖组的利润总额平均值最高为 0.156,高于适度依赖组的 0.122 和高度依赖组的 0.117。从企业挂牌下一年的净利润来看,低度依赖组的净利润平均值最高为 0.140,高于适度依赖组的 0.112 和高度依赖组的 0.103。

新三板制造业企业基于挂牌前一年最大客户营业收入占比情况的分组,在企业挂牌当年年底营业收入($F=3.859$,$P=0.022$)上也延续了显著的差异,如图 3-17 所示。从企业挂牌当年年底的营业收入来看,低度依赖组的营业收入平均值最高为 1.220,高于适度依赖组的 0.841 和高度依赖组的 0.752。

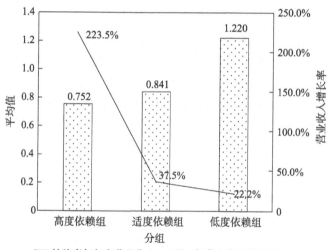

图 3-17　新三板制造业企业挂牌前一年客户依赖程度与企业绩效差异

尽管我们并没有找到新三板 IT 企业客户依赖程度与企业收益水平的关系,但通过新三板制造业企业样本中的数据结果不难发现,在新三板上挂牌前存在低度依赖客户网络结构的制造业新创企业,在总资产、营业收入、利润总额上均处于最高的水平。这说明,制造业新创企业成长初期,由于客户获取的难度,新创企业需要借助社会网络等外部资源竭尽所能地建立客户关系,扩大客户网络范围与客户类型,依靠分散的网络结构获取初期成长的客户支持。这并非 IT 行业开放性平台模式的分散客户特征需求,相反制造业企业客户针对性较强,但聚焦少数客户的高度依赖式发展不利于制造业新创企业成长,因而初期低度依赖更有利于制造业新创企业的收益水平提高。结合前面的客户分散程度分析,制造业新创企业在挂牌后，适度分散的客户网络结构更有利于新创企业的规模与收入增长，这也证明了制造业新创企业通过对重点客户的关系专用性资产投资，推动客户网络由分散走向适度集中，由低度依赖走向适度依赖。

3.2.2　客户网络与企业创新表现

在构建以不同客户类型为内容的客户网络，形成不同的客户分散结构以及客户依赖情形时，企业具有不同的创新表现。这源于面对不同的客户，企业的战略定位不同，经营逻辑也不同，这就塑造了客户网络与企业创新之间的因果关系链。

1. 客户类型与企业创新

根据客户类型区分为企业或组织客户和两者兼有（企业或组织与消费者两者兼有）的两组，新三板 IT 企业在企业产品或服务创新性（$F=3.030$，$P=0.049$）以及著作权数量（$F=2.341$，$P=0.097$）上表现出显著差异，如图 3-18 所示。就企业产品或服务创新性而言，客户类型为企业或组织客户的企业表现出更强的产品或服务创新性，其在创新程度上的平均值最高为 0.027，明显高于两者兼有组的–0.114。就著作权数量而言，同样是客户类型为企业或组织客户的企业拥有较多的著作权，其平均数量为 21.97，高于两者兼有组的 17.57。相较之下，在新三板制造业企业样本中，根据客户类型的分组同样在企业产品或服务创新性（$F=2.019$，$P=0.044$）以及著作权数量（$F=2.341$，$P=0.097$）上表现出显著差异。就企业产品或服务创新性而言，客户类型为企业或组织的企业表现出更强的产品或服务创新性，其在创新程度上的平均值最高为 0.027，明显高于两者兼有组的–0.235。

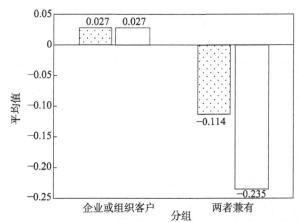

图 3-18　新三板 IT、制造业企业客户类型与产品或服务创新性差异

上述数据结果表明，创新活动的开展具有针对性，即针对特定类型客户而非跨类型兼有客户展开，因而创新结果因战略定位明确、客户逻辑清晰而表现优异。

企业或组织客户与消费者客户有着不同的客户逻辑，企业或组织客户更关注新创企业的价值活动优势能够成为其价值链的优势基础，新创企业所开发的产品或提供的服务能够塑造其产品或服务的竞争优势，因此，企业或组织客户更强调新创企业在著作权、专利申请与获批等创新活动上服务于组织客户的针对性。基于此，以企业或组织客户为主体的新创企业在著作权创新活动上有更好的表现。相较之下，消费者客户更关注个体消费需求的满足，往往从个体体验、消费感受、产品使用等方面衡量产品价值而非企业的活动价值，因此消费者与企业或组织客户的需求偏好与客户逻辑不同。当新创企业客户网络中包含不同类型客户时，其战略定位不易于针对不同客户清晰界定。只针对企业或组织客户时，相对清晰的战略定位使得新创企业能够更好地开展创新活动，并获得良好的创新结果。

2. 客户分散程度与企业创新

IT行业与制造业在创新性上存在明显分别，与各自的行业特征及行业竞争路径有着密不可分的关系。相对而言，IT行业产品或服务迭代速度更快，定制化程度更高，因此企业更倾向于通过不断的创新获取竞争优势。两类行业之间在客户分散度与创新性之间的关系上也存在显著的不同。

在新三板IT企业样本中，基于客户分散程度的分组在产品或服务创新性（$F=5.027$，$P=0.001$）、著作权数量（$F=5.235$，$P=0.005$）上呈现出显著差异。在新三板制造业企业样本中，基于客户分散程度的分组则仅在著作权数量（$F=3.032$，$P=0.049$）上表现出显著差异。具体而言，就企业著作权数量而言，新三板IT企业样本中低度分散组的著作权数量最多，平均值为23.63，高于适度分散组的22.61和高度分散组的17.62。在新三板制造业企业样本中，高度分散组企业著作权数量最多，平均值为4.06，明显高于低度分散组的1.72和适度分散组的1.44（图3-19）。

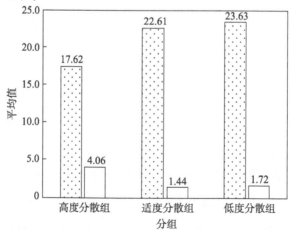

图3-19　新三板IT企业、制造业企业客户分散程度与著作权数量差异

　　上述数据结果与 IT 行业和制造业的行业差异有关。IT 行业中新创企业利用平台模式、互联网渠道等，能够以极低的成本接触并连接多样化的客户，为多样化客户提供产品或服务。客户多样化表现为客户所处行业不同，如采用数字平台模式的新创企业，以其开放性的平台系统能够连接不同行业的客户，还表现为客户收入占比并非集中在单一客户上，而是相对分散在不同客户上。然而，过度分散的客户结构使得新创企业难以聚焦创新活动，只有相对聚焦地针对关键客户才能帮助新创企业推进创新活动。因此客户结构呈现低度分散的 IT 新创企业更多地获得著作权。制造业中新创企业的客户相对聚焦于特定行业，这与制造业企业产品或服务属性有关，其客户往往是特定行业客户。制造业中高度分散组新创企业著作权数量更多，原因在于高度分散意味着客户收入不集中于一家而是集中在多家，但这些客户仍相对集中于特定行业，这并不影响针对性的创新活动。同时，客户收入的分散意味着各个客户对企业而言同等重要，因此创新活动成果可以用于多个客户，带来创新效果的提升。

　　将基于客户分散程度的分组所呈现的企业创新差异与企业绩效差异结合起来，揭示出创新者面临的窘境，即优异的创新不一定能够带来优异的财务表现。正如前述关于客户分散程度与企业绩效的分析数据所展示的，相比于两者兼有的企业，面向企业或组织客户的企业做出了丰富的创新，其所获得的绩效（营业收入增长、净利润增长）却并不理想。这可能是因为创新需要大规模的资本投入，侵蚀了企业的利润；也可能是因为创新的影响存在滞后效应，即当前的创新需要一定的时间才能逐渐为企业带来市场效益。关于客户分散程度与企业绩效的分析数据只考虑了新三板企业挂牌上市当年年底与上一年的利润，或许并不能完全表达出创新对企业财务绩效的影响。在创新以外的因素中，相比于两者兼有的企业，服务企业或组织客户的企业围绕核心产品或服务所需支出的配套成本更多，销售周期更长，也会对其获利产生不利影响。

　　总体而言，基于客户分散程度的分组所呈现的企业创新差异对 IT 企业的影响弱于对制造企业的影响。对于制造业行业而言，客户高度分散的企业创新能力更强，或许显示出这类企业更能够从多样的客户中获得丰富的市场知识，有助于创新能力的提升。不同客户需求的多元性，也可能促使制造业企业开发不同的技术和产品，以适应不同客户的要求。但 IT 企业呈现出相反的局面，客户分散度越低的企业反而创新性越强，即客户集中更有利于促进这类企业的创新。这同样能从 IT 企业的以定制化为主的服务提供上找到解释，它们通常更多地与客户紧密合作开展服务方案的研发，以满足客户的个性化要求，则客户越集中越有利于开展关系型交易，从而有利于双方的深度合作。这里 IT 行业与制造业行业所呈现的差异，对其他行业也具有一定的借鉴意义，即在选择客户分散度方面，需考虑行业产品或服务的特性,从而更有效地发挥客户的力量,促进企业的创新乃至盈利表现。

3. 客户网络依赖与企业创新

不同客户依赖程度的企业在创新指标上也存在明显分别。就企业在挂牌前两年的最大客户营业收入占比情况进行的分组来看,不同组的企业在产品或服务创新性($F=3.720$,$P=0.025$)以及著作权数量($F=6.199$,$P=0.002$)上表现出显著差异。具体而言,低度依赖组企业在产品或服务创新性方面表现最好,其在这一创新指标上的平均值为 0.067,显著高于高度依赖组的 -0.014 和适度依赖组的 -0.155。低度依赖组企业在获得著作权数量方面也有较好的表现,其拥有著作权数量平均值为 23.82,明显高于高度依赖组的 18.00 和适度依赖组的 17.62(图 3-20)。

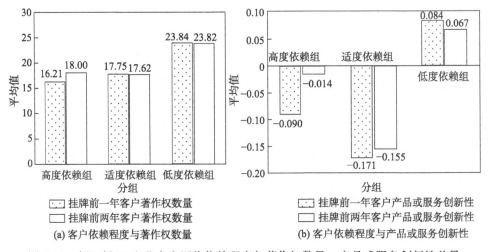

图 3-20 新三板 IT 企业客户网络依赖程度与著作权数量、产品或服务创新性差异

就企业在挂牌前一年的最大客户营业收入占比情况进行的分组,不同组的企业在产品或服务创新性($F=5.718$,$P=0.003$)以及著作权数量($F=7.864$,$P=0.000$)延续上述显著差异。具体而言,低度依赖组企业在产品或服务创新性方面表现最好,其在这一创新指标上的平均值为 0.084,显著高于高度依赖组的 -0.090 和适度依赖组的 -0.171。低度依赖组企业在获得著作权数量方面也有较好的表现,其拥有著作权数量平均值为 23.84,明显高于适度依赖组的 17.75 和高度依赖组的 16.21。

这表明对于 IT 行业这类以创新作为主要竞争策略的行业,过度依赖于大客户对企业的创新可能会产生不利影响。或许是因为大客户对企业提出的要求更高,需要企业进行更多且持续的关系专用性投资,并在服务水平、付款周期等方面提出更多要求，从而限制了企业投入创新的资源。而且，大客户贡献过大的企业通常更容易采用集中化战略，专注于少数企业以完善产品和服务，客户需求的多样性降低，这也会降低企业创新的广度。

与新三板 IT 企业不同的是，在针对新三板制造业企业的分析中，基于挂牌前两年或前一年最大客户营业收入占比情况的分组，在产品或服务创新性、著作权数量、专利数量上均未表现出显著的差异。这或许透露出对于制造业企业而言，是否高度依赖单一大客户，并不会打乱其固有的创新节奏。但更具说服力的解释或许是，根据前文中新三板制造业企业与新三板 IT 企业之间的创新性数据，二者在著作权数量上呈现出显著的落差，新三板制造业企业整体创新性远低于新三板 IT 企业且行业内差异较小，这可能导致对最大客户高度依赖的企业与低度依赖的企业之间难以体现出显著的创新差异。

3.3　供应商网络对新创企业绩效与创新的影响

3.3.1　供应商网络与企业绩效

供应商是企业面向市场提供产品或服务背后的投入品提供者，是企业发展中必不可少的关键支撑要素。制造业企业的供应商相对容易理解，通常为企业提供生产产品所需的生产型物料或辅助的非生产型物料。而对于 IT 企业来说，主要的采购包括服务器、CDN（content delivery network，内容分发网络）服务、市场推广活动、流量采购、内容及版权采购等。相比于制造业的采购，IT 企业的采购通常涉及范围更广，内容更为庞杂，由于 IT 行业的产品或服务更新迭代速度非常快，更需供应商跟上企业更新的节奏。

1. 供应商网络特征对企业绩效的影响

与对客户网络的构成内容刻画不同，对于供应商网络，我们采用供应商所属行业进行描绘。原因在于：一方面，从供应商类型角度来看，个体或组织的性质差异并不明显，而且个体作为供应商较为鲜见；另一方面，供应商的所属行业彰显了企业价值活动经由资源外取方式实现的商业模式选择，行业范围越广，说明供应商网络广度越高，企业越能够调用多行业的供应商进行资源活动与价值活动实施，以增加商业模式引入新参与者、实施新交易活动的可能性。

从供应商所属行业范围来看，在新三板 IT 企业 923 个样本中，排名前五的主要供应商来自同一个行业的企业数量达到 322 家，占比 34.9%。排名前五的主要供应商来自 2 个行业的企业数量为 297 家，占比 32.2%。排名前五的主要供应商来自 3 个以上行业的企业数量为 304 家，占比 32.9%。综合来看，从多个行业（2 个及以上）中获取供应商资源的企业占比超过 60%，说明这些企业主张保持供应商网络一定程度的多元性，从而获取来自多元化供应商网络的资源。

依据供应商网络的行业属性，我们将新三板 IT 企业分为两类，一类是在行业类型上具有单一属性的供应商网络，即供应商所属行业数量为 1 家；另一类是在行业类型具有多样属性的供应商网络，即供应商所属行业数量大于 1 家。基于供应商网络行业属性的分组，在以企业净利润（$T=-1.792$，$P=0.073$）为特征的业绩指标上表现出显著差异，如图 3-21。具体而言，建构了具有多样化属性供应商网络的企业，其净利润平均值为 0.096，显著高于建构了具有单一属性供应商网络的0.056。

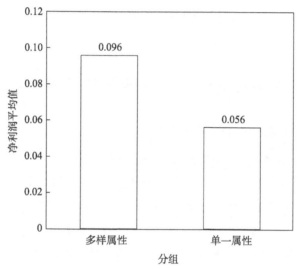

图 3-21 基于供应商行业属性的分组的企业绩效差异

进一步地，我们将具有多样属性的供应商网络细分，将新三板 IT 企业划分为三组。一是聚焦型供应商网络，即供应商所属行业数量为 1 家，表现为企业仅在单一行业领域中建立供应商关系；二是拓展型供应商网络，即供应商所属行业数量为 2 家或 3 家，表现为企业在有限的行业领域中建立供应商关系；三是开放型供应商网络，即供应商所属行业数量大于 3 家，表现为企业在广阔的行业领域中建立供应商关系。

上述分组在以总资产增长率（$F=3.007$，$P=0.050$）和营业收入增长率（$F=3.388$，$P=0.034$）为主要特征的成长性指标上表现出显著差异（图 3-22），同时这种差异还具有时间间隔特征，即基于供应商网络行业属性的分组在总资产增长率上的差异反映在企业挂牌当年，而在营业收入增长率上的差异反映在企业挂牌下一年。就企业挂牌当年年底的总资产增长率而言，具有开放型供应商网络的企业其总资产增长率平均值最高，为 119.0%，显著高于具有拓展型供应商网络的 69.5%和具有聚焦型供应商网络的 68.8%。就企业挂牌下一年营业收入增长率而言，具有开放型供应商网络的企业其营业收入增长率平均值最高为 42.2%，显著高于具有拓展型供应商网络的 41.5%和具有聚焦型供应商网络的 38.7%。

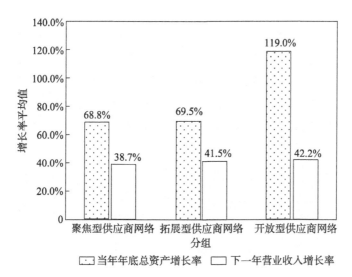

图 3-22　新三板 IT 企业供应商多样化与企业绩效差异

由供应商网络行业分布的数据特点来看，IT 企业供应商网络的多元性提升，对企业的发展性和成长性表现出积极的影响，更有利于促进企业的资本扩张和积累，同时这种资本积累也进一步对企业扩展市场增加销售收入形成了促进作用。这预示着 IT 企业通过与来自多个行业领域的供应商建立供货关系，构建开放型供应商网络，有助于 IT 企业在其商业模式中不断开放性地引入新供应商，作为价值共创的新参与者，从而促进企业资本导向的规模扩大，带动市场影响力提升以促进收益的提高。

在新三板制造业企业样本中，排名前五的主要供应商来自同一个行业的企业数量达到 69 家，占比 9.9%，这与供应商来自同一个行业的 IT 企业占比 29.5%形成较大差异。原因在于，制造业企业生产产品或提供服务，往往需要来自多个行业、多种类型的供应商，因而其利益相关者网络中供应商是关键的网络成员；由于产品生产所需原材料、零部件的多样性，聚焦于单一行业领域建立供应商网络情形相对较少。进一步地，排名前五的主要供应商来自 2 个行业的企业数量为 191家，占比 27.5%；来自 3 个行业的企业数量为 261 家，占比 37.6%；来自 3 个以上行业的企业数量为 173 家，占比 24.9%。来自多个行业的供应商占比较高，这也说明制造业企业的供应商网络在行业属性上具有多样性特征。

与新三板 IT 企业相似，我们依据供应商网络的行业属性，将新三板制造业企业分为单一属性供应商网络和多样属性供应商网络。基于供应商网络行业属性的分组，在企业挂牌下一年年底的利润总额（T=−1.879，P=0.061）、总资产增长率（T=−1.799，P=0.072）和营业收入增长率（T=2.780，P=0.006）上表现出显著差异。具体而言，相比单一属性供应商网络，供应商网络具有行业多样性的企业拥有更高的利润总额，其利润总额平均值为 0.145，明显高于单一属性供应商网络企业的 0.094。而从企业成长性指标来看，具有多样属性供应商网络的企业，其在企业挂牌下一年的总资产增长率和营业收入增长率都高于具有单一属性供应商网络的企业。具有多样属性供应商网络企业的总资产增长率平均值为 31.0%，营业收入增长率平均值为 29.3%，明显高于具有单一属性供应商网络的 20.1%和 11.5%。这与 IT 行业相同，表明建构多样化供应商网络的制造型企业，同样能够取得更好的收入和增长绩效（图 3-23）。

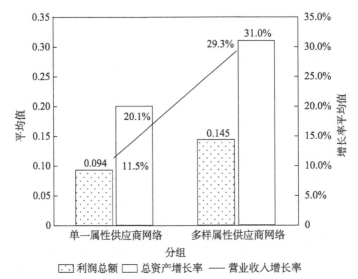

图 3-23　新三板制造业企业供应商行业属性与企业绩效差异

进一步地，我们将具有多样属性供应商网络的企业细分，将新三板制造业企业划分为在单一行业建立供应商关系的聚焦型供应商网络，在 2~3 个行业中建立供应商关系的拓展型供应商网络，以及在 3 个以上行业中建立供应商关系的开放型供应商网络。上述分组在企业挂牌当年年底营业收入（F=2.811，P=0.061）上表现出显著差异，也在企业挂牌下一年年底的营业收入（F=2.412，P=0.090）、利润总额（F=2.973，P=0.052）、总资产增长率（F=2.480，P=0.084）上表现出显著差异。就企业挂牌当年年底的营业收入而言，具有拓展型供应商网络的企业其营业收入平均值最高为 1.167，显著高于具有聚焦型供应商网络的 0.886 和具有开放型供应商网络的 0.819。就企业挂牌下一年的营业收入而言，具有拓展型供应商网络的企业其营业收入平均值最高为 1.348，显著高于具有开放型供应商网络的

1.054 和具有聚焦型供应商网络的 0.926。就企业挂牌下一年的利润总额而言，具有拓展型供应商网络的企业其利润总额平均值最高为 0.153，显著高于具有开放型供应商网络的 0.122 和具有聚焦型供应商网络的 0.094。就企业挂牌下一年的总资产增长率而言，具有拓展型供应商网络的企业，其总资产增长率平均值最高为 32.6%，显著高于具有开放型供应商网络的 27.0%和具有聚焦型供应商网络的 20.1%。

对比 IT 行业与制造行业不同类型供应商网络对新创企业绩效的影响，不难发现，IT 行业中构建开放型供应商网络的新创企业更可能获得资产与收入的快速增长，制造行业中构建拓展型供应商网络的新创企业更可能获得营业收入、利润水平以及资产增长的优异表现。这表明尽管构建多行业供应商网络有利于企业绩效的增长和能力的提升，但和 IT 行业中供应商行业多样性与企业绩效增长几近线性关系不同，供应商行业多样性与制造业企业的绩效增长形成倒"U"形关系，即存在一个临界点，如果行业多样性程度过高超过了临界点，则对企业绩效产生负面影响。可能的原因在于行业差异，相比 IT 行业以平台化、生态化等商业模式开放性地引入多行业供应商的经营逻辑，制造业新创企业则倾向于在引入高质量、多样化供应商和聚焦性地培养合作良好的优质供应商间寻求平衡，这就使得制造业新创企业构建拓展型供应商网络更能发挥促进新创企业成长的作用。

2. 供应商网络演化与企业绩效

与客户网络变化不同，新三板 IT 企业在挂牌当年供应商网络变化与当年年底业绩指标不存在显著的相关关系，但与企业成长性绩效指标存在显著的相关关系。具体而言，企业挂牌当年供应商网络变化与当年年底的总资产增长率（相关系数为–0.079，$P=0.016$）、净利润增长率（相关系数为–0.064，$P=0.052$）呈负相关关系；企业挂牌下一年供应商网络变化与下一年年底的营业收入增长率（相关系数为–0.082，$P=0.039$）呈负相关关系。

相较之下，新三板制造业企业挂牌当年供应商网络变化不仅与企业成长性绩效指标相关，还与企业挂牌当年年底的业绩指标相关。具体而言，新三板制造业企业供应商网络变化与企业挂牌当年总资产（相关系数为–0.120，$P=0.001$）、营业收入（相关系数为–0.198，$P=0.000$）呈负相关关系，与总资产增长率（相关系数为–0.075，$P=0.049$）呈负相关关系。企业挂牌当年供应商网络变化还与下一年总资产（相关系数为–0.107，$P=0.005$）、营业收入（相关系数为–0.156，$P=0.000$）呈负相关关系，与下一年营业收入增长率呈正相关关系（相关系数为 0.096，$P=0.011$）。上述数据结果从总体上说明，供应商网络的波动预示着企业的供应商群体存在较强的不确定性，这使得企业的供应关系不稳定，难以成为保证企业可持续的经营与成长的基础，因而会对企业的成长绩效产生负面影响。

我们采用 k 均值聚类方法，根据新三板 IT 企业挂牌当年供应商变动数量将 IT

行业 961 家企业分成三组：一组为高变动组（聚类均值为 8.73），这类企业数量为 470 家，占比 48.9%；一组为中变动组（聚类均值为 5.17），这类企业数量为 391 家，占比 40.7%；一组为低变动组（聚类均值为 1.08），这类企业数量为 100 家，占比 10.4%。我们同样采用 k 均值聚类方法，根据企业挂牌当年供应商变动数量将新三板制造业 702 家企业分成三组：一组为高变动组（聚类均值为 8.45），这类企业数量为 187 家，占比 26.6%；一组为中变动组（聚类均值为 4.98），这类企业数量为 389 家，占比 55.4%；一组为低变动组（聚类均值为 1.58），这类企业数量为 126 家，占比 17.9%。对比新三板 IT 行业与新三板制造业新创企业的供应商网络变动情况，新三板 IT 企业较多的样本集中于供应商网络高变动组，而新三板制造业企业则集中于中变动组；新三板 IT 企业供应商网络呈现高变动的比例更多（48.9%），而新三板制造业企业供应商网络呈现高变动的情形较少（26.6%），这反映出制造业企业供应商网络相对稳定的特质。综合来看，只有少数企业能够保持较为稳定的供应商网络，供应商变动是较为普遍的现象。

在新三板 IT 企业样本中，根据供应商变动数量所进行的分组，在企业挂牌当年年底的总资产增长率（$F=4.714$，$P=0.009$）、净利润增长率（$F=2.504$，$P=0.082$）上表现出显著差异；在企业挂牌下一年年底的营业收入增长率（$F=4.841$，$P=0.008$）上表现出显著差异，如图 3-24 所示。从企业挂牌当年年底总资产增长率来看，低变动组的总资产增长率平均值最高为 579.9%，显著高于中变动组的 63.3% 和高变动组的 62.3%。从企业挂牌当年年底净利润增长率来看，低变动组的净利润增长率平均值最高为 1825.6%，明显高于中变动组的 154.0% 和高变动组的-1.1%。从企业挂牌下一年营业收入增长率来看，低变动组的营业收入增长率平均值最高为 64.5%，高于高变动组的 45.8% 和中变动组的 31.8%。

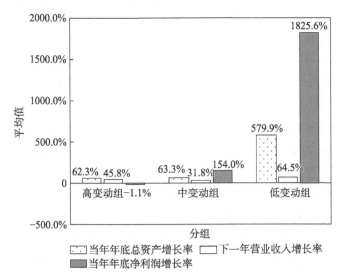

图 3-24　新三板 IT 企业供应商变动与企业绩效差异

在新三板制造业样本中，根据供应商变动数量做的分组，在企业挂牌当年年底的总资产（F=6.918，P=0.001）、营业收入（F=15.941，P=0.000）、总资产增长率（F=3.308，P=0.037）、营业收入增长率（F=2.846，P=0.060）上表现出显著差异，如图 3-25 所示。进一步地，这一分组还在企业挂牌下一年年底的总资产（F=5.509，P=0.004）、营业收入（F=11.108，P=0.000）、利润总额（F=2.726，P=0.066）、净利润（F=2.392，P=0.092）、营业收入增长率（F=5.242，P=0.005）上表现出显著差异。

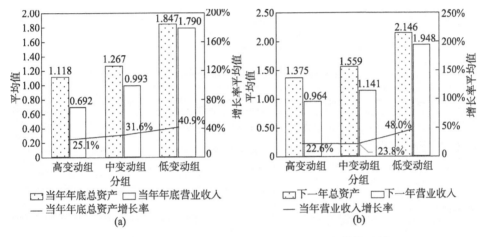

图 3-25 新三板制造业企业供应商变动与企业绩效差异

从企业挂牌当年年底总资产来看，低变动组的总资产平均值最高为 1.847，高于中变动组的 1.267 和高变动组的 1.118。从企业挂牌当年年底营业收入来看，低变动组的营业收入平均值最高为 1.790，高于中变动组的 0.993 和高变动组的 0.692。从企业挂牌当年年底总资产增长率来看，低变动组的总资产增长率平均值最高为 40.9%，高于中变动组的 31.6% 和高变动组的 25.1%。从企业挂牌当年年底营业收入增长率来看，低变动组的营业收入增长率平均值最高为 48.0%，高于中变动组的 23.8% 和高变动组的 22.6%。

从企业挂牌下一年年底总资产来看（图 3-26），低变动组的总资产平均值最高为 2.146，高于中变动组的 1.559 和高变动组的 1.375。从企业挂牌下一年年底营业收入来看，低变动组的营业收入平均值最高为 1.948，高于中变动组的 1.141 和高变动组的 0.964。从企业挂牌下一年年底利润总额来看，低变动组的利润总额平均值最高为 0.179，高于中变动组的 0.134 和高变动组的 0.126。从企业挂牌下一年年底净利润来看，低变动组的净利润平均值最高为 0.157，高于中变动组的 0.121 和高变动组的 0.113。从企业挂牌下一年年底营业收入增长率来看，高变动组的营业收入增长率平均值最高为 42.4%，高于中变动组的 24.4% 和低变动组的 15.0%。

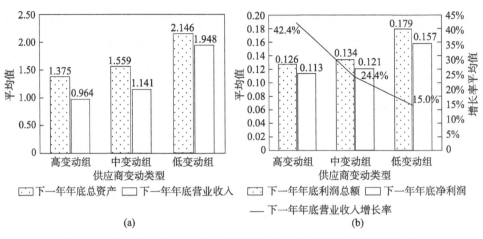

图 3-26　新三板制造业企业供应商变动与企业挂牌下一年绩效差异

上述数据反映出，无论是 IT 行业还是制造业，供应商网络高度变动都会对企业绩效以及成长状况带来负面冲击，而稳定的供应商队伍更有利于企业的绩效。对比 IT 行业与制造业，制造业新创企业供应商网络的波动性对新创企业绩效与成长绩效的影响更大，当企业供应商网络呈现动态变化特征时，受到影响的绩效指标更多、范围更广。特别地，对于制造业企业来说，每次更换供应商都意味着所使用投入品的更换，而这些更多是有形的原材料或零部件，如果频繁更换供应商，很难保证这些投入品的质量稳定。而且，更换供应商还意味着交易成本的增加，企业需要搜寻、评估、筛选新的供应商及其产品，这也在侵蚀企业的收益。对于本就资源有限的新创企业来说，拥有相对稳定的供应商队伍，进而形成稳定的供应链才能帮助企业快速地对市场和顾客需求的变化做出反应，从而获得更为显著的销售收入增长。

3.3.2　供应商网络与企业创新

在前文探讨供应商网络特征与企业绩效关系基础上，本节着重分析供应商网络特征对企业创新的影响，企业创新表现为企业所生产产品或提供服务的创新性。

如 3.3.1 节，根据供应商所在行业数量对 IT 行业与制造业新创企业进行分组，划分为聚焦型、拓展型与开放型供应商网络，这一分组在新三板 IT 企业产品或服务创新性（$F=10.472$，$P=0.000$）方面表现出显著差异。具体而言，构建了拓展型供应商网络的 IT 企业在产品或服务创新性方面表现最好，其创新平均值为 0.083，高于聚焦型供应商网络的 0.051 和开放型供应商网络的 –0.392（图 3-27）。这意味着供应商网络多样性与 IT 企业产品或服务创新性之间形成倒"U"形关系，即在一定的行业范围内构建供应商网络，保持网络行业属性的适度多样性，更有利于企业在产品或服务方面的创新。然而，集中于单一行业领域的聚焦型供应商网络和从较大范围的行业领域构建开放型供应商网络，则不利于企业的产品或服务创新。

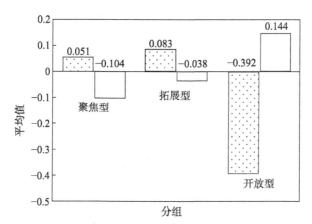

图 3-27　新三板企业供应商网络行为属性与产品或服务创新性差异

这可能源于，一方面，受制于管理能力，新创企业协调和管理来自不同行业的供应商存在较大的管理难度，因而较高的供应商网络行业多样性会减弱新创企业投入于创新活动中的资源与精力；不同行业的供应商为企业提供的知识更加多样，不同知识之间的距离更远，知识吸收的难度更高，导致企业吸收成本更高，而知识的利用程度更低。另一方面，聚焦于单一行业领域搜寻供应商，则难以在产品或服务创新中引入新的供应元素及新的知识，无法支撑企业创新能力提升及创新活动的开展。

进一步地，在新三板制造业样本中，基于供应商网络行业属性的分组，同样在企业产品或服务创新性（$F=2.531$，$P=0.080$）方面表现出显著差异，如图 3-27 所示。具体而言，构建了开放型供应商网络的企业在产品或服务创新性方面表现最好，平均值为 0.144，高于拓展型供应商网络的−0.038 和聚焦型供应商网络的−0.104。这一结论与利用新三板 IT 企业样本所得出的结论不同。在制造业企业中，在多样化的行业领域，而不是在单一行业领域中建立供应商网络关系，才更有利于企业产品或服务创新活动的开展。尽管构建了拓展型供应商网络的制造业企业更可能获得较好的绩效水平，但降低供应商行业多元化程度，从而保证以较低的治理成本管理适度多样化行业的供应商，有利于企业保持高绩效，但这并不利于经由跨界供应商的引入激发创新活动，提升创新绩效。相较之下，从多行业领域接入供应商，跳脱制造业聚焦少数行业领域构建供应商网络的"正统思维"，有助于促进创新活动的开展。

第 4 章

新创企业董事或高管网络对企业绩效
与创新的影响

从传统的委托代理理论与公司治理研究来看，企业的董事会与高管团队代表了不同的利益群体，他们以不同的方式影响着企业的战略与经营业绩，并对企业商业模式创新发挥着不同的作用。从创业情境来看，对于新创企业而言，董事会与高管团队存在一定的重叠，表现为董事与高管相互兼任的现象。究其原因，主要是由于新创企业董事会中往往存在较大比例的创始人董事，而这些创始人通过担任企业高管人员从而掌控企业的实际运营管理。因此，新创企业董事会与高管团队共同构成了企业的领导班子，共同作用于新创企业成长与绩效。

新创企业董事会与高管团队通过外部任职建立了与外界的社会关系，经由人际网络为组织间网络的建立奠定基础；同时，董事会与高管团队还在组织内，特别是团队内形成内部社会网络，这同样会对企业商业模式设计乃至企业绩效产生重要影响。因此，本章着重从经由董事会或高管团队所形成的内部社会网络与外部社会网络两个方面，探讨个人化网络与组织间网络所带来的绩效差异。

4.1　董事或高管网络特征对新创企业绩效与创新的影响

本节选取高管人员的学历、行业经验、海归背景、创业元老、董事身份五个方面，建立对高管团队成员自我归类的解释，剖析高管团队成员沿每一种人口统计特征维度所形成的内部社会网络联结状况，借此分析高管团队间形成凝聚力与培养沟通的水平，以探究具有共同社会特征的高管团队内部社会网络是否能够打破基于交换基础的回报预期，以及什么样的高管团队更能够带来良好的企业绩效或是创新水平。

4.1.1　高管团队内部社会网络联结对新创企业绩效的影响

1. 行业经验维度网络联结

高管团队成员的行业经验在很大程度上会决定其认知与技能方面的异同，相似的行业经验产生高管团队成员之间的认同，相异的行业经验则会导致高管团队成员之间的冲突，上述认同与冲突的实质是一个事物的两个方面，都可以通过高管团队内部社会网络联结这一指标具体体现。因此沿着行业经验维度所形成的高管团队内部联结，意指高管团队成员之间因具有同行业工作经验而形成的联结特征，当两个高管都具有同行业工作经验时，他们二者之间就形成一条非正式联结。已有研究发现行业经验内部联结会对高管团队的决策过程产生重要影响进而影响企业绩效，具体主要体现在决策过程中的冲突程度，行业经验内部联结水平越高则高管团队决策冲突水平越低，反之则越高。在行业经验内部社会网络联结指数的具体测算方面，我们根据团队内部两两高管之间是否具有相似行业工作经验进行计算，当两位高管之间都具有新创企业所在行业的先前工作经验时，记为 1 条内部联结。因此，行业经验维度的高管团队内部社会网络联结，即是具有相似行业经验的高管人员之间联结条数的总和。

根据行业经验维度高管团队内部联结数量，我们可以将 706 家新三板制造业企业划分为强联结组、弱联结组和无联结组。强联结组企业数量为 235 家，占比 33.3%；弱联结组企业数量为 158 家，占比 22.4%；无联结组企业数量为 313 家，占比 44.3%。这一分组在企业挂牌下一年年底的总资产（$F=2.439$，$P=0.088$）、总资产增长率（$F=3.273$，$P=0.038$）、净利润增长率（$F=5.743$，$P=0.003$）上均表现出显著差异，如图 4-1 所示。就企业挂牌下一年年底总资产而言，弱联结组的总资产平均值最高为 1.906，高于强联结组的 1.631 和无联结组的 1.459。就企业挂牌下一年年底总资产增长率而言，弱联结组的总资产增长率平均值最高为 38.3%，高于强联结组的 29.3% 和无联结组的 26.5%。就企业挂牌下一年年底净利

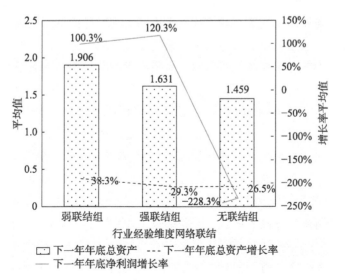

图 4-1　新三板制造业高管团队行业经验维度的内部社会网络联结与企业绩效差异

润增长率而言，强联结组的净利润增长率平均值最高为 120.3%，高于弱联结组的 100.3%和无联结组的–228.3%。

这一数据结果表明，当高管团队成员在行业经验上具有相似性网络联结时，一方面，团队内具有较为丰富的行业经验，曾经在创业行业中深耕多年所积累的知识有助于新创企业用于商业模式设计，推动企业绩效的提升；另一方面，团队内沿行业经验维度所形成的一致性，也有助于培养团队内的行为整合，促进合作行为的产生，提高集体决策效率，利于新创企业绩效的改善。然而，这种影响效应具有时滞性，也就是说，高强度的高管团队行业经验维度的内部社会网络联结，并不会反映在企业绩效提升上，而是在高管团队经过一段时间的互动与磨合后，这种网络联结所带来的行为整合效应才反映在企业绩效上，带来企业利润水平的快速提升。

2. 兼任董事维度网络联结

新创企业中高管兼任董事的现象非常普遍，这集中体现了新创企业治理结构中的独特性。新创企业的创始人团队通常会在企业中担任重要的管理角色，如总经理、副总经理等，而当新创企业进行 IPO（initial public offering，首次公开发行）或在新三板挂牌后，其公司治理结构中的董事会成员也时常由一些创始人高管担任，这就使得新创企业董事会和高管团队存在较大的交叉融合现象，赋予新创企业高管以董事身份。对于董事与高管兼任可能产生的影响已有研究得出了矛盾结论：一方面有学者认为董事与高管兼任将会极大地提高此类人员的权力，甚至影响董事会监督职能的有效发挥，这可能导致管理者出于自身利益做出有悖于股东利益最大化的行为，使得公司业绩受损；另一方面也有学者提出董事与高管兼任能够使得董事会与管理层的联系和协作水平更高，同时还能够促进董事会与管理层内部信息交流，缓解信息不对称，由此推动公司治理与运营效率的提升从而增加公司业绩。具有兼任董事的双重身份，会使高管团队内部形成内部联结网络。因此，我们用两两高管之间是否担任公司董事一职计算内部联结数量，其累计的联结数量总和即为兼任董事维度的高管团队内部联结。

兼任董事维度高管团队内部联结数量与企业绩效指标具有相关性，如其与企业挂牌当年年底的总资产（相关系数为 0.068，$P=0.036$）、净利润（相关系数为 0.088，$P=0.007$）呈正相关关系，也与企业挂牌下一年年底的净利润（相关系数为 0.082，$P=0.028$）呈正相关关系。

根据兼任董事维度高管团队内部联结数量，我们可以将 969 家新三板 IT 企业划分为三组。第一组为强联结组（聚类中心为 1.66），企业数量为 82 家，占比 8.5%；第二组为中联结组（聚类中心为 0.89），企业数量为 343 家，占比 35.4%。第三组为弱联结组（聚类中心为 0.22），企业数量为 544 家，占比 56.1%。这一分组在企业挂牌当年年底净利润（$F=3.165$，$P=0.043$）上表现出显著差异。具体而言，就企业挂牌当年年底净利润而言，中联结组的平均净利润最高为 0.095，高于强联结组的 0.093 和弱联结组的 0.037（图 4-2）。

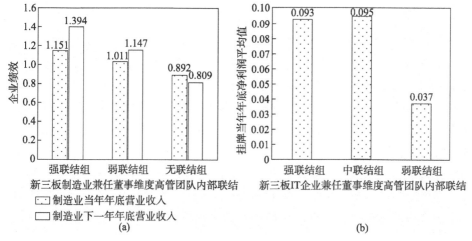

图 4-2　新三板制造业、IT 企业兼任董事维度高管团队内部联结与企业绩效差异

同样根据兼任董事维度高管团队内部联结数量，我们可以将 705 家新三板制造业企业划分为三组。第一组为强联结组，企业数量为 159 家，占比 22.6%；第二组为弱联结组，企业数量为 382 家，占比 54.2%；第三组为无联结组，企业数量为 164 家，占比 23.3%。这一分组在企业挂牌当年年底营业收入（$F=3.303$，$P=0.037$）、企业挂牌下一年年底营业收入（$F=5.098$，$P=0.006$）上表现出显著性。就企业挂牌当年年底营业收入而言，强联结组的营业收入平均值最高为 1.151，高于弱联结组的 1.011 和无联结组的 0.892。就企业挂牌下一年年底营业收入而言，强联结组的营业收入平均值最高为 1.394，高于弱联结组的 1.147 和无联结组的 0.809。

这一数据结果表明，在兼任董事职务上的相似性，使得高管人员具有"委托人"理念，在开展决策方案设计的同时注重可操作性，即从董事会的视角审视决策方案的战略审批属性，有助于推进相关决策的执行（Bedard et al.，2014）。当高管团队在董事任职维度具有相似性时，因多元身份而形成的潜在联系，使得高管团队更能够立足不同视角审视决策方案所面对的不确定性，进而基于不同身份视角参与决策方案的设计与实施，有助于提高决策的效率与质量，促进新创企业绩效的提高。总体来看，新创企业兼任董事与高管的内部社会网络联结对企业经营业绩产生显著影响，主要源于内外部资源整合能力加强所形成的效率提升。通常而言，兼任董事与高管的人员作为决策个体往往更具备履行管理职责所必需的素质，同时对企业所处行业状况与发展趋势把握更加准确，综合反映为内外部资源整合能力更强。兼任董事与高管的内部社会网络联结指数越高，则企业决策的效率越高。如前文所述，对于新创企业而言决策效率是影响企业绩效的重要因素之一，因此兼任董事与高管的内部社会网络联结指数与企业绩效的关系符合制造业行业特征。

3. 多维度内部社会网络联结

无论是在学历维度、行业经验维度还是兼任董事维度，高管团队在上述单一维度的内部社会网络联结呈现出的是在某一类人口统计学变量上的高管团队内部社会网络特征。同时沿着学历维度、行业经验维度、兼任董事维度探查高管团队内部社会网络联结会反映出高管团队成员在多个维度上的网络联结整体性表现。如前文所述，我们分析了高管团队成员所形成的单一维度内部社会网络联结，借此分析了高管团队间形成凝聚力与培养沟通的水平，由此形成的基本判断是内部社会网络联结水平越高则高管团队间的行为整合水平越高，因此有理由相信综合上述所有维度内部社会网络联结形成的多维度网络联结表现会进一步加强高管团队间的行为整合水平。

根据学历、行业经验、海归背景和创业元老四个维度计算高管团队内部社会网络联结数量，我们采用二阶聚类方法可以将 969 家新三板 IT 企业划分为三组。第一组为强联结组，企业数量为 212 家，占比 21.9%；第二组为中联结组，企业数量为 437 家，占比 45.1%；第三组为弱联结组，企业数量为 320 家，占比 33.0%。与单一维度高管团队内部社会网络联结指数对企业的分组不同，基于多维度高管内部社会网络联结的分组，不存在无联结的情形，分组因联结程度而呈现出差异。

这一分组在企业绩效指标上，如企业挂牌当年年底净利润（$F=3.165, P=0.043$）、企业挂牌下一年年底总资产（$F=2.717, P=0.067$）上表现出显著差异，如图 4-3 所示。具体而言，就企业挂牌当年年底净利润而言，中联结组的平均净利润最高为 0.097，高于强联结组的 0.046 和弱联结组的 0.030。就企业挂牌下一年年底总资产而言，中联结组的总资产平均值最高，为 1.875，高于强联结组的 1.466 和弱联结组的 1.177。

同样根据学历、行业经验、海归背景和创业元老四个维度计算高管团队内部联结数量，我们可以将 706 家新三板制造业企业划分为强联结组、中联结组和弱联结组三组。第一组为强联结组，企业数量为 62 家，占比 8.8%；第二组为中联结组，企业数量为 230 家，占比 32.6%；第三组为弱联结组，企业数量为 414 家，占比 58.6%。

这一分组在企业挂牌当年年底总资产增长率（$F=2.545, P=0.079$）、营业收入增长率（$F=2.641, P=0.074$），以及企业挂牌下一年年底净利润增长率（$F=11.079,$

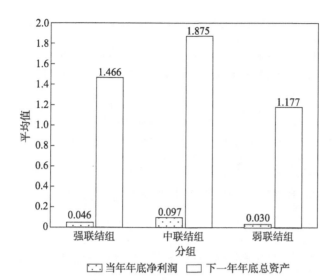

图 4-3 新三板 IT 企业多维度高管内部社会网络联结与企业绩效差异

P=0.000）上表现出显著差异，如图 4-4 所示。就企业挂牌当年年底总资产增长率而言，中联结组的总资产增长率平均值最高为 38.1%，显著高于其他两组，特别是高于强联结组的 21.2%。就企业挂牌当年年底营业收入增长率而言，弱联结组的营业收入增长率平均值最高为 36.0%，高于其他两组，特别是高于强联结组的 1.5%。

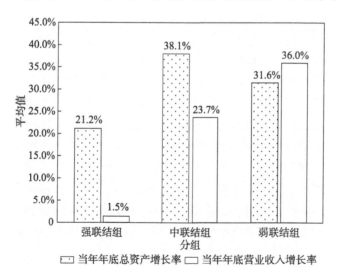

图 4-4 新三板制造业企业多维度高管内部社会网络联结与企业绩效差异

上述数据结果表明，基于相似性特征形成的内部社会网络联结有助于高管团队实现行为整合，这体现在信息交换、合作行为和集体决策三个方面（Hambrick，1994）。首先，内部社会网络联结强度高的高管团队，因成员间具有相似特征，更愿意与对方共享信息，促进了团队内部的信息交流，提高信息交换质量（Lubatkin et al., 2006）。同时，这也有助于降低决策者收集信息所付出的成本，增强信息效益。其次，内部社会网络联结强度高的高管团队，成员会对彼此产生更强的心理认同，并自我归类为遵从同一规范的群体，这会诱发合作行为，进一步增加合作过程中的信息交流（Uzzi, 1996; Boone and Hendriks, 2009）。最后，在高质量信息交流与合作行为的共同作用下，内部社会网络联结强度高的高管团队倾向于从组织整体而非个体角度思考，这使得集体决策效率大幅度提高，新创企业得以快速应对外部不确定性，有利于提升新创企业绩效（Friedman et al., 2016）。

4.1.2 高管团队内部社会网络联结对新创企业创新的影响

1. 学历维度

对于高管学历这一内部联结要素，已有研究认为高管的受教育水平与其所拥有知识体系的宽广及系统程度有关，受教育水平更高的高管处理问题时考虑更全面、更充分，尤其是对涉及创新的信息处理能力体现更为明显。沿着学历维度所形成的高管团队内部社会网络联结，意指高管人员之间在学历背景上具有共性特征。我们根据团队内部两两高管之间学历背景的相似性进行计算，当两位高管之间具有相同学历水平时，记为 1 条内部联结。因此，学历维度高管团队内部社会网络联结，是高管人员在学历方面具有相似性的社会网络联结总和。

学历维度高管团队内部社会网络联结数量与企业创新指标具有相关性，如其与企业挂牌当年年底企业产品或服务创新性（相关系数为 0.091，$P=0.005$）、著作权数量（相关系数为 0.129，$P=0.000$）呈正相关关系。

根据学历维度高管团队内部联结数量，我们采用二阶聚类方法可以将 969 家新三板 IT 企业划分为三组。第一组为强联结组，企业数量为 196 家，占比 20.2%；第二组为弱联结组，企业数量为 317 家，占比 32.7%；第三组为无联结组，企业数量为 456 家，占比 47.1%。这一分组在企业创新性指标，特别是企业产品或服务创新性（$F=3.790$，$P=0.023$）、著作权数量（$F=6.769$，$P=0.001$）上均表现出显著差异，如图 4-5 所示。具体而言，从企业产品或服务创新性来看，强联结组在产品或服务创新性方面的平均值最高，为 0.099，高于弱联结组的 0.071 和无联结组的–0.098。从企业申请著作权方面来看，强联结组的著作权数量最高，平均数为 24.97，高于弱联结组的 23.53 和无联结组的 17.99。

上述数据结果表明，学历维度高管团队内部社会网络联结对企业创新水平的影响最为显著，这一方面体现了高管团队内部社会网络联结这一描述高管成员社会网络特征的重要指标能够促进创新的基本逻辑，即内部社会网络联结水平越高意味着高管团队的人际互动频率越高，团队成员之间的情感越亲密且互惠水平越高，则高管个体越能够获得支持、帮助与创新灵感，这对高管团队推动企业整体创新水平是有利的。另一方面则体现出学历这一独特内部社会网络联结要素的作

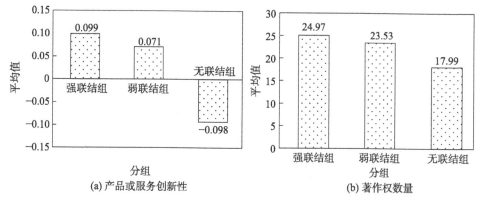

图 4-5　新三板 IT 企业学历维度高管团队内部社会网络联结与创新指标差异

用，主要表现为创新信息处理能力的优势，因此学历维度高管团队内部社会网络联结对企业创新的作用更明显。结合行业特征分析可以推测，我们没有在制造业样本中发现学历维度高管团队内部社会网络联结在企业创新上呈现显著组间差异的证据。因为制造业行业更强调成熟经验作用下的效率水平，而对学历水平表现出来的创新信息处理能力要求不高，因此学历维度高管团队内部社会网络联结对制造业企业创新影响不显著。

2. 行业经验维度

我们发现，行业经验维度高管团队内部社会网络联结数量与企业创新指标具有相关性，如其与企业挂牌当年年底企业产品或服务的创新性（相关系数为 0.144，$P=0.000$）、著作权数量（相关系数为 0.102，$P=0.001$）呈正相关关系。基于此，根据行业经验维度高管团队内部联结数量，我们采用 k 均值聚类方法将 969 家新三板 IT企业划分为三组。第一组为强联结组（聚类中心为 1.74），企业数量为 124 家，占比12.8%；第二组为中联结组（聚类中心为 0.92），企业数量为 309 家，占比 31.9%；第三组为弱联结组（聚类中心为 0.16），企业数量为 536 家，占比 55.3%。

这一分组在企业创新性指标，特别是企业产品或服务创新性（$F=6.991$，$P=0.001$）、著作权数量（$F=5.321$，$P=0.005$）上均表现出显著差异，如图 4-6 所示。具体而言，从企业产品或服务创新性来看，强联结组在产品或服务创新性方面的平均值最高为 0.225，高于中联结组的 0.083 和弱联结组的–0.100。从企业申请著作权方面来看，中联结组的著作权数量最高，平均值为 24.28，高于强联结组的 24.19 和弱联结组的 18.76。

针对制造业样本，上述分组同样在企业产品或服务创新性上表现出显著差异（$F=3.480$，$P=0.031$），如图 4-7 所示。具体而言，强联结组企业在产品或服务创新性上表现最好，其平均值最高为 2.986，高于弱联结组的 2.945 和无联结组的2.847。

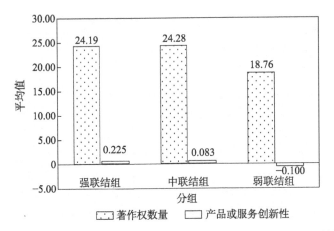

图 4-6 新三板 IT 企业行业经验维度高管团队内部社会网络联结与企业创新指标差异

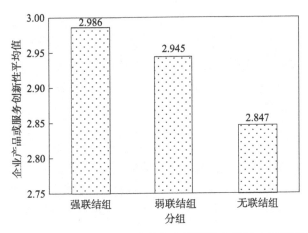

图 4-7 新三板制造业行业经验维度高管团队内部社会网络联结与
企业产品或服务创新性差异

综合上述数据结果可以看出，行业经验内部社会网络联结影响企业创新水平在 IT 行业样本和制造业样本中均得到支持，这验证了高管团队在行业经验维度的内部社会网络联结促进企业创新的基本逻辑。从创新决策过程角度来看，高管团队成员主要基于学历水平所代表的认知能力对企业所处的动态环境与机会进行分析识别，进而基于自己的行业经验对企业提供创新构想与方案。行业经验维度内部社会网络联结水平高的高管团队引发的认知冲突与情感水平都比较低，尽管较低的认知冲突导致的知识、观点碰撞程度较低，可能影响创新决策方案数量，从而降低创新决策质量，但较低的情感冲突使已有知识、观点的整合水平更高，可能提高创新沟通积极性从而提升创新决策质量。由此可见行业经验内部社会网络联结水平对创新决策的影响是互斥的，更重要的是需要判断哪一种冲突的作用更显著。

从本节的实际出发，我们推测情感冲突在高管团队创新决策过程中发挥的作用会更显著。首先是考虑行业经验对创新的影响，由于创新主要强调与既有经验和现实存在显著差异的观点，因此依据已有经验尤其是工作经验所形成的认知和在技能基础上形成的观点更容易创新不足，此时认知冲突的作用会被弱化。其次，创新意味着高度不确定性，心理学的研究认为高度不确定性情境下个体的行为趋向于保守，同时更容易质疑他人，在团队决策过程中也会表现为认知冲突不足，情感冲突过度。最后，考虑到文化背景的影响，我国属于高语境文化，更重视沟通交流中的非语言表达，更注意维护团队和谐，不同观点更多是私下沟通的，私人关系在判断别人观点的过程中权重很大，这就使得在团队决策过程中，不同意见或不满情绪没有及时释放，进一步加剧成为破坏性摩擦，导致认知冲突不足，情感冲突过度。据此我们提出，高管团队在行业经验维度所形成的内部社会网络联结，通过降低高管团队创新决策过程中的冲突水平，提升企业的创新绩效。

3. 兼任董事维度

根据兼任董事维度高管团队内部社会网络联结数量所进行的分组，在企业挂牌当年年底净利润（$F=3.165$，$P=0.043$）上表现出显著差异。具体而言，就企业挂牌当年年底净利润而言，中联结组的平均净利润最高为 0.095，高于强联结组的 0.093 和弱联结组的 0.037。这一分组还在企业创新性指标，特别是企业产品或服务创新性（$F=5.136$，$P=0.006$）上表现出显著差异，如图 4-8 所示。具体而言，从企业产品或服务创新性来看，中联结组在产品或服务创新性方面的平均值最高为 0.116，高于弱联结组的–0.036 和强联结组的–0.243。

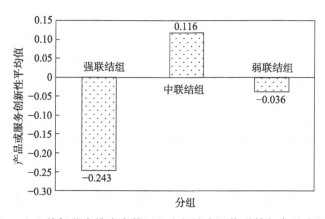

图 4-8　新三板 IT 企业兼任董事维度高管团队内部社会网络联结与产品或服务创新性差异

具体分析兼任董事维度高管团队内部社会网络联结促进企业创新水平提升的原因可以发现，兼任董事维度高管团队内部社会网络联结指数通过提升企业管理层整体风险承担水平促进创新。一方面，董事与高管兼任整体水平越高，越有助于提升管理层整体的激励水平。组织身份认同理论认为组织身份认同是重要的激励方式，董事与高管兼任能够给予这类高管人员身份激励，主要表现为多个角色职责产生的激励，促使他们更有意愿从企业整体角度承担风险。另一方面，董事与高管兼任整体水平越高，越有助于提升管理层整体的权力。董事与高管兼任必然赋予这类高管人员更多的职责权限，兼任董事维度高管团队内部社会网络联结指数越高表明管理层整体决策自主权水平越高，决策自主权能够提升其风险承担水平已得到已有研究的支持。上述效应在不确定性水平高且整体经营风险也高的IT 企业表现得更加明显。

4. 多维度内部社会网络联结

沿着学历、行业经验、海归背景和创业元老四个维度，发现新三板 IT 企业高管团队内部社会网络联结数量与企业创新指标具有相关性，其与企业挂牌当年年底企业产品或服务的创新性（相关系数为 0.130，$P=0.000$）、著作权数量（相关系数为 0.124，$P=0.000$）呈正相关关系。

基于多维度所形成的高管团队内部社会网络联结进行的分组，在企业创新性指标，特别是企业产品或服务创新性（$F=11.079$，$P=0.000$）、著作权数量（$F=8.449$，$P=0.000$）上表现出显著差异，如图 4-9 所示。具体而言，从企业产品或服务创新性来看，强联结组在产品或服务创新性方面的平均值最高为 0.138，高于中联结组的 0.088 和弱联结组的-0.211。从著作权数量来看，强联结组在著作权数量方面的平均值最高为 25.12，高于其他两组，特别是明显高于弱联结组的 16.49。

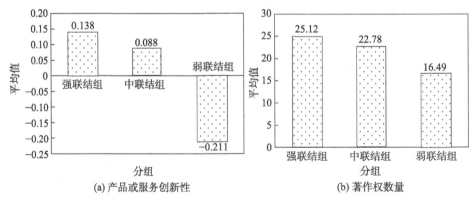

图 4-9　新三板 IT 企业多维度高管内部社会网络联结与企业创新差异

在制造业样本中，与 IT 企业类似，这一分组在创新性指标上，如企业专利数量（$F=3.645$，$P=0.027$）上表现出显著差异。具体而言，从企业专利数量来看，强联结组的专利平均数量最多为 18.76，高于其他两组，特别是高于弱联结组的12.05。上述数据结果基本符合整体预期，即多维度内部社会网络联结通过进一步提高高管团队间的行为整合水平推动了企业整体的创新表现。

上述数据结果表明，高管团队内部社会网络联结会对企业创新产生重要影响。高度行为整合的高管团队，通过高质量的信息交换，能够更好地获取来自顾客端的需求信息，不断提升捕捉包括顾客在内的利益相关者需求变化的信息搜寻能力；同时，信息的充裕度与多样性有助于新创企业对利益相关者需求的不确定性变化形成判断，为企业创新做出预先准备。在高质量信息交换基础上，高度行为整合的高管团队才能够围绕充足信息进行集体决策，并引发合作行为，立足信息覆盖的整体层面而非局部侧面进行企业创新活动安排。

4.1.3 董事会外部社会网络对企业绩效与创新的影响

董事会因其成员曾经在其他单位任职，而嵌入于其所构建的社会网络中。同时也因董事在其他企业兼任董事形成连锁董事，或兼任其他管理职务，形成以董事外部任职为关系链的社会网络。

1. 董事会先前工作经历社会网络

对于董事会先前社会关系网络，我们通过计算新三板企业董事会成员先前工作单位数量，来刻画社会网络规模。采用二阶聚类方法将新三板 IT 企业划分为三组：第一组为小规模网络组，企业数量为 520 家，占比 53.7%；第二组为中等规模网络组，企业数量为 386 家，占比 39.8%；第三组为大规模网络组，企业数量为 63 家，占比 6.5%。在新三板制造业样本中，我们采用 k 均值聚类将 706 家制造业企业划分为小规模网络组、中等规模网络组和大规模网络组。利用董事曾经的任职经历，构建了小规模社会网络的企业数量为 312 家，占比 44.2%；经由董事曾任职构建了中等规模社会网络的企业数量为 293 家，占比 41.5%；构建了大规模社会网络的企业数量为 101 家，占比 14.3%。

1）董事会先前工作经历社会网络对新创企业绩效的影响

在新三板制造业企业样本中，上述分组在企业绩效指标，如净利润（$F=6.591$，$P=0.001$）上表现出显著差异。就企业挂牌当年年底净利润而言，小规模网络组净利润平均值最高为 0.084，高于大规模网络组的 0.081 和中等规模网络组的 0.030。

在新三板制造业企业样本中，基于董事会成员曾经工作过的单位数量所进行的分组，在企业绩效指标上，如企业挂牌当年年底总资产（$F=5.004$，$P=0.007$）、净利润（$F=5.375$，$P=0.005$）上表现出显著差异。更进一步，这种差异还延续至企业挂牌下一年，即上述分组在企业挂牌下一年年底总资产（$F=4.183$，$P=0.016$）、净利润（$F=3.642$，$P=0.027$）上表现出显著差异，如图 4-10 所示。就企业挂牌当年年底总资产而言，董事会大规模网络组，其总资产平均值最高为 1.836，高于中等规模网络组的 1.298 和小规模网络组 1.119。就企业挂牌当年年底净利润而言，董事会大规模网络组,其净利润平均值最高为 0.164,高于中等规模网络组的 0.105 和小规模网络组 0.093。就企业挂牌下一年年底总资产而言,董事会具有大规模网络组的总资产平均水平最高为 2.153,高于中等规模网络组的 1.588 和小规模网络组的 1.469。就企业挂牌下一年年底净利润而言,董事会具有大规模网络组的净利润平均水平最高为 0.175,高于中等规模网络组的 0.122 和小规模网络组的 0.116。

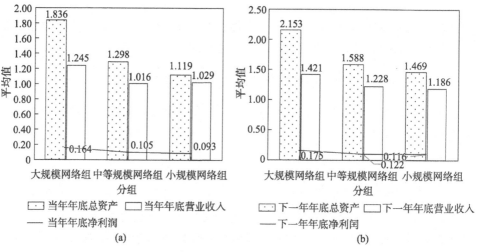

图 4-10　新三板制造业企业董事先前工作经历社会网络与企业绩效差异

曾经的工作单位为个体带来了什么?其不仅赋予了个体以工作经历,更为个体积累了社会关系。因此,个体曾经在较多的工作单位任职,能够建立较大规模的社会网络,积累可调用的社会资本。基于此,上述数据结果表明,当新创企业的董事会成员曾经在较多的工作单位任职,意味着经由董事会成员建立了大规模社会网络的新创企业更可能获得较好的绩效。原因在于,从资源提供的角度来看,董事会成员在较多的工作单位工作能够为其参与企业经营决策带来信息与资源,这有利于董事会成员将资源投入于新创企业经营,有利于新创企业绩效;从监督职责的角度来看,较大规模的董事会先前工作经历社会网络为董事会成员承担监督角色提供了充足的经验,也为董事赢得了声誉,有利于其行使监督职责,提升公司治理绩效。

从上述数据结果可以看出,同样承担企业战略决策的重要职责,董事会成员先前工作经历社会网络在制造业企业的绩效结果上表现出与 IT 企业不一样的特征,即主要作用于企业绩效指标而非创新结果指标。通常而言制造业企业更强调效率优先,因此可以推测一方面制造业企业董事会成员主要将先前工作经历社会网络所积累形成的资源与认知优势聚焦于企业效率提升,先前工作经历社会网络优势主要体现在企业绩效指标;另一方面制造业企业在吸纳董事会成员的时候更看重其先前工作经历，往往是先前工作经历社会网络更丰富的成员进入董事会。

2）董事会先前工作经历社会网络对新创企业创新的影响

上述分组还在企业创新指标，如产品或服务创新性（$F=6.591$，$P=0.001$）、著作权数量（$F=3.032$，$P=0.049$）、专利数量（$F=6.591$，$P=0.001$）上表现出显著差异（图 4-11），但这一结果主要产生于新三板 IT 行业。就企业产品或服务创新性来说，董事会大规模网络组，其产品或服务创新性平均值最高为 3.265，高于中等规模网络组的 3.068 和小规模网络组的 3.039。就企业著作权数量来说，董事会大规模网络组，其著作权平均数量最多为 24.520，高于小规模网络组的 22.660 和中等规模网络组的 18.730。从企业专利数量来看，董事会大规模网络组，其专利平均数量最多为 9.110,高于小规模网络组的 4.010 和中等规模网络组的 3.770。

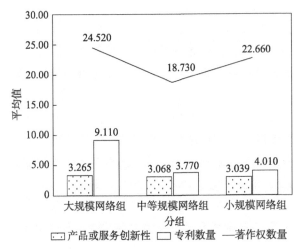

图 4-11　新三板 IT 企业董事会先前工作经历社会网络与创新指标差异

这一数据结果表明，董事会先前工作经历社会网络越广泛，越能够帮助企业获取有利于商业模式创新的资源，同时更容易捕捉有利于商业模式创新的机会，使得董事会先前工作经历丰富的新三板企业商业模式的效率与新颖水平都更高。特别值得注意的是，在高管团队作为商业模式设计主体的基础上，董事会承担企业战略决策的重要职责，对于以创新战略为主导的新三板 IT 企业而言，董事会先前工作经历社会网络所产生的资源与认知机制更直接地作用于企业的创新决策，使得相应企业在一系列创新指标上表现出更明显的优势。

2. 董事会当前对外任职社会网络

与新三板 IT 企业数据库不同，在新三板制造业样本中，我们还编码了企业董事会当前对外任职情况，刻画了董事会经由对外兼任所形成的社会网络。我们采用一组指标衡量董事会对外兼任社会网络的总体情况，包括企业董事会成员存在对外兼任情况的比例、对外兼任的企业数量，特别编码了企业董事会对外兼任董事的比例以及兼任董事的企业数量，从而刻画连锁董事网络特征。下面我们将围绕董事会一般外部任职以及连锁董事任职所形成的社会网络加以分析。

1）董事会一般外部任职

董事会一般外部任职是指董事会成员除了在本企业任职董事以外，还在其他不同类型组织兼任各种职务。有学者对董事会成员通过在当前的工作岗位之外的外部任职对企业可能产生的影响进行了研究，认为主要可以归纳为两种类别的价值：一是信号属性的价值，也就是董事会成员由于获取外部任职被视为具有较高的个人能力与声誉，进而影响利益相关者对企业整体声誉的判断，帮助企业获取了积极正面的评价；二是实质属性的价值，也就是董事会成员由于参与外部任职在个体层面增加了人力资本，在企业层面为企业带来了社会资本，包括实质性的资源与机会，对企业绩效提升产生了实质性的影响。尽管如此，围绕董事会外部任职的大量实证研究却产生了一系列矛盾的结论，部分研究支持了董事会外部任职促进企业绩效提升的推测，也有部分研究发现董事会外部任职与企业绩效并无关系甚至产生不利的影响，这提示我们更加需要具体问题具体分析。

从新三板制造业企业董事会对外任职所形成的社会网络来看，我们采用董事会成员对外兼任企业的数量衡量这一社会网络特征，并利用 k 均值聚类方法，将705 家制造业企业划分为三组：第一组是大规模网络组（董事会对外兼任企业数量平均值为 24.71），即企业董事会成员较多地在其他企业承担职务，这一类企业数量为 24 家，占比 3.4%；第二组是中等规模网络组（董事会对外兼任企业数量平均值为 10.19），即企业董事会成员较少地在其他企业承担职务，这一类企业数量为 120 家，占比 17.0%；第三组是小规模网络组（董事会对外兼任企业数量平均值为 2.08），即企业董事会成员少有在其他企业担任职务的情况，这一类企业数量为 561 家，占比 79.6%。

这一分组在企业绩效指标，包括企业挂牌当年年底总资产（$F=8.533$，$P=0.000$）、营业收入（$F=2.513$，$P=0.082$）、净利润（$F=6.904$，$P=0.001$）上表现出显著差异，还在企业挂牌下一年年底总资产（$F=6.117$，$P=0.002$）、营业收入（$F=2.542$，$P=0.079$）、净利润（$F=3.848$，$P=0.022$）上表现出显著差异。从企业的成长性来看，上述分组还在企业挂牌下一年年底营业收入增长率上表现出显著差异（$F=14.293$，$P=0.000$）。

就企业挂牌当年年底总资产而言，大规模网络组的总资产平均值最高为 2.247，显著高于中等规模网络组的 1.770 和小规模网络组的 1.198。就企业挂牌当年年底营业收入而言，大规模网络组的营业收入平均值最高为 1.374，高于中等规模网络组的 1.339 和小规模网络组的 0.980。就企业挂牌当年年底净利润而言，中等规模网络组的净利润平均值最高为 0.164，高于大规模网络组的 0.138 和小规模网络组的 0.095。就企业挂牌下一年年底总资产而言，大规模网络组的总资产平均值最高为 2.594，显著高于中等规模网络组的 2.033 和小规模网络组的 1.487。就企业挂牌下一年年底营业收入而言，大规模网络组的营业收入平均值最高为 1.652，高于中等规模网络组的 1.541 和小规模网络组的 1.154。就企业挂牌下一年年底净利润而言，大规模网络组的净利润平均值最高为 0.168，高于中等规模网络组的 0.146 和小规模网络组的 0.116（图 4-12）。就企业挂牌下一年年底营业收入增长率而言，大规模网络组的营业收入增长率平均值最高为 931.1%，显著高于中等规模网络组的 48.3% 和小规模网络组的 30.2%。

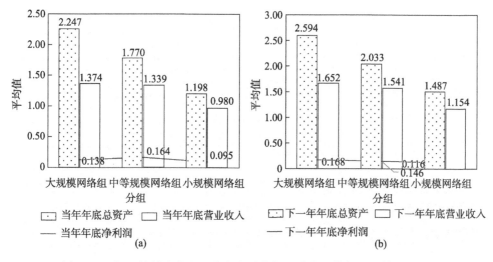

图 4-12　新三板制造业企业董事会对外任职社会网络与企业绩效差异

上述数据结果表明，从新三板制造业企业挂牌当年来看，董事会具有大规模对外任职网络的新创企业更能够获得资产与收入上的业绩提升，而董事会具有中等规模对外任职网络的新创企业，即董事会在有限的范围内形成对外任职，有助于新创企业获得更好的净利润水平。这意味着，董事会成员对外任职会产生治理成本，即对外任职分散了董事会对供职的新创企业监督义务的投入，因此过多的董事会对外任职会削弱新创企业表现为收益性指标的业绩水平。从企业挂牌下一年来看，董事会对外任职所产生的信息、资源与声誉效应超过了治理成本，使得大规模对外任职网络的构建更有利于新创企业在净利润水平上的业绩提升，这意味着董事会经由对外任职使得外部社会网络运营更为成熟，利用网络联结所获得的资源与声誉价值提升，推动企业绩效增长与企业成长。

基于董事会对外兼任企业数量进行的分组，在企业创新指标，如企业产品或服务创新性（$F=2.946$，$P=0.053$）、专利数量（$F=4.468$，$P=0.012$）上表现出显著差异，如图 4-13 所示。具体而言，大规模网络组在产品或服务创新性上表现最好，平均值为 3.111，高于其他两组，特别是高于小规模网络组的 2.887。同时，大规模网络组在专利数量上也有最好的表现，其平均获得的专利数量为 22.00，高于其他两组，特别是高于小规模网络组的 12.31。

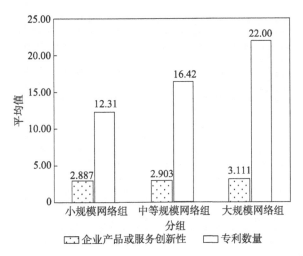

图 4-13　新三板制造业企业董事会对外任职社会网络与创新指标差异

从上述数据结果看，董事会成员对外任职水平越高展现了更高的社会资本，这些社会资本一方面塑造了董事会的高声誉与高地位，另一方面也赋予董事会以资源基础，为其在创新活动中投入资源提供支撑。凭借社会资本，董事会能够更积极有效地参与公司治理，同时客观上加强了对外联结，从而为增强企业的创新基础提供了可能，也就是说信号效应与资源效应同时发挥作用，使得在制造业企业中董事会对外任职社会网络表现出显著的创新优势。综合来看，董事会外部任职所形成的社会网络无论是在企业绩效还是创新水平上都表现出显著性差异，整体支持了董事会外部任职对企业经济后果产生积极影响的预期。

2）连锁董事任职

在董事会存在对外任职情况的制造业样本中，部分企业董事会成员对外担任董事职务，这就在企业之间形成连锁董事网络关系，即两家企业因共用一位董事而形成的连锁关系。在董事会成员对外任职的基础上，连锁董事一方面指董事对外仅兼任董事职务的独特性，另一方面更强调从企业层次看待形成连锁董事的企业之间的特殊关系。有学者认为董事对外任职与连锁董事是一个事物的两个方面，也就是说董事对外任职对企业经济后果产生的影响同样可以用于连锁董事的分析，但连锁董事在信号机制与资源机制的基础上还表现出其分析视角的独特性——信息传递机制，即连锁董事在企业之间构建起的独特网络关系起到信息、知识传递与共享的作用。更充分与便捷的信息来源一方面通过提升企业的信息优势与学习能力对绩效结果产生积极正向的影响，另一方面还能够通过制度压力与模仿同构效应对关联企业商业模式与战略进行模仿，从而与业绩优良的连锁董事企业行为保持一致性，由此对绩效结果产生积极正向的影响。

我们利用两个指标来衡量企业间的连锁董事关系，即企业董事会对外担任董事的成员比例与董事会对外担任董事职务的企业数量。采用 k 均值聚类方法，以董事会对外担任董事比例与企业数量为依据，我们将 476 家存在连锁董事现象的新三板制造业企业划分为三类：一类是强连锁关系，即董事会对外担任董事比例高且任职企业覆盖面广（董事比例平均值为 0.69，企业数量平均值为 22.17），使得企业间具有大规模的连锁董事网络，这类企业数量为 18 家，占比 3.8%；第二类是较强连锁关系，即董事会对外担任董事比例较高且任职企业数量较多（董事比例平均值为 0.55，企业数量平均值为 9.98），企业间形成中等规模的连锁董事网络，这类企业数量为 84 家，占比 17.6%；第三类是弱连锁关系，即董事会对外担任董事比例比较低且仅在较少的企业中担任董事（董事比例平均值为 0.3，企业数量平均值为 2.41），企业间形成规模较小的连锁董事网络，这类企业数量为 374 家，占比 78.6%。

这一分组在企业绩效指标，包括企业挂牌当年年底总资产（$F=9.185$，$P=0.000$）、营业收入（$F=4.705$，$P=0.009$）、净利润（$F=3.899$，$P=0.021$）上表现出显著差异，还在企业挂牌下一年年底总资产（$F=8.429$，$P=0.000$）、营业收入（$F=5.365$，$P=0.005$）、净利润（$F=3.432$，$P=0.033$）上表现出显著差异，如图 4-14 所示。从企业的成长性来看，上述分组还在企业挂牌下一年营业收入增长率上表现出显著差异（$F=12.442$，$P=0.000$）。

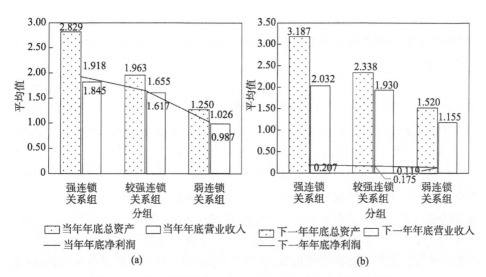

图 4-14　新三板制造业企业连锁董事关系与企业绩效差异

就企业挂牌当年年底总资产而言，强连锁关系组的总资产平均值最高为2.829，显著高于较强连锁关系组的1.963和弱连锁关系组的1.250。就企业挂牌当年年底营业收入而言，强连锁关系组的营业收入平均值最高为1.845，高于较强连锁关系组的1.617和弱连锁关系组的0.987。就企业挂牌当年年底净利润而言，强连锁关系组的净利润平均值最高为1.918，高于较强连锁关系组的1.655和弱连锁关系组的1.026。就企业挂牌下一年年底总资产而言，强连锁关系组的总资产平均值最高为3.187，显著高于较强连锁关系组的2.338和弱连锁关系组的1.520。就企业挂牌下一年年底营业收入而言，强连锁关系组的营业收入平均值最高为2.032，高于较强连锁关系组的1.930和弱连锁关系组的1.155。就企业挂牌下一年年底净利润而言，强连锁关系组的净利润平均值最高为0.207，高于较强连锁关系组的0.175和弱连锁关系组的0.119。就企业挂牌下一年年底营业收入增长率而言，强连锁关系组的营业收入增长率平均值最高为1212.4%，显著高于较强连锁关系组的53.0%和弱连锁关系组的36.8%。

上述数据结果表明，新创企业董事会成员对外担任其他公司董事这一关键岗位，在新创企业与其他企业间架设了连锁董事网络，借助这种网络，新创企业能够获得连锁董事关联公司的信息与知识，也增强了新创企业的对外联结。同时，通过参与其他公司的董事会决议，新创企业董事会成员能够更多地了解其他行业信息、相关市场信息以及新市场机遇等，因而连锁董事网络规模扩大，为增强新创企业的信息与知识基础提供了可能，同时为企业提供了更多学习与模仿的对象，使其能够更容易与优秀者为伍。连锁董事信号效应、资源效应与信息传递效应可能同时发挥作用，使得在制造业企业中连锁董事社会网络表现出显著的优势。这种优势反映在新创企业治理绩效上，提高了新创企业的战略审批与执行监督效率，促进了新创企业绩效的提升。

基于董事会对外担任董事比例和企业数量进行的分组，在企业创新指标，如专利数量（$F=3.525$，$P=0.030$）上表现出显著差异，如图4-15所示。具体而言，强连锁关系组在专利数量上有最好的表现，其获得的专利数量平均值为23.94，高于较强连锁关系组的16.71和弱连锁关系组的13.00。

这一数据结果表明，连锁董事网络规模也有利于企业开展创新，促进创新成果的涌现。可能的解释在于，企业间的董事关联能够为企业搭建"信息桥"，联结企业间的信息传递与沟通。当新创企业有更多的董事会成员在其他企业担任董事职务时，由于对战略决策过程的参与，这些董事往往能够获取关于其他企业资源现状的信息，这为新创企业寻求研发伙伴创造基础。同时，"信息桥"还有助于新创企业识别行业发展趋势与技术变革方向，从而捕捉新技术研发切入点。经由连锁董事网络所获得的技术机遇与技术合作伙伴，有助于新创企业开展创新活动，提高创新成效。

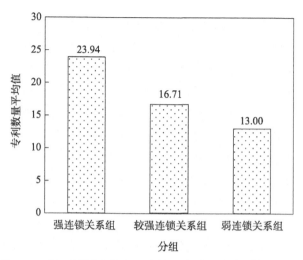

图 4-15　新三板制造业企业连锁董事关系与专利数量差异

4.2　董事会、高管团队断裂带对企业绩效与创新的影响

群体断裂带是衡量团队层面信息交流与沟通程度的重要变量。群体断裂带的提出源于对群体多样性的研究，相关研究认为群体多样性的局限在于仅关注单个人口属性变量对团队结构的影响（Williams and O'Reilly，1998），而忽视了多个人口属性具有的对齐效应。当群体沿一个属性产生明显分裂，并和其他属性的分裂相结合，群体内就会形成断裂带。群体断裂带这一概念最早由 Lau 和 Murnighan（1998）提出，他们在研究中基于团队成员的多人口特征属性，将群体分裂为组内同质与组间异质的若干子群，使得群体内呈现出一条"隐形"地划分出若干子群的分割线。群体断裂带的形成基础是群体多样性，既要求群体内具有多样的特定属性，也要求特定属性相对集中。群体断裂带尝试从组合的新视角分析团队成员属性的多样性及排列方式，侧重于多种特征属性的格局和构型，超越了成员的单一特征，而研究多种属性之间的拟合关系（Lau and Murnighan，2005；Hart and van Vugt，2006）。

随着群体断裂带研究的不断深入，Gratton 等（2011）研究发现，群体断裂带的来源除了人口统计学特征，还包括团队成员的认知特征。基于此，学者按照不同标准对群体断裂带进行了分类，最为典型的是 Williams 和 O'Reilly（1988）将群体断裂带分为两类：社会分类断裂带和信息认知断裂带。社会分类断裂带指群体成员与生俱来的特征差异形成的断裂带，如性别、年龄和国籍等，难以通过后天的努力改变；信息认知断裂带指团队成员基于与工作任务相关和专业背景知识、观点上的差异而形成的断裂带。从团队理论来看，当团队处于发展的不同时期时，会形成不同类型的断裂带，随着团队的不断发展，团队断裂带分别对应团队成员的表层特征和深层特征，从而在不同程度上影响团队行为。这为我们研究新三板企业董事会和高管团队层面群体断裂带特征与强度所反映出的团队表层及深层特征如何影响新创企业商业模式设计及其绩效水平，提供了研究基础。

就断裂带的效应而言，已有研究呈现出相互矛盾的结论。①断裂带对组织绩效的正效应。支持断裂带能够给组织绩效产生正向收益的学者认为群体之间的断裂带能够在决策过程中产生多样性的信息，弱化群思现象的不良影响，因此能够提高决策质量从而对组织绩效产生正向收益。②断裂带对组织绩效的负效应。支持断裂带对组织绩效产生破坏作用的学者认为群体之间的断裂带产生并加剧冲突，弱化了沟通效率并降低群体合作水平，这对决策过程乃至决策结果都是不利的，最终也会导致组织绩效受损。③断裂带和组织绩效关系不显著。还有不少的研究表明断裂带与组织绩效并没有明确的相关关系，这类学者提出正是由于断裂带的正负向效应同时存在并相互纠缠，因此断裂带本身对组织绩效不会产生直接而明确的影响。上述研究提示我们对于董事会和高管团队断裂带如何作用于新三板企业经营业绩应该进行更细致的分析。

对于断裂带的测量，使用 Meyer 和 Glenz（2013）提供的平均轮廓宽度（average silhouette width，ASW）聚类算法来识别团队断裂带强度及团队内部的子群体构成。该算法可以保证子群体内部具有最高程度的同质性，而子群体之间具有最高程度的异质性。ASW 聚类算法包含两个步骤：首先，通过 Ward 聚类分析方法识别每个团队中一系列可能的子群体构成，每一种情形拥有清晰的子群体边界和数量，并且每一个团队成员只能隶属于一个子群体；其次，识别所有子群体构成中团队断裂强度最高的情形。据此，我们计算得出新三板挂牌企业董事会、高管团队断裂带强度的分值。

4.2.1 董事会断裂带对企业绩效的影响

基于已有研究对群体断裂带的分类，我们也将新三板企业董事会断裂带划分为社会分类断裂带和信息认知断裂带。根据社会分类断裂带强度分值，我们采用二阶聚类方法将 966 家新三板 IT 企业划分为三组。第一组为高断裂组，表现为董事会中断裂带强度较高，即董事会在董事性别与年龄两个维度上形成较强的群内断裂，这类企业数量为 86 家，占比 8.9%；第二组为中断裂组，表现为董事会中断裂带强度居中，即董事会内部形成中等强度的群内断裂，这类企业数量为 381 家，占比 39.4%；第三组为低断裂组，表现为董事会中断裂带强度较弱，即董事会内部形成较弱的群内断裂，这类企业数量为 499 家，占比 51.7%。

基于社会分类断裂带强度分值所进行的分组，在企业挂牌当年年底总资产增长率（$F=2.879$，$P=0.008$）和净利润增长率（$F=5.016$，$P=0.007$）上呈现出显著差异。具体而言，就企业挂牌当年年底总资产增长率来看，低断裂组企业的总资产增长率平均值最高为702.62%,远高于高断裂组的77.96%和中断裂组的76.77%,后两组组间差异不显著。就企业挂牌当年年底净利润增长率来看,同样是低断裂组企业的净利润增长率平均值最高为3001.14%,远高于高断裂组的62.61%和中断裂组的23.17%,后两组组间差异不显著。

　　根据信息认知断裂带强度分值,我们同样采用二阶聚类方法,将966家新三板 IT 企业(缺失3家企业数据)划分为三组。第一组为高断裂组,这类企业数量为487家,占比50.4%;第二组为中断裂组,表现为董事会中断裂带强度居中,即董事会内部形成中等强度的群内断裂,这类企业数量为410家,占比42.4%;第三组为低断裂组,表现为董事会中断裂带强度较弱,即董事会内部形成较弱的群内断裂,这类企业数量为69家,占比7.1%。

　　基于信息认知断裂带强度分值所进行的分组,在企业挂牌当年年底总资产($F=4.660$, $P=0.010$)和净利润($F=3.451$, $P=0.032$)上呈现出显著差异,如图4-16所示。具体而言,就企业挂牌当年年底总资产来看,低断裂组企业的总资产平均值最高为1.548,远高于中断裂组的1.148和高断裂组的0.859,后两组组间差异不显著。就企业挂牌当年年底净利润来看,同样是低断裂组企业的净利润平均值最高为1.652,远高于高断裂组的0.641和中断裂组的0.473,后两组组间差异不显著。

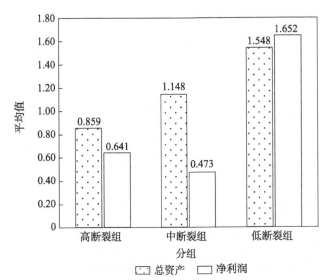

图 4-16　新三板 IT 企业董事会信息认知断裂带与挂牌当年年底企业绩效差异

　　上述数据结果表明,无论是在社会分类维度还是信息认知维度,新创企业在董事会层面具有较弱的断裂带强度时,其更能够获得在资产、利润以及企业成长方面的较好绩效。可能的原因在于,在衡量董事会对企业价值创造的影响时,一方面需要着眼于董事会的战略决策职能,另一方面需要关注董事会决策行为过程,作为一个特殊的决策群体，董事会处于公司决策控制系统的顶端，董事会的决策问题复杂且不明朗，在这样的决策过程中，搜寻有助于解决问题信息的重要性明显降低，而寻找利益共同体支持的重要性明显升高，此时社会分类过程所导致的认同冲突、关系冲突和任务冲突成为决策过程的主导机制，甚至完全压制了多样信息可能对决策过程产生的积极影响，因此已有研究指出董事会群体断裂带效应明显区别于一般群体断裂带与高管团队断裂带所存在的矛盾结论，其对董事会成员努力程度、决策冲突、信息共享等决策行为过程都会产生不利影响。

在新三板制造业样本中，我们采用 k 均值聚类方法，根据社会分类断裂带强度分值，将 706 家制造业企业进行分组，与 IT 企业不一致的是制造业企业样本经过 k 均值聚类方法分析后，其中一个组别断裂带强度分值为零，意味着没有断裂带产生，因此我们将制造业企业断裂带分组划分为高断裂带、低断裂带和无断裂带。之所以存在无断裂带，是由于在制造业样本中，有相当比重的企业董事会中不存在社会分类断裂带。具体而言，董事会中包含高断裂带的企业为 60 家，占比8.5%；董事会中包含低断裂带的企业为 249 家，占比 35.3%；董事会中包含无断裂带的企业为 397 家，占比 56.2%。这一分组在企业挂牌下一年年底净利润增长率上表现出显著差异（$F=2.525$，$P=0.081$），如图 4-17 所示。具体而言，董事会中包含高断裂带的企业，企业挂牌下一年年底净利润增长率最高为 149.9%，高于低断裂带的 74.9%，以及无断裂带的 –133.5%。

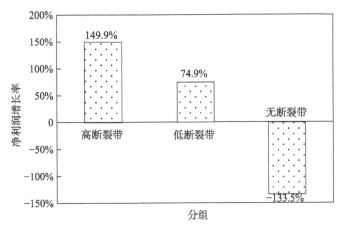

图 4-17　新三板制造业企业董事会社会分类断裂带与企业挂牌下一年年底净利润增长率差异

尽管我们只在新三板制造业样本的董事会社会分类断裂带中发现其与企业绩效的关系，但这一单维数据的结果呈现出与 IT 行业数据结果的差异，即在制造业新创企业中，具有高强度社会分类断裂带的新创企业更可能获得净利润的快速增长。可能的解释来自制造业行业所特有的特征，即制造业的商业模式与运营模式相对更加成熟，制造业企业董事会可能面临的决策相对简单而清晰，在这样的决策过程中，搜寻有助于解决问题信息的重要性明显升高，而寻找利益共同体支持的重要性明显降低，这就使得董事会断裂带带来的多样信息对决策过程产生的积极作用能够得以发挥，进而体现在企业绩效差异中。

4.2.2　高管团队断裂带对企业绩效与创新的影响

与董事会断裂带的测量方式相同，我们同样采用社会分类断裂带和信息认知断裂带衡量高管团队断裂带强度。根据社会分类断裂带强度分值，我们采用二阶聚类方法将 957 家新三板 IT 企业进行分组，与董事会断裂带不一致的是高管团队样本经过二阶聚类后，只产生了两个显著的组别，因此我们将 IT 企业高管团队断裂带划分为高断裂组与低断裂组两个组别，其中高断裂组表现为高管团队中断裂带强度较高，即高管团队在成员性别与年龄两个维度上形成较强的群内断裂，这类企业数量为 268 家，占比 28%；低断裂组表现为高管团队中断裂带强度较低，即高管团队内部形成较弱的群内断裂，这类企业数量为 689 家，占比 72%。

1. 高管团队断裂带对企业绩效的影响

基于社会分类断裂带强度分值所进行的分组，在企业挂牌当年年底总资产（$T=-3.692$，$P=0.000$）、总资产增长率（$T=-1.657$，$P=0.098$）、净利润增长率（$T=-1.688$，$P=0.092$）上表现出显著差异，如图 4-18 所示。就企业挂牌当年年底总资产而言，高断裂组企业的总资产平均水平最高为 1.440，显著高于低断裂组的 0.908。就企业挂牌当年年底总资产增长率而言，高断裂组企业的总资产增长率平

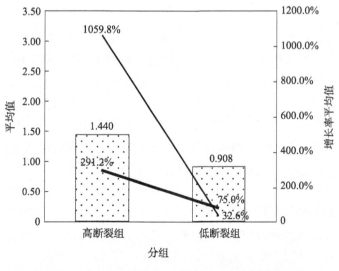

图 4-18　新三板 IT 企业挂牌当年年底高管团队社会分类断裂带与企业绩效差异

均水平最高为 291.2%，显著高于低断裂组的 75.0%。就企业挂牌当年年底净利润增长率来看，高断裂组企业的净利润增长率平均水平最高为 1059.8%，显著高于低断裂组的 32.6%。

根据信息认知断裂带强度分值，我们也采用二阶聚类方法将 940 家新三板 IT 企业划分为高断裂组和低断裂组两组。高断裂组企业数量为 363 家，占比 38.6%；低断裂组企业数量为 577 家，占比 61.4%。基于信息认知断裂带强度分值所进行的分组，在企业挂牌当年年底总资产（T=3.024，P=0.003）上表现出显著差异，如图 4-19 所示。具体而言，高断裂组企业的总资产平均水平最高为 1.219，显著高于低断裂组的 0.812。

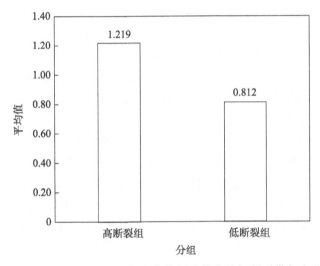

图 4-19　新三板 IT 企业挂牌当年年底高管团队信息认知断裂带与企业绩效差异

上述数据结果与新三板 IT 企业样本中董事会断裂带的绩效作用形成差异，表现为具有高强度断裂带的高管团队，更可能帮助企业获得较好的绩效。这一结论更体现出高管团队的战略执行职能，即高管团队负责整个企业的组织与协调，对企业的日常经营管理有很大的控制权，此时战略方向与战略目标往往是确定而没有争议的，更需要的是高效达成既定战略目标的执行能力，因此高管团队的决策问题简单且清晰，在这样的决策过程中，搜寻有助于解决问题信息的重要性进一步凸显，此时信息决策过程所导致的认知多样与思维弹性的主导机制，有可能压制社会分类过程所导致的冲突过程，求同存异的积极作用能够得到进一步发挥，因此能够体现在高水平的企业绩效中。

在新三板制造业样本中，根据社会分类断裂带强度分值，采用 k 均值聚类方法，可以将 702 家制造业企业划分为高断裂组、低断裂组和无断裂组。高管团队中包含高断裂带的企业为 44 家，占比 6.3%；高管团队中包含低断裂带的企业为 92 家，占比 13.1%；高管团队中包含无断裂带的企业为 566 家，占比 80.6%。这一分组在企业挂牌当年年底营业收入（$F=6.638$，$P=0.001$）、企业挂牌下一年年底营业收入（$F=5.034$，$P=0.007$）上表现出显著差异。就企业挂牌当年年底营业收入而言，包含低断裂组的企业营业收入最高为 1.672，显著高于无断裂组的 0.969 和高断裂组的 0.920。就企业挂牌下一年年底营业收入而言，包含低断裂组的企业营业收入最高为 1.830，显著高于高断裂组的 1.160 和无断裂组的 1.051（图 4-20）。

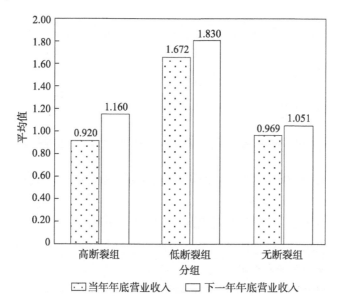

图 4-20　新三板制造业企业高管团队社会分类断裂带与企业绩效差异

根据信息认知断裂带强度分值，采用 k 均值聚类方法，可以将 704 家制造业企业划分为高断裂组、中断裂组和低断裂组。高管团队中包含高断裂组的企业为 125 家，占比 17.8%；高管团队中包含中断裂组的企业为 199 家，占比 28.3%；高管团队中包含低断裂组的企业为 380 家，占比 54.0%。这一分组在企业挂牌当年年底总资产（$F=10.780$，$P=0.000$）、营业收入（$F=6.920$，$P=0.001$）、净利润（$F=5.532$，$P=0.004$）方面均表现出显著差异，在企业挂牌下一年年底总资产（$F=12.869$，$P=0.000$）、营业收入（$F=8.211$，$P=0.000$）、净利润（$F=7.287$，$P=0.001$）方面也表现出显著差异，如图 4-21 所示。

就企业挂牌当年年底总资产来说，高管团队中包含中断裂组的企业总资产平均值最高为 1.710，高于高断裂组的 1.523 和低断裂组的 1.047。就企业挂牌当年年底营业收入来说，高管团队中包含中断裂组的企业营业收入平均值最高为 1.370，高于高断裂组的 1.221 和低断裂组的 0.834。就企业挂牌当年年底净利润来说，高管团队中包含中断裂组的企业净利润平均值最高为 0.138，高于高断裂组的 0.117 和低断裂组的 0.086。就企业挂牌下一年年底总资产来说，高管团队中包含中断裂

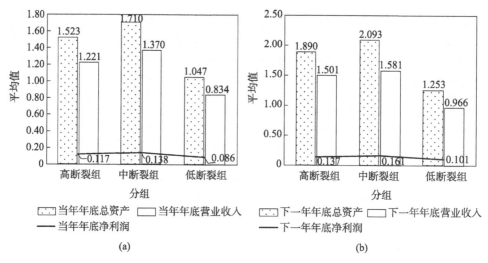

图 4-21　新三板制造业企业高管团队信息认知断裂带与企业绩效差异

带的企业总资产平均值最高为 2.093,高于高断裂组的 1.890 和低断裂组的 1.253。就企业挂牌下一年年底营业收入来说,高管团队中包含中断裂组的企业营业收入平均值最高为 1.581,高于高断裂组的 1.501 和低断裂组的 0.966。就企业挂牌下一年年底净利润来说,高管团队中包含中断裂带的企业净利润平均值最高为 0.161,高于高断裂组的 0.137 和低断裂组的 0.101。

综合上述数据可以看出,对于新三板制造业企业而言,无论是何种断裂带以及何种业绩结果,中断裂组都有更好的表现,这一结果符合最新研究中学者的思考,即断裂带水平与组织绩效的倒"U"形猜想,也就是说由于高管团队断裂带作用于组织绩效结果时正向与负向的效应同时存在,如果我们无法对两者进行有效区分,则中等水平的断裂带强度可能产生最好的效果。在断裂带水平较低时,群体思维和搭便车现象比较严重,多样信息与创新构想难以产生,在断裂带水平较高时,意见分歧、人际冲突现象比较严重,决策效率严重受损,因此中等水平的断裂带强度更容易在充分发挥信息优势的同时将冲突劣势控制在一定程度内,由此带给组织业绩更积极的影响。

2. 高管团队断裂带对企业创新的影响

在新三板 IT 企业样本中,基于高管团队社会分类断裂带强度分值所进行的分组,还在企业产品或服务创新性($T=-1.663$,$P=0.097$)、著作权数量($T=-3.816$,$P=0.000$)上表现出显著差异,如图 4-22 所示。具体而言,高断裂组企业产品或服务创新性平均值最高为 3.138,显著高于低断裂组的 3.049。高断裂组企业著作权数量最多为 26.49,显著高于低断裂组的 19.31。

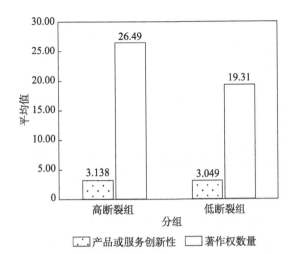

图 4-22　新三板 IT 企业高管团队社会分类断裂带与创新指标差异

　　基于信息认知断裂带强度分值所进行的分组，在企业产品或服务创新性（$T=2.207$，$P=0.028$）、著作权数量上表现出显著差异（$T=3.205$，$P=0.001$），如图 4-23 所示。就企业产品或服务创新性而言，高断裂组的产品创新性表现较好，其平均值为 3.209，高于低断裂组的 2.999；就企业著作权数量而言，高断裂组的著作权数量平均值最高为 23.42，明显高于低断裂组的 17.78。

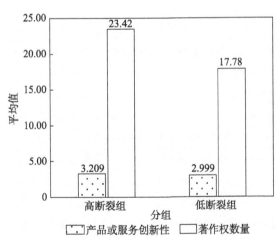

图 4-23　新三板 IT 企业高管团队信息认知断裂带与创新指标差异

　　上述数据结果表明，在新三板 IT 企业中，具有高强度断裂带的高管团队更可能推动企业实现产品或服务方面的创新。这一结论与前述高强度断裂带的高管团队更可能帮助企业获得较好的绩效的基本逻辑一致，甚至得到了进一步加强，即在企业创新的过程中，认知多样与思维弹性将在很大程度上决定高管团队的创新能力与创新水平，而在统一且既定的战略目标框架下，断裂带所产生的信息决策过程优势能够得到进一步发挥。

第 5 章

董事或高管网络对组织间网络的影响

组织间网络缘何而形成？从关系多元性的角度来看，组织间网络的形成源于组织内部或外部的其他关系。基于此，在众多关于组织间网络形成诱因的研究中，以个人化关系为纽带的个体网络对组织间网络的影响，被认为是重要的研究方向。本章主要围绕新创企业董事会、高管团队在群体层面的结构特征展开讨论，聚焦因不同群体特征所形成的企业差异如何反映在组织间网络上，有助于从董事或高管层面建立对组织间网络形成的理论解释。

5.1 董事或高管网络对机构投资者网络的影响

高瓴资本的张磊提出"投资就是投人"，因此从另外一个角度来看，机构投资者在选择被投企业时，尤其是选择处于初创阶段的新三板企业时，很大程度上是在选择优秀的企业决策者与管理者，那么具有怎样特征的董事或高管团队更容易吸引机构投资者？已有研究主要从企业特征的角度考察了机构投资者选择被投企业的原因，如企业安全性、盈利水平、流动性等方面的因素对机构投资者投资偏好的影响，但对于新三板企业而言，核心决策者和管理者是机构投资者尤其看重的因素。

机构投资者成为新三板企业股东，并不仅仅是机构投资者的投资行为，也是新三板企业领导班子主动引入机构投资者的战略行为。通常情况下，企业 IPO 需要将股份稀释到一定程度，以满足中国证券监督管理委员会的要求。尽管新三板并未做出关于股权结构分散程度的严格要求，但是挂牌企业的领导班子也会考虑。一方面分散股权以吸引更多的投资者，另一方面通过引入机构投资者而获得充足的资金支持。那么，什么样的领导班子会做出引入机构投资者，从而建构并完善投资者网络的战略决策？本节将着重分析新三板企业董事会特征、高管团队结构对机构投资者引入的影响。

5.1.1 董事会特征对机构投资者的影响

大量研究证实，董事的个人特质能够代表董事个体的内在特征属性，这一特征属性是董事履职乃至整个董事会发挥资源与监督职能的重要基础，也会对企业的融资决策产生重要影响，因此本节从董事会学历结构、经验结构与海归占比等因素探索董事会特征对引入机构投资者以构建并完善投资者网络的影响。

1. 董事会学历结构与机构投资者入股

引入机构投资者作为企业股东对于我国的创业实践，特别是对于身处初创期的企业而言，仍属于较新鲜的事物，尤其是在类似雷士照明等众多因机构投资者投资控股，最终将原创业团队驱逐出创业企业的案例屡见不鲜后，创业企业对于引入机构投资者更为谨慎。尽管如此，机构投资者为创业企业提供资金与声誉保证的重要作用仍不容忽视，由此可知机构投资者对新创企业所发挥的作用可能存在"双刃剑"效应，具有什么样特征的董事会群体才能够对此形成充分、深刻的认识，进而做出相应的融资决策呢？

从已有研究来看，上述问题并未形成定论。就学历水平而言，部分学者从现实的观察中提出经营业绩很好的企业并不拥有高学历的董事，并且这样的企业并非个案，因此高学历董事与企业经营并无直接关系；有的学者则认为董事学历越高企业经营业绩会越好，因为高学历董事具有更高水平的决策与管理能力。更多的理论支持高学历董事的正效应，如信号传递理论认为受教育水平具有信号传递的功能，受教育水平高的董事能够向外界传递宽厚的知识基础、更高的智力水平与认知能力。高阶理论认为企业董事的人口统计特征、管理背景特征能够预测部分组织结果，受教育水平高的董事往往思想更开放、信息处理能力与应对变化的能力都更强。上述因素共同指向了更高的认知水平与决策水平，因此我们推测高学历董事具有更高的意愿引入机构投资者。

就学历水平的差异程度而言，一部分学者基于社会分类理论与相似吸引理论提出具有学历水平差异的董事之间没有共同的认知基础，沟通意愿与沟通效率都会比较低，思维逻辑的差异会导致决策共识更不容易达成，这会降低企业决策的效率，甚至引发决策冲突。另一部分学者基于信息处理理论提出学历水平差异的董事代表着不同的信息源，信息源的差异更容易产生相互监督与论证行为，更能够减少信息不对称，这有利于增强董事会决策时思维的多样性与完备性，从而提升决策质量。

具体而言，本节同时考察了董事学历水平与学历异质性两个指标对机构投资者决策的影响，我们将获得硕士或博士学位的董事界定为高学历董事，以反映出具有该学位的个体在某个学科领域或研究方向上积累了深厚的专业知识；将同一企业中董事学历水平的差异程度界定为董事学历异质性。

首先，在新三板 IT 企业样本中，机构投资者占比与董事会高学历占比（相关系数为 0.216，$P=0.000$）呈正相关关系。在新三板制造业样本中，机构投资者占比与董事会高学历占比（相关系数为 0.250，P=0.000）、董事会学历异质性（相关系数为 0.940，P=0.013）呈正相关关系。

其次，从董事会学历水平的角度来看，根据董事会中高学历董事占比情况，我们将新三板企业划分为三组：高学历主导组（高学历董事占比大于或等于 50%），意味着董事会中一半及以上的董事具有硕士及以上学历；高学历存在组（高学历董事占比 0~50%），意味着董事会中有高学历董事，但这些董事因数量不多而不占据主导地位；无高学历组（高学历董事占比等于 0），意味着董事会中董事的学历都在硕士以下。

在新三板 IT 企业样本中，基于学历占比的分组在机构投资者占比上表现出显著差异（F=24.900，P=0.000），如图 5-1 所示。随着董事会中高学历占比的提高，机构投资者在股权结构中的占比平均值逐步上升。具体而言，高学历主导组的机构投资者股权占比平均值为 36.88%，显著高于高学历存在组的 25.52%，也显著高于无高学历组的 20.12%。在新三板制造业企业样本中，基于学历占比的分组在机构投资者占比上也表现出显著差异（F=18.533，P=0.000）。高学历主导组的机构投资者占比平均值为 32.60%，显著高于高学历存在组的 21.87%，也显著高于无高学历组的 15.09%。

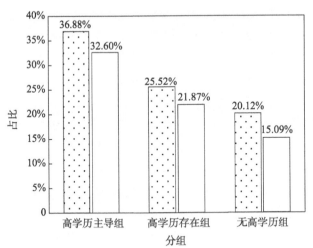

图 5-1　新三板企业董事会学历与机构投资者占比差异

IT 行业与制造业中的数据结果呈现出相似的结论，即高学历董事占比最高的高学历主导组，其机构投资者投资占比更高，意味着具有高学历结构的董事会更能够吸引机构投资者投资。无论是在 IT 行业还是制造业，高学历董事代表着公司拥有具备高认知水平的决策者，他们更能够认识到机构投资者的成长促进作用，在治理能力上则表达出更有信心采取适宜的治理机制控制机构投资者，掌控企业的风险，因而做出引入机构投资者的战略决策。

最后，从董事会学历异质性的角度来看，根据学历异质性指数的分布情况，我们将 706 家企业划分为三组：第一类是高度异质性组（学历异质性指数大于或等于 0.5），意味着在这样的董事会中各种学历背景的董事成员都有，没有哪类董事享有数量优势，这类企业有 333 家，占比 47.17%；第二类是适度异质性组（学历异质性指数在 0~0.5），意味着存在某个主导学历，即具有某种学历背景的董事占多数，这类企业有 310 家，占比 43.91%；第三类是同质组（学历异质性指数为 0），意味着在这样的董事会中，所有董事成员的学历相同，这类企业有 63 家，占比 8.92%（图 5-2）。

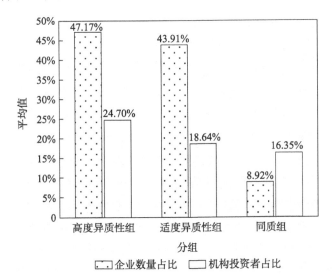

图 5-2　新三板制造业企业董事会学历异质性与企业数量占比、机构投资者占比差异

对于新三板制造业企业样本而言，基于学历异质性指数的分组在机构投资者占比上也呈现出显著的组间差异（$F=5.070$，$P=0.007$），如图 5-2 所示。具体而言，高度异质性组机构投资者占比平均值最高为 24.70%，显著高于适度异质性组的 18.64% 和同质组的 16.35%。说明，在董事会中，具有多样化学历背景的董事成员构成，更倾向于做出吸引机构投资者的战略决策，这可能源于多种学历背景的思维碰撞、知识共享所形成的战略判断，同时也说明机构投资者更青睐在教育方面具有多样性的董事会结构。

然而，我们没有在新三板 IT 企业样本中发现这一结论，可能的原因是，IT行业对能够管理公司的高层人员的整体学历水平要求较高，企业董事更是普遍具有较高的学历水平，因此机构投资者在进行企业投资决策时，并不看重董事会层面学历水平的异质性，而是整体高学历水平，这就形成对学历异质性的软约束。

相较之下，制造业企业董事或高管层面学历水平差异较大，有些创始人董事从基层干起，具有较低的学历水平，但其工作经验丰富；有些外部引入的董事则具有较高的学历水平，有助于董事会内部因学历不同而形成异质化的知识结构。进一步地，结合董事会高学历水平对机构投资者投资的影响，机构投资者选择制造业企业进行投资，一方面注重董事会的高学历占比，增强对高知识含量董事会的投资信心；另一方面形成对董事会学历结构异质性的硬约束，即更青睐具有异质知识结构的董事会。

2. 董事会经验结构与机构投资者入股

先前经验对于企业管理者而言非常重要，它不仅为管理者贡献了企业经营所需的知识结构，更塑造了管理者的思维模式，因而会对管理者的决策与行为产生重要影响。本节将从董事会先前工作经验深度、相关度与来源多样性三个方面，分析其对机构投资者入股的影响。

（1）董事会先前工作经验深度，是指董事会成员从事先前工作的时间长短与工作内容差异所反映出的经验存量。就董事工作经验对企业经营的影响，已有研究主要持正面积极的态度。一方面与学历背景的作用机制类似，即工作年限越长的董事往往具备更丰富的职业与行业知识，相应的信息处理能力与应对变化的能力都更强，经验越丰富的董事认知水平与决策水平普遍越高。另一方面则是从社会资本的视角，部分学者提出董事伴随时间累积起来的社会网络与关系网络可以被视为企业发展的重要资源，这一效应在处于经济转型阶段的中国显得尤其重要，因此企业董事所拥有的长期工作经历与丰富工作经验对企业更是不可或缺的宝贵财富。

与受教育水平类似，本节同时考察了董事会先前平均工作年限与先前工作经验异质性两个指标对机构投资者决策的影响。董事会先前平均工作年限反映了董事会整体的工作经验平均水平，其中包括在创业前曾经工作的时间长，具有更为丰富的经验与深厚的知识积累，被称为"老手"的经验丰富的董事；与之相对，也包括先前工作时间短，甚至未曾从事过其他工作，缺乏工作经验被称为"新手"的经验不足的董事。董事会先前工作经验异质性反映了董事会整体的工作经验差异程度，先前工作经验异质性越高，说明董事会中经验丰富与经验不足的董事分布越均衡，既有老手也有新手。老手有经验、有知识，但也可能因循守旧、墨守成规；新手缺乏经验与知识，但也可能带来新思维、新行动。因此高异质性所蕴含的新手、老手组合会产生与老手组合或新手组合不同的战略决策行为模式。

基于上述判断，我们针对新三板 IT 企业样本中董事会先前平均工作年限和先前工作经验异质性，采用二阶聚类方法将 885 家企业聚合为三类：一是新老组合型董事会，其经验结构特征表现为董事成员具有较低的平均工作年限和较高的经

验异质性；二是新手型董事会，其经验结构特征表现为董事成员具有较低的平均
工作年限和较低的经验异质性；三是老手型董事会，其经验结构特征表现为董事
成员具有较高的平均工作年限和较低的经验异质性。

基于先前工作经验深度所形成的分组在机构投资者占比方面呈现出显著差异
（ F=9.583，P=0.000），如图 5-3 所示。具体而言，老手型董事会最注重引入机
构投资者，其机构投资者占比平均值为 30.36%，高于新手型的 25.66% 和新老组合
型的 16.59%。老手型董事会中董事成员的经验最为丰富，他们更了解机构投资者
能够给创业企业带来的资金与声誉所能产生的正面效用，往往也懂得通过签订对
赌协议等治理方式，有效地限制机构投资者收购创业企业从而剥离初始创业团队
的风险。

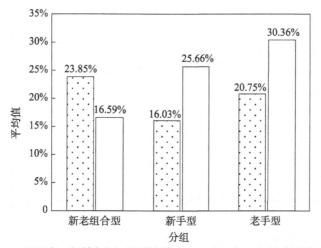

图 5-3　新三板企业董事会先前工作经验深度与机构投资者占比差异

与新三板 IT 企业样本类似，我们针对新三板制造业企业样本中董事会先前平
均工作年限和先前工作经验异质性，采用二阶聚类方法将 698 家企业聚合为三类：
一是新老组合型董事会，这类企业数量为 66 家，占比 9.5%；二是新手型董事会，
这类企业数量为 411 家，占比 58.9%；三是老手型董事会，这类企业数量为 221
家，占比 31.7%。基于先前工作经验深度所形成的分组同样在机构投资者占比方
面呈现出显著差异（ F=4.317，P=0.045）。然而，与 IT 行业样本所得结论不同的
是，制造业企业新老组合型董事会最注重引入机构投资者，其机构投资者占比平
均值为 23.85%，高于老手型的 20.75% 和新手型的 16.03%。可能的原因是，相对
于 IT 行业，制造业企业的生存与发展对董事高管等高层决策者与管理者的工作经
验的依赖程度更高，这种依赖性不仅表现在机构投资者在当下对董事会经验的判
断，还表现在机构投资者认为未来企业董事会是否能够传承"前辈"董事的经验。

因此，在机构投资者投资的当下，其更关注具备"老带新"潜力的新老组合型董事会，因为其更能够在董事会内形成经验的传承，保障董事会在企业成长中的经验指引。

（2）董事会先前工作经验相关度，是指董事会成员曾经在新三板企业所在行业内工作所积累的经验存量，因此先前工作经验相关度也被称为行业经验。具备行业经验的企业董事同时具备关于行业内产品、流程和技术等方面的隐性知识。行业经验越丰富，意味着企业董事或高管对行业的变化和发展越敏感，对行业发展趋势的判断越准确；他们对行业内包括供应商、客户、投资人在内的利益相关者更加熟悉，也更清楚他们的价值，这样他们对于通过引入机构投资者以整合企业所需资源，进而实现企业更快速的成长持更积极乐观的态度，据此我们判断先前工作经验相关度水平越高的董事会越倾向于引入机构投资者。

与先前工作经验深度相似，我们同样采用行业经验平均工作年限和行业经验异质性两项指标对先前行业经验相关度进行测量，同时考察这两项指标对新三板企业吸引机构投资者的影响。以新三板IT企业为例，我们采用董事会成员在行业经验平均工作年限和行业经验异质性来衡量经验相关度。在同一行业内具有丰富的工作经验，说明董事曾经深耕于同行业，积累了可供未来创业所需的关键知识，我们称之为"内行"；与之相对，不具备同行业的工作经验，在全新的行业中经营的董事，缺乏相关行业知识与决策经验，我们称之为"外行"。当董事会行业经验异质性较高时，说明董事会中既有外行也有内行，内行的做法效率高但难以实现突破性创新；外行面临着学习成本，但其嫁接来自其他行业的构想也可能诱发创新。因此，内行与外行相结合的董事会结构，会表现出与内行主导或外行主导的董事会不同的思维与决策路径。

基于这一事实，我们针对新三板IT企业董事会行业经验平均工作年限和行业经验异质性，采用 k 均值聚类方法将834家企业聚合为四类：第一类是外行型董事会，表现为董事成员具有低水平的行业经验平均工作年限，以及低水平的行业经验异质性，共有152家，占比为18.20%；第二类是偏外行型董事会，表现为董事成员具有较低的行业经验平均工作年限，以及高水平的行业经验异质性，共有326家，占比为39.10%；第三类是内行型董事会，表现为董事成员具有高水平的行业经验平均工作年限，以及低水平的行业经验异质性水平，共有69家，占比为8.30%；第四类是偏内行型董事会，表现为董事成员具有较高的行业经验平均工作年限，以及高水平的行业经验异质性，共有287家，占比为34.40%。

基于先前工作经验相关度所形成的分组在机构投资者占比方面呈现出显著差异（$F=2.200$，$P=0.087$），如图5-4所示。具体而言，内行型董事会最注重引入机构投资者，其机构投资者占比平均值为28.53%，高于偏内行型的27.87%、偏外行型的23.02%以及外行型的26.25%。这一方面说明，内行型董事会更具有有效利用机构投资者进行融资的经验与知识，能够快速而准确地捕捉机构投资者信息，吸引机构投资者入股成为关键利益相关者；另一方面，机构投资者也更青睐有经验的董事团队，认为具有丰富行业经验的内行型董事会具备引领新创企业获得高成长的能力。

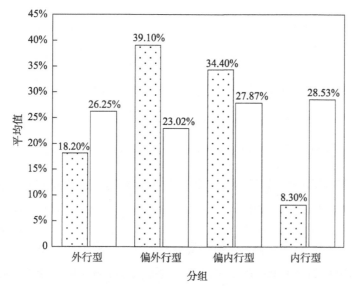

图 5-4　新三板 IT 企业董事会经验相关度分组下企业数量与机构投资者占比差异

与新三板 IT 企业分组方法类似，我们针对新三板制造业企业董事会行业经验平均工作年限和行业经验异质性，采用二阶聚类方法将 706 家企业聚合为三类：第一类是内行与外行组合型董事会，即董事具有较少的行业经验，但行业经验异质性较高，这类企业数量为 54 家，占比 7.60%；第二类是外行型董事会，即董事具有较少的行业经验，同时行业经验异质性较低，这类企业数量为 402 家，占比 56.90%；第三类为内行型董事会，即董事具有较多的行业经验，同时行业经验异质性较低，这类企业数量为 250 家，占比 35.40%。

在新三板制造业样本中，基于先前工作经验相关度所形成的分组在机构投资者占比方面呈现出显著差异（$F=2.488$，$P=0.084$），如图 5-5 所示。具体而言，内行型董事会最注重引入机构投资者，其机构投资者占比平均值为 23.26%，高于外行型的 19.01%，也高于内行与外行组合型的 17.22%。综合 IT 与制造业企业的结果可以看出，数据基本支持了我们之前的推测，即企业董事的行业经验越丰富，对机构投资者的价值认知越清晰，对机构投资者的有效治理也越有信心，因此更愿意通过引入机构投资者以整合企业所需资源，进而实现企业更快速的成长。

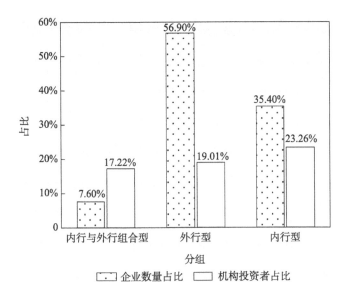

图 5-5　新三板制造业企业董事会经验相关度分组下企业数量占比与机构投资者占比差异

（3）在先前工作经验来源多样性方面，董事会先前工作单位的性质能够描绘出董事成员所具有的经验内容，体现出董事经由经验所掌握的知识内涵，会对其做出引入机构投资者的决策产生重要影响。从先前工作单位性质来看，我们调查并记录了新三板企业董事和高管曾经工作的单位属于党政机关、事业单位、国有企业、私营企业、外资企业或合资企业等，以此呈现董事和高管先前工作经验来源的属性特征。其中党政机关、事业单位、国有企业等被称为体制内组织，主要强调由上至下的特征，多以条、块的固定模式对战略资源进行控制，具备体制内工作经验意味着具备更加丰富的关系运作能力与社会资源获取能力；私营企业、外资企业或合资企业等被称为体制外组织，强调市场体系下的公平交易与价格机制，以此作为资源交换与配置的主要手段，具备体制外工作经验意味着具备更加快速的市场反应能力与更加缜密的分析逻辑。上述不同的组织环境蕴含着不同的运营逻辑与管理氛围，这会使在其中任职的人员形成差异化的认知与行为；不同体制属性的经验带给个体差异化的认知、技能与经验，个体层面的差异聚合到团队层面则体现为认知、技能与经验的异质性。具体到董事会则体现为董事会整体认知模式的多样性，体制属性的多样性意味着董事会内部同时具备体制内经验所带来的关系运作能力与社会资源获取能力，以及体制外经验所培养的市场反应能力与分析逻辑，据此我们推测体制属性多样性水平越高的董事会，越有意愿与能力吸引机构投资者。

因此，在新三板制造业企业样本中，我们用董事会先前工作单位类型多样性指数来衡量高管团队先前工作经验来源多样性，将 706 家企业划分为三类：第一

类是高度多样性董事会，意味着董事成员曾经在多种性质的工作单位任职，共计
388 家企业，占比为 54.96%；第二类是适度多样性董事会，意味着董事成员先前
工作单位具有一定的多样性，但差异低于第一类，共计 240 家企业，占比为 33.99%；
第三类是低度多样性董事会，意味着董事成员先前工作单位在性质上相对集中，
共计 78 家企业，占比为 11.05%。

　　基于董事会先前工作单位类型多样性指数的分组，在机构投资者占比上表现
出显著差异（F=6.622，P=0.001），如图 5-6 所示。先前工作经验来源具有高度
多样性的董事会，其吸引机构投资者的比例最高，平均值为 24.57%，高于适度多
样性组的 17.33% 和低度多样组的 16.28%。这一数据基本支持了我们在前文中的推
测，即当董事会中包含来自多种工作环境、具有多种职业背景的人员时，具有差
异化内容构成的知识结构在认知层面塑造了董事会接受新事物的开放态度与能力，
使得他们更倾向于引入投资领域的新参与者，形成对既有投资结构的补充，同时
在能力层面打造了更高水平的治理能力，据此表达出更有信心采取适宜的治理机
制控制机构投资者，从而避免机构投资者可能带来的企业风险。

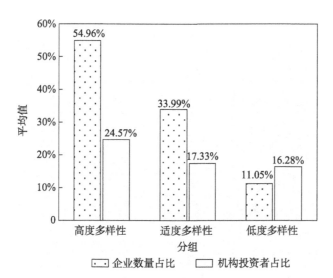

图 5-6　新三板制造业企业董事会经验来源多样性分组下企业数量占比
与机构投资者占比差异

　　我们没有在新三板 IT 企业样本中发现董事先前工作经验来源多样性在机构
投资者占比方面的差异。根据董事先前工作单位多样性来进行分组，没有找到各
组间在机构投资者占比上呈现差异的证据。进一步分析数据发现可能的原因是 IT
行业整体而言算是新兴行业，行业从业者年龄层次更低（IT 行业董事会平均年龄
为 41.03 岁，而制造业董事会平均年龄为 43.25 岁），来自体制内属性的先前经验

相对更少（IT 行业董事会具有体制内经验的平均董事人数为 2.75 位，而制造业则为 3.24 位），具体到董事会成员就意味着具有体制内工作经验的董事很少，反映到董事会整体的特征则表现为归属于体制属性的工作经验多样性水平相对较低，这就很难在行业内表现出对吸引机构投资者影响的显著性。

3. 董事会海归占比与机构投资者入股

大部分学者认为具备海外经历是良好教育与专业知识的标志，因而将其视为个体层次人力资本的表现形式。据此，已有研究提出董事或高管作为企业最高决策者如果具有海外经历，则可能在企业层面产生潜在的积极影响。其基本判断是董事或高管通过海外经历接受了更好的教育，个人能力会有比较明显的提升，同时还可能通过海外经历帮助企业拓展更广泛的业务联系与社会关系。具体到董事承担的公司治理职责，具有海外经历的董事可能遵循更严格的公司治理准则以提高公司治理水平，因此已有研究从提升公司决策效率与决策质量的角度验证了海归董事的积极意义。具有海外经历的董事能够接触和掌握更先进的投资关系管理经验，因此已有研究从改善投资者关系的角度证明了海归董事的价值。

在新三板 IT 企业样本中，有 263 家企业的董事会中有海归董事，占比 27.1%，而在这 263 家企业中，有 75 家企业有多位海归董事。董事会中海归董事比例与机构投资者占比呈显著正相关关系（相关系数为 0.172，$P=0.000$）。在新三板制造业样本中，有 157 家企业的董事会中有海归董事，占比 22.2%，而在这 157 家企业中，只有 37 家企业有多位海归董事。从整体来看，新三板制造业企业海归董事的数量和占比情况都低于新三板 IT 企业，这与行业特性直接相关。

董事会中海归董事比例是否会影响到机构投资者投资？我们发现，董事会中海归董事比例与机构投资者占比呈显著正相关关系（相关系数为 0.164，$P=0.000$）。进一步地，根据 IT 企业董事会是否具有海归董事，我们将 917 家企业分为两组，发现是否有海归董事在吸引机构投资者入股方面表现出显著差异（$T=4.795$，$P=0.000$）。有海归董事的企业更能够吸引机构投资者，其机构投资者占比平均值为 34.20%，远高于无海归董事组的 24.49%。根据是否有多位董事所进行的企业分组，仅有 1 位海归董事和有 1 位以上海归董事的不同企业，在机构投资者占比上呈现出显著差异（$T=2.358$，$P=0.019$）。

根据制造业企业董事会是否有海归董事，我们将 706 家企业分为两组，发现是否有海归董事在吸引机构投资者入股方面表现出显著差异（$T=4.137$，$P=0.000$）。有海归董事的企业更能够吸引机构投资者，其机构投资者占比平均值为 29.22%，远高于无海归董事组的 19.03%，如图 5-7 所示。但是，根据是否有多位董事所进行的企业分组，没有在机构投资者占比上表现出显著差异（$T=1.605$，$P=0.111$）。

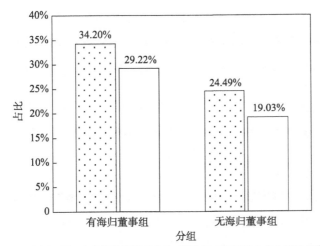

图 5-7　新三板 IT 企业、制造业企业海归董事与机构投资者占比差异

上述数据结果表明，具有海外经历的董事在认识层面更认可机构投资者对企业发展的积极影响，在经验层面更清楚如何与机构投资者合作，在能力层面更能够对投资关系形成有效治理，因此有海归董事的董事会更倾向于引入机构投资者，这在 IT 行业和制造业样本中均得到了证实。特别是在 IT 行业中，多名董事具有海外经历的情况更为常见，他们能够带来互联网与信息技术行业跨越国界的全球资讯，使得新创企业的商业模式设计与运营更具有全球视野，因而也更能吸引机构投资者投资入股。

5.1.2　高管团队结构对机构投资者的影响

本节立足高管团队结构特征，分析其对新三板企业引入机构投资者的影响，具体而言，我们参考前文中董事会结构特征的分析范式，提出高管的个人特质所代表的高管内在特征属性是高管履职乃至整个高管团队战略执行的重要基础，也会对企业的融资决策产生重要影响，因此本节依然采用高管团队学历结构、经验结构与海归占比等因素探索高管团队特征对引入机构投资者以构建并完善资本网络的影响。

1. 高管团队学历结构与机构投资者入股

董事会中拥有高学历董事意味着董事会在决策高管提交的关于机构投资者入股议案时，更具有战略判断的知识基础。高管团队中高学历成员所拥有的优势和董事会中高学历董事相似，同样具有受教育水平的信号传递功能，学历水平高的高管团队向外界传递出拥有宽厚的知识基础、更高的智力水平与认知能力的信号；在同样具有高阶理论的情况下，学历水平高的高管团队成员思想更开放、信息处理能力与应对变化的能力都更强。不同的是，高管团队主要承担企业战略制定和执行的微观管理职能，董事会主要承担战略决策的宏观管理职能。本节沿用董事会高学历结构的测量方式，同时考察了高管团队学历水平与学历异质性两个指标对机构投资者决策的影响，我们将获得硕士或博士学位的高管界定为高学历高管，以反映出具有该学位的个体在某个学科领域或研究方向上积累了深厚的专业知识，将同一企业中高管学历水平的差异程度界定为高管学历异质性。

在新三板 IT 企业样本中，机构投资者占比与高学历高管占比（相关系数为 0.099，P=0.003）呈正相关关系。在新三板制造业样本中，机构投资者占比与高学历高管占比（相关系数为 0.148，P=0.000）也呈正相关关系。

根据高管团队中高学历高管占比情况，我们将新三板 IT 企业划分为三组：高学历主导组（高学历高管占比大于或等于 50%），意味着高管团队中一半及以上的高管具有硕士及以上学历；高学历存在组（高学历高管占比 0~50%），意味着高管团队中有高学历高管，但这些高管因数量不多而不占据主导地位；无高学历组（高学历高管占比等于 0），意味着高管团队中高管的学历都在硕士以下。

在新三板 IT 企业样本中，基于学历的分组在机构投资者占比上表现出显著差异（F=4.092，P=0.017），如图 5-8 所示。当高管团队中高学历占比最高时，表现为一半及以上高管具有硕士及以上学历，机构投资者在股权结构中的占比平均值最高。具体而言，高学历主导组的平均值为 31.60%，显著高于高学历存在组的 25.51% 和无高学历组的 25.73%，后两组的平均值无显著差异。在新三板制造业企业样本中，采用与 IT 企业同样的分组方式，我们发现基于学历的分组在机构投资者占比上同样表现出显著差异（F=7.368，P=0.001）。当高管团队中高学历占比较高时，即一半及以上高管具有硕士及以上学历，机构投资者在股权结构中的占比平均值最高，为 27.67%；而当高管团队中高学历占比较低时，即仅有部分硕士

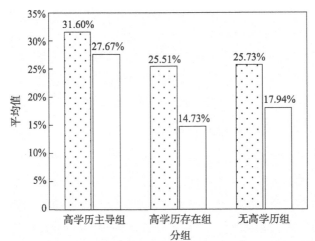

图 5-8　新三板 IT 企业、制造业企业高管高学历占比与机构投资者占比差异

及以上学历高管，机构投资者占比降低为 14.73%。高学历主导组与无高学历组在机构投资者占比上呈现显著差异。

由 IT 企业与制造业企业的数据结果可见，拥有高学历的高管人员更能够认识到机构投资者的积极作用，能够将其融入商业模式设计与战略安排。履行战略制定与执行职责的高管团队，需要利用高水平知识进行战略设计，这种"知识水平—战略潜力"的因果链条更能够吸引机构投资者，反映到机构投资者决策内容上则具体表现为设计公司股权结构、治理架构乃至商业模式，因此具有高学历背景带来的知识判断，更可能在引入机构投资者的战略做法上做出慎重思考。

在高管团队方面，我们没有发现学历异质性在机构投资者占比方面呈现显著差异的证据。也就是说，无论是新三板 IT 企业样本还是新三板制造业样本，机构投资者占比不因高管团队的学历异质性而表现出差异。可能的原因在于，与董事会成员所承担战略决策基本职能不同，高管团队更多需要提供战略方案并高效执行已经形成的战略决策。战略制定与执行需要管理者高质量、高效率地完成，这就对高管团队行为整合程度提出更高的要求。行为上高度整合的高管团队能够引导团队内合作的产生，促进信息高质量、高效率地交换，提高集体决策效率（Boone and Hendriks，2009）。行为整合来源于高管团队内部在成员个体特质如学历等特征上的相似性，社会相似性可使心理认同增强，有助于塑造高管团队的行为整合。因此，高管团队学历异质性并未在机构投资者占比上形成显著差异。

2. 高管团队经验结构与机构投资者入股

高管个人先前经验会对高管个体认知结构与主导逻辑产生重要影响，因此参考董事会经验结构与机构投资者关系的分析范式，本节仍然从高管团队先前工作经验深度、相关度和来源多样性三个方面，分析其对机构投资者入股的影响。

（1）与董事会先前工作经验深度相似，高管团队先前工作经验深度是指高管人员曾经从事工作的时间长短与工作内容差异所反映出的经验存量。高管团队经验存量的效应也与董事会先前工作经验深度的作用机制类似，主要体现在经验深度对高管团队信息处理能力与应对变化能力的影响上，以及经验累积所产生的社会和网络资源效应，因此我们同样采用高管人员先前平均工作年限和先前工作经验异质性两个指标来衡量高管人员先前工作经验深度。

在新三板 IT 企业样本中，我们针对高管团队先前平均工作年限和先前工作经验异质性，采用二阶聚类方法将 915 家企业聚合为四类：第一类是老手为主的新老组合型高管团队，其具有高经验深度和高经验异质性特征，拥有这一类高管团队的企业数量为 66 家，占比 7.21%；第二类是老手型高管团队，其具有高经验深度和低经验异质性特征，拥有这一类高管团队的企业数量为 322 家，占比 35.19%；第三类是新手为主的新老组合型高管团队，其具有低经验深度和高经验异质性特征，拥有这一类高管团队的企业数量为 198 家，占比 21.64%；第四类是新手型高管团队，其具有低经验深度和低经验异质性特征，拥有这一类高管团队的企业数量为 329 家，占比 35.96%。综合来看，新老结合的高管团队占比较低，多数团队在经验方面的异质性并不高。

基于高管团队先前工作经验深度所形成的分组在机构投资者占比方面呈现出显著差异（$F=5.194$，$P=0.001$），如图 5-9 所示。具体而言，老手型高管团队最注重引入机构投资者，其机构投资者占比平均值为 30.36%，高于新手型的 27.92% 以及两种新老组合类型的 21.82% 和 21.12%。老手型与新手型两组间差异不显著，两种新老组合组间差异不显著，但在经验异质性不同的老手型、新手型高管团队，和新老组合型团队间，机构投资者入股存在显著差异。上述数据结果与董事会团队类似，老手型高管团队在是否引入机构投资者方面的经验最为丰富，他们善于利用机构投资者的资源与声誉功能，经由机构投资者网络获取成长所需，同时也有信心对机构投资者进行有效治理，限制其对本企业的决策影响力甚至剥离初始创业团队的风险。相较之下，新老组合的团队对机构投资者作用的认知不同，考虑的效用与风险也存在差异，在这方面难以形成一致性决策。

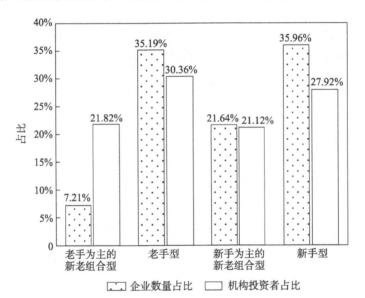

图 5-9　新三板 IT 企业先前工作经验深度分组下企业数量占比与机构投资者占比差异

（2）高管团队先前工作经验相关度，是指新三板企业的高管曾经在企业所在行业内工作所积累的经验存量。相对于经验深度，行业经验对高管团队的机构投资者决策可能更加重要，主要体现在转移到新创企业尤其是新三板企业等新创企业后，高管团队需要更频繁地与企业员工、供应商以及投资人在内的利益相关者建立联系，大量行业活动所积累的行业经验能够使他们更加容易地获得利益相关者的支持，能够更充分利用机构投资者在内的利益相关者的优势与资源，自然也更能够有效认知机构投资者的价值。与先前工作经验深度相似，我们同样采用行业经验平均工作年限和行业经验异质性进行测量。以新三板 IT 企业为例，我们采用高管团队在行业经验平均工作年限和行业经验异质性来衡量经验相关度。

我们针对高管团队行业经验平均工作年限和行业经验异质性，采用二阶聚类方法将 808 家企业聚合为三类：第一类是内行型高管团队，表现为高管人员具有高水平行业相关经验（行业经验平均工作年限为 9.99 年，行业经验异质性平均值为 0.91），共有 400 家企业，占比最高为 49.50%；第二类是内外行组合型高管团队，其高管人员具有较高的行业相关经验，但差异较大（行业经验平均工作年限为 4.87 年，行业经验异质性平均值为 1.68），共有 238 家企业，占比 29.50%；第三类是外行型高管团队，表现为高管人员具有较低的行业相关经验（行业经验平均工作年限为 2.01 年，行业经验异质性平均值为 0.47），共有 170 家企业，占比21.00%。

基于先前工作经验相关度所形成的分组在机构投资者占比方面呈现出显著差异（$F=3.084$，$P=0.046$），如图 5-10 所示。具体而言，内行型高管团队最注重引入机构投资者，其机构投资者占比平均值为 29.26%，高于内外行组合型高管团队的 28.83% 和外行型高管团队的 23.64%。数据结果表明，高管团队的行业经验越丰富，对机构投资者的价值认知越清晰，也就是说高管团队具有以内行为主的典型特征更认可机构投资者的积极作用，使企业倾向于引入机构投资者。只有在行业

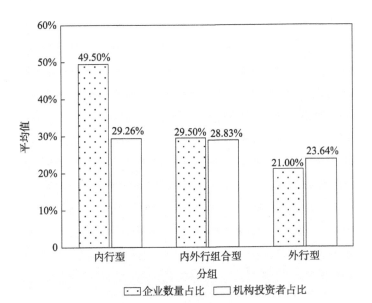

图 5-10　新三板 IT 企业先前工作经验相关度分组下企业数量占比与机构投资者占比差异

内打拼多年的高管人员，才能够了解如何借助机构投资者的力量，更快速地获取成长所需的资金，实现挂牌后的快速成长。外行型的高管团队更可能将股权结构收缩至创业团队范围内，对外部机构投资者持观望态度，认为机构投资者收购、更换高管的风险较高，因而难以做出分散股权的决策。

（3）在先前工作经验来源多样性方面，针对新三板 IT 企业样本，我们调查并记录了新三板企业高管曾经工作的单位属于党政机关、事业单位、国有企业、私营企业、外资企业或合资企业等，以此呈现高管先前工作经验来源多样性特征。高管团队工作经验来源多样性对团队决策乃至企业经济后果的影响呈现出两极化趋势。一部分学者主张高管成员工作经验来源的多样性有利于产生丰富的决策信息，从而使得整体决策的创造性水平更高；另一部分学者强调工作经验形成的思维定式容易增加团队整体的冲突，由此对决策效率产生负向影响。具体到高管团队先前经验来源多样性对引入机构投资者的决策影响，应该主要着眼于社会网络联系的作用机制进行分析。

我们用高管团队先前工作单位类型多样性指数来衡量高管团队先前工作经验来源多样性，采用二阶聚类方法分析，将 953 家企业划分为三类：第一类是具有高度多样性的高管团队，意味着高管人员曾经在多种性质的工作单位任职，共计242 家企业，占比 25.39%；第二类是具有适度多样性的高管团队，意味着高管人员先前工作单位具有一定的多样性，但差异低于第一类，共计 525 家企业，占比55.09%；第三类是具有低度多样性的高管团队，意味着高管人员先前工作单位在性质上相对集中，共计 186 家企业，占比 19.52%（图 5-11）。

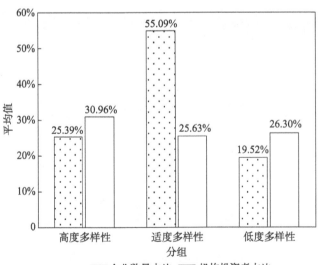

图 5-11 新三板 IT 企业高管团队先前工作经验来源多样性分组下企业数量
占比与机构投资者占比差异

　　基于高管团队先前工作单位类型多样性指数的分组，在机构投资者占比上表现出显著差异（F=2.944，P=0.0531），如图 5-11 所示。数据表明，先前工作经验来源具有高度多样性的高管团队，更有意愿引入机构投资者，因此机构投资者比例最高，平均值为 30.96%，高于低度多样性组的 26.30% 和适度多样性组的 25.63%。高管团队成员是企业与外部利益相关者建立联结关系的桥梁，高管本身的特征会对企业外部社会网络联系的认知、评价乃至建立产生重要影响。因此高管团队先前工作单位类型多样性水平更高的高管团队，具备更丰富的处理与外部社会网络联系的经验，他们对企业外部社会网络联系的认知和评价会更加积极正向，企业外部社会网络建立的效率也会更高。据此我们推测，先前工作单位类型多样的高管团队更有意愿引入机构投资者。

　　我们没有在新三板制造业样本中发现高管团队先前工作经验深度、相关度和来源多样性在机构投资者占比方面的差异。也就是说，根据高管团队先前工作经验深度、相关度、来源多样性来进行分组，均没有找到各组间在机构投资者占比上呈现差异的证据。进一步分析数据发现可能的原因是制造业行业整体而言算是成熟行业，高管团队年龄层次普遍更高（制造业企业中高管团队平均年龄为 41.34 岁，而 IT 企业高管团队平均年龄为 40.37 岁），先前工作经验深度与相关度普遍较高（制造业企业中高管团队先前平均工作年限平均值为 13.10，行业平均工作年限平均值为 4.81；而 IT 行业中高管团队先前平均工作年限平均值为 11.23，相关行业平均工作年限平均值为 4.56），来自不同类型工作单位的团队成员更多（制造业企业中高管团队工作单位性质异质性为 0.41，而 IT 行业中高管团队工作单位性质异质性为 0.29），高管团队整体的特征则表现为先前工作单位类型多样性水平普遍较高，在数据上先前工作经验深度、相关度和来源多样性的平均水平与差异程度两项指标的差别都不显著。

3. 高管团队海归占比与机构投资者入股

　　与前文中董事会成员海归占比对引入机构投资者的影响类似，我们进一步分析了高管团队海归占比对引入机构投资者的影响。从已有研究来看，董事会成员海归经历对其个人与企业的影响同样适用于海归高管，主要体现在海外经历对个人能力与社会网络的积极影响，除此以外，有学者针对海归高管提出海外经历能够增强高管的风险承担意识与风险承担能力，还有一部分学者指出海外经历能够增加高管的心理资本，具体表现为更高水平的自信与乐观，综合上述分析我们推测拥有海外经历的高管团队更倾向于引入机构投资者。

　　在新三板 IT 企业样本中，有 154 家企业的高管团队中有海归高管，占比 15.9%，而在这 154 家企业中，只有 29 家企业有多位海归高管。企业高管团队中海归比例与机构投资者占比呈正相关关系（相关系数为 0.114，*P*=0.001）。在新三板制造业样本中，有 83 家企业的高管团队中有海归高管，占比 11.8%，而在这 83 家企业中，只有 10 家企业有多位海归高管。从整体来看，新三板制造业企业海归高管的数量和占比情况都低于新三板 IT 企业。

根据新三板 IT 企业高管团队是否有海归高管，我们将 917 家企业分为两组，发现是否有海归高管在吸引机构投资者入股方面表现出显著差异（*T*=3.865，*P*=0.000）。有海归高管的企业更能够吸引机构投资者，其机构投资者占比平均值为 35.12%，远高于无海归高管组的 25.61%，如图 5-12 所示。

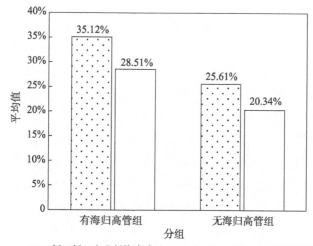

图 5-12　新三板 IT 企业、制造业企业海归高管与机构投资者占比差异

根据新三板制造业企业高管团队是否有海归高管，我们将 706 家企业分为两组，发现是否有海归高管在吸引机构投资者入股方面表现出显著差异（*T*=2.552，*P*=0.011）。有海归高管的企业更能够吸引机构投资者，其机构投资者占比平均值为 28.51%，远高于无海归高管组的 20.34%。但是，根据是否有多位高管所进行的企业分组，没有在机构投资者占比上表现出显著差异（*T*=0.586，*P*=0.559）。

新三板 IT 企业与制造业企业的数据基本证实了我们在前文中的推测，即拥有海归经历的高管团队更倾向于引入机构投资者。更细致的分析说明，一方面，包含有海外背景高管人员的高管团队，更倾向于做出在股权结构中引入机构投资者的战略决策；另一方面，并不是具有海外背景的高管人员越多越可能做出机构投资者入股决策，海归与非海归相对平衡的高管团队引入海外机构投资者投资，使其与国内资本环境和融资状况相结合，使得企业能够更好地利用机构投资者获得融资，发挥机构投资者的资源与声誉功能。

5.2　董事或高管网络对客户网络的影响

5.2.1　董事会结构对客户网络的影响

企业之所以形成具有特定构成内容与特征的客户网络，源自企业在客户这一关键利益相关者筛选与关系建立上的战略决策。由于战略决策经由董事会审批的公司治理特征，企业在客户网络上表现出的构成内容和动态变化特征与公司董事会结构存在一定的相关性。本节将从董事会经验层面，着重分析董事会成员在先前工作经验方面的特征对客户网络构成与演化的影响。

1. 董事会先前工作经验深度

正如本书在机构投资者部分所阐述的，董事会先前工作经验深度，是指董事会成员从事先前工作的时间长短与工作内容差异所反映出的经验存量。我们将采用董事会先前平均工作年限和先前工作经验异质性两个指标反映董事会先前工作经验深度。采用二阶聚类方法，将新三板 IT 企业划分为新老组合型、新手型和老手型董事会。

在新三板 IT 企业样本中，基于董事会先前工作经验深度所进行的分组，在客户网络构成特征，即企业挂牌前一年最大客户营业收入占比（$F=2.590$，$P=0.076$）上表现出显著差异，如图 5-13 所示。具体而言，就企业挂牌前一年最大客户营业收入占比情况来看，拥有老手型董事会的企业其最大客户营业收入占比最高为 0.335，高于新手型的 0.329 和新老组合型的 0.271。这意味着，在工作经验丰富的董事会中每个成员都具有较长的先前工作时间，都更倾向于建立拥有大客户的客户网络。尽管董事会成员拥有的并非行业内的相关经验，但工作经验丰富的董

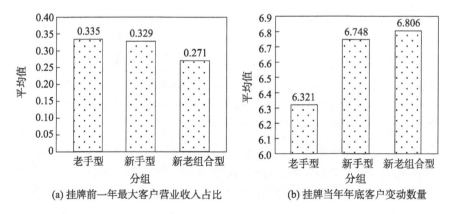

(a) 挂牌前一年最大客户营业收入占比　　(b) 挂牌当年年底客户变动数量

图 5-13　新三板 IT 企业董事会先前工作经验深度与客户网络构成特征、客户网络变化特征差异

事们更可能形成依赖大客户谋求发展的"正统思维",不管这种思维在 IT 行业中是否能够促使新创企业快速成长。经验分配不均的新老组合型董事会则倾向于建立分散的、不依赖单一大客户的客户网络。

同时,基于董事会先前工作经验深度所进行的分组,在客户网络变化特征,即企业挂牌当年年底客户变动数量上($F=2.851$,$P=0.058$)也表现出显著差异,如图 5-13 所示。就企业挂牌当年年底客户变动数量来看,拥有新老组合型董事会的企业,其客户变动数量平均值最高为 6.806,高于新手型的 6.748 和老手型的 6.321。这说明,具有不同经验水平的董事会,因经验的差异导致董事会成员的认知水平不同,因而难以对彼此形成组织认同,降低了因相似经历相互吸引从而塑造行为整合的可能,这使得团队内信息沟通与集体决策效率降低。因此,新老组合型董事会在客户网络构成上的决策不一致,使得客户网络波动性较强;相较之下,更具有经验的老手型董事会,则往往能够培育为企业带来高额收益的大客户,增强企业收益的稳定性。

值得说明的是,在新三板制造业样本中,我们没有得出如新三板 IT 企业样本中所得到的结论,也就是说我们没有找到基于董事会先前工作经验深度所进行的分组在客户网络构成与演化上的特征差异。可能的原因在于,IT 企业以知识型员工为主,提供服务以定制化为主,员工数量较少且通常采用扁平化、更倾向于项目制的组织结构,因此有关客户的决策更多受到高层的影响。制造业企业与之不同,大多制造业创业企业采用直线职能制的组织结构,由于人数通常更多,各个职能部门之间分工更为清晰,提供的产品相对标准化。在登录新三板之前相比于 IT 企业,制造业企业通常发展的时间也更久,这也会进一步强化职能分工,从而使得企业的客户选择问题更可能与其营销、销售、客服等部门的决策紧密相关,而较少受到高层决策的影响。

2. 董事会先前工作经验相关度

董事会先前工作经验相关度,是指董事会成员曾经在新三板企业所在行业内工作所积累的经验存量。我们同样采用董事会成员的行业经验平均工作年限和行业经验异质性这两个指标进行测量。利用 k 均值聚类方法,我们将新三板 IT 企业划分为四组,分别是外行型董事会、偏外行的内外行组合型董事会、内行型董事会、偏内行的内外行组合型董事会。如前所述,这里所谓的内行与外行,是指董事曾经在与新三板企业所在行业相同的行业中深耕或完全不具备同行业工作经验,这反映出董事会成员是否掌握行业运营的相关知识和信息。更进一步,从董事会层面而非董事个体层面来看,较高的行业经验异质性,意味着董事会中既有外行也有内行,内外行相结合赋予董事会不同于内行主导或外行主导董事会的思维方式与决策路径。

在新三板 IT 企业样本中,基于董事会先前工作经验相关度所进行的分组,在客户网络构成特征,即企业挂牌前一年最大客户营业收入占比($F=2.886,P=0.035$)上表现出显著差异,如图 5-14 所示。就企业挂牌前一年最大客户营业收入占比情况来看,拥有内行型董事会的企业其最大客户营业收入占比最高为 0.383,高于偏内行的内外行组合型董事会的 0.342,特别是明显高于外行型董事会的 0.309 和偏外行的内外行组合型董事会的 0.302。这意味着,行业经验丰富的董事会更倾向于建立拥有大客户的客户网络,而行业经验缺乏,特别是董事会中行业经验分配不均的董事会则倾向于建立不依赖单一大客户的分散式客户网络。结合董事会先前工作经验深度的分析,老手型、内行型董事会更倾向于构建客户集中的,甚至拥有大客户的网络,表现为大客户收入占比较高。尽管 IT 行业中新创企业能够借助开放平台、双边市场等方式接入多类型客户,可利用网络效应以及顾客基群效应形成多元化收入来源。然而,对于身处成长初期的新创企业而言,其在挂牌前一年到两年,仍需借助大客户的资源与声誉获得初期成长资源,这是在内行型、老手型董事会中的共识。

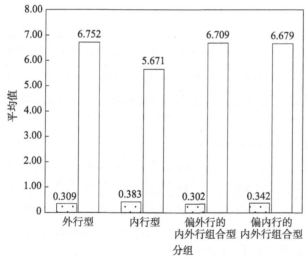

图 5-14　新三板 IT 企业先前工作经验相关度与客户网络构成特征、客户网络变化特征差异

同时,基于董事会先前工作经验相关度所进行的分组,在客户网络变化特征,即挂牌企业当年年底客户变动数量上($F=3.346$,$P=0.019$)也表现出显著差异,如图 5-14 所示。就企业挂牌当年年底客户变动数量来看,拥有外行型董事会的企业,其客户变动数量平均值最高为 6.752,高于偏外行的内外行组合型董事会的 6.709,特别是明显高于偏内行的内外行组合型董事会的 6.679 和内行型董事会的 5.671。这说明,缺乏行业经验的董事会缺乏保持稳定客户关系的经验与意识,使

企业更换客户的频率提高，而内行型董事会则具有客户关系维系的经验，能够增强客户关系的稳定性。结合董事会先前工作经验深度的分析，老手型、内行型董事会倾向于降低客户网络的波动性，在新创企业初期成长过程中保持客户网络的稳定。客户网络的稳定往往意味着企业商业模式的稳定，具备行业相关知识、工作经验丰富的董事会以商业模式的固定化、制度化，促进利益相关者与新创企业建立稳定的关系，从而确保商业模式的实施，同时也从长期合作的客户手中持续获得客户收入与声誉资源。

3. 董事会先前工作经验来源多样性

董事会先前工作经验来源多样性，是指董事会成员曾经在多种类型组织中从事过工作，尽管这从工作经验来源，即先前工作单位角度增强了多样性，但其本质上赋予董事会成员积累不同类型与内容工作经验的机会，意味着工作经验蕴含着信息与知识的异质化，以及社会网络的丰富化。先前工作单位的性质也能够描绘出企业董事会所具有的经验内容，体现出企业董事经由工作经验所掌握的知识内涵以及社会网络的质量，会对其做出关于客户网络的决策与行为产生重要影响。

针对新三板制造业企业样本，我们利用董事会成员先前工作单位类型多样性指数来衡量董事会先前工作经验来源多样性。采用二阶聚类方法分析，我们将新三板 IT 企业划分为高度多样性组、低度多样性组和同质组。基于董事会先前工作经验来源多样性所进行的分组，在客户网络构成特征，即企业挂牌前一年最大客户营业收入占比（$F=6.436$，$P=0.002$），企业挂牌前两年最大客户营业收入占比（$F=4.616$，$P=0.010$）上表现出显著差异。

就企业挂牌前一年最大客户营业收入占比情况来看，高度多样性组的最大客户营业收入占比最高为 36.3%，高于低度多样性组的 30.2% 和同质组的 27.8%。就企业挂牌前两年最大客户营业收入占比情况来看，结论与上文相同，即高度多样性组的最大客户营业收入占比最高为 33.6%，高于低度多样性组的 27.8% 和同质组的 27.6%（图 5-15）。这表明在制造业企业中，董事会成员具有来自不同工作单位的工作经验，特别是具有来自体制内（党政机关、事业单位等）和体制外（外资企业、私营企业等）的不同工作经验时，新创企业更倾向于在客户组合上倚重于高价值的大客户，从而通过紧密的合作以及大规模且稳定的销售，实现更高收益。可能的原因是，董事会成员具有不同体制属性的工作经验，使得新创企业有机会构建多样的、广泛的社会网络，从中筛选出有价值的重要客户，使得企业可以针对高地位、高声誉的重要客户，运用营销手段增加其收入占比；同时，新创企业借助董事会社会网络与大客户之间建立高度的信任关系，减少大客户潜在的机会主义行为，因此依赖大客户的风险较小，而收益更加突出。

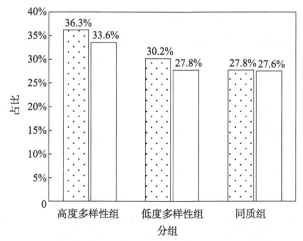

图 5-15　新三板 IT 企业董事会先前工作经验来源多样性与客户网络构成特征差异

4. 董事会成员海归背景特征

根据董事会成员是否具有海归背景，我们将新三板企业划分为有海归董事组和无海归董事组。在新三板 IT 企业样本中，这一分组在企业挂牌前两年最大客户营业收入占比（$T=2.981$，$P=0.003$）、前一年最大客户营业收入占比（$T=3.030$，$P=0.003$）上表现出显著差异，如图 5-16 所示。具体来看，就企业挂牌前两年的最大客户营业收入占比而言，拥有海归董事的企业其最大客户营业收入占比更高为 36.20%，高于无海归董事组的 30.70%。就企业挂牌前一年的最大客户营业收入占比而言，拥有海归董事的企业最大客户营业收入占比更高为 33.10%，高于无海归董事组的 28.30%。

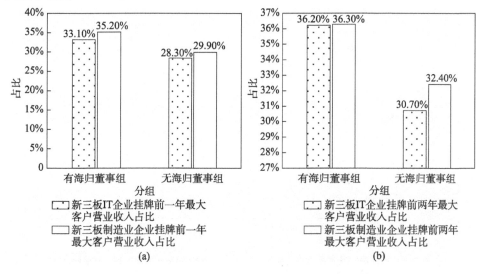

图 5-16　新三板企业董事会海归背景与客户网络构成特征差异

在新三板制造业企业样本中，根据董事会成员是否具有海归背景所进行的分组在企业挂牌前两年最大客户营业收入占比（$T=1.667$，$P=0.096$）、企业挂牌前一年最大客户营业收入占比（$T=2.248$，$P=0.025$）上表现出显著差异，如图 5-16 所示。具体来看，就企业挂牌前两年最大客户营业收入占比而言，拥有海归董事的企业其最大客户营业收入占比更高为 36.30%，高于无海归董事的 32.40%。就企业挂牌前一年最大客户营业收入占比而言，拥有海归董事的企业最大客户营业收入占比更高为 35.20%，高于无海归董事的 29.90%。

综合 IT 行业和制造业的数据结果，不难看出，董事会成员是否具有海归背景影响着企业的客户网络决策。海外经历意味着董事会成员的知识含量更为丰富，相对于没有海外经历的其他董事，有海归董事的董事会知识内涵更为多样化，这易于激发创新思维与创新活动。蕴含着海归经验与多样化知识的董事会，更可能筛选有价值的大客户，建立与大客户的关系，从而更依赖大客户为企业带来的收入保障，这在 IT 行业和制造业中都得到了验证。

进一步地，我们对拥有海归董事的企业进行细分，分为多位海归董事组和一位海归董事组，这一分组在新三板 IT 企业挂牌前两年最大客户营业收入占比（$T=-1.891$，$P=0.060$）、企业挂牌前一年最大客户营业收入占比（$T=-1.859$，$P=0.064$）上表现出显著差异，如图 5-17 所示。就企业挂牌前两年最大客户营业收入占比而言，拥有一位海归董事的企业其最大客户营业收入占比更高为 38.1%，高于拥有多位海归董事的 31.1%。就企业挂牌前一年的最大客户营业收入占比而言，拥有一位海归董事的企业最大客户营业收入占比更高为 34.8%，高于拥有多位海归董事的 28.8%。

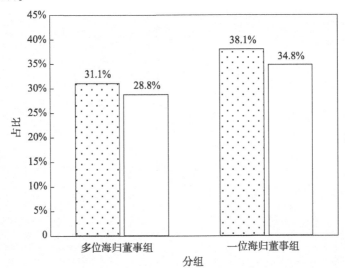

图 5-17　新三板 IT 企业海归董事数量与客户网络构成特征差异

在新三板制造业企业样本中，根据是否拥有一位以上海归董事而对样本企业进行分组，在新三板制造业企业挂牌前两年最大客户营业收入占比（$T=2.286$，$P=0.024$）上表现出显著差异。就企业挂牌前两年最大客户营业收入占比而言，拥有一位海归董事的企业其最大客户营业收入占比更高为 44.8%，高于拥有多位海归董事的 33.7%。

综合 IT 行业和制造业的数据结果，可以看出，随着海归董事数量的增多，企业更倾向于分散客户风险，避免过度依赖于单一大客户。可能的原因在于，更多的海归董事在带来更多元的海外经验和知识的同时，还会带来与无海归经历董事所不同的社会网络资源，以及与新创企业当前客户所不同的客户资源，潜在地帮助企业接触更多优质客户，从而分散企业对单一大客户的依赖度。

5.2.2　高管团队结构对客户网络的影响

本节将从高管团队经验层面，着重分析高管团队在先前工作经验方面的特征对客户网络构成与演化的影响。

1. 高管团队先前工作经验深度

与董事会先前工作经验深度相似，高管团队先前工作经验深度是指高管人员从事先前工作的时间长短与工作内容差异所反映出的经验存量。我们同样采用高管人员先前平均工作年限和先前工作经验异质性两个指标，来衡量高管人员先前工作经验深度。在新三板 IT 企业样本中，我们采用二阶聚类方法，根据高管团队先前平均工作年限和先前工作经验异质性，将 IT 企业样本聚合为老手为主的新老组合型高管团队、老手型高管团队、新手为主的新老组合型高管团队和新手型高管团队。

基于高管团队先前工作经验深度所进行的分组，在客户网络演化特征，即企业客户变动数量（$F=2.670$，$P=0.047$）上呈现出显著性差异，并且这一显著性体现在企业挂牌后下一年的客户网络变动上，如图 5-18 所示。具体而言，当企业的高管团队表现为以老手为主的新老组合型特征时，其在企业挂牌后下一年客户变动数量平均数最高为 7.33，高于以新手为主的新老组合型的 7.03，特别是明显高于新手型高管团队的 6.65 和老手型高管团队的 6.48。

这一数据结果表明，无论是老手为主还是新手为主，新老组合型高管团队中老手、新手兼备，高管人员经验差异较大，反映在新创企业的客户策略上呈现为波动性的客户构成。相较之下，具有老手型高管团队的新创企业客户网络变动性最低。这意味着，新三板 IT 企业的高管团队先前工作经验水平同质化时，企业更可能维持较为稳定的客户网络，而当高管团队呈现出先前工作经验异质化时，客户网络的波动性更强。可能的解释是，新老组合型高管团队因新手与老手的经验

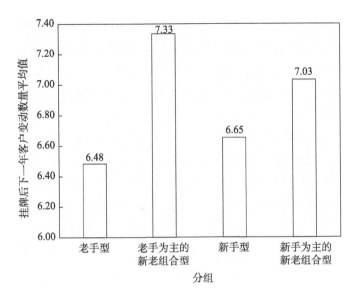

图 5-18　新三板 IT 企业高管团队先前工作经验深度与客户网络变化特征差异

差异，其团队内行为整合程度更低，不易于激发老手与新手间的合作行为，降低了集体决策效率。因此，新创企业在客户策略上，注重新客户开拓还是老客户保留，开放性、持续性地引入新客户，还是依托既有客户深度开发，可能难以达成共识，这使得客户网络难以形成稳定性。老手型高管团队更倾向于保持客户网络的稳定性，通过与客户建立长期合作关系，做好客户的深度挖掘，由此深化价值创造与价值获取。

我们没有发现上述结论在新三板制造业企业样本中的证据，即根据高管团队先前工作经验深度的分组，在客户网络特征上没有显著差异。原因或许和董事会部分相似，即制造业内部分工更加明确，客户选择相关决策更多着眼于职能部门，而受高层的影响有限。

2. 高管团队先前工作经验来源多样性

与董事会先前工作经验来源多样性相似，高管团队先前工作经验来源多样性是指高管团队曾经在多种类型组织中从事过工作。针对新三板 IT 企业样本，我们利用高管团队先前工作单位类型多样性指数来衡量高管团队先前工作经验来源多样性，采用二阶聚类方法分析，将新三板 IT 企业划分为高度多样性组、低度多样性组和同质组。基于高管团队先前工作经验来源多样性所进行的分组，在客户网络构成特征，即企业挂牌前一年最大客户营业收入占比（$F=5.715$，$P=0.003$），企业挂牌前两年最大客户营业收入占比（$F=5.482$，$P=0.004$）上存在显著差异，如图 5-19 所示。

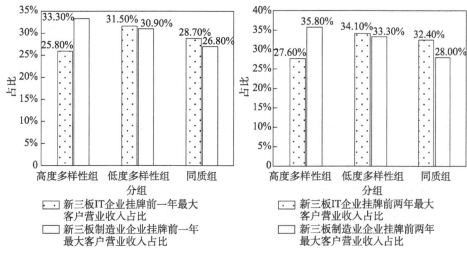

图 5-19　新三板企业高管团队经验来源多样性与客户网络构成特征差异

就企业挂牌前一年最大客户营业收入占比情况来看，低度多样性组的最大客户营业收入占比最高为31.50%，高于同质组的28.70%和高度多样性组的25.80%。就企业挂牌前两年最大客户营业收入占比情况来看，结论与上文相同，即低度多样性组的最大客户营业收入占比最高为34.10%，高于同质组的32.40%和高度多样性组的27.60%。

针对新三板制造业企业样本，基于高管团队先前工作经验来源多样性所进行的分组，在客户网络构成特征，即企业挂牌前一年最大客户营业收入占比（$F=3.297$，$P=0.038$），企业挂牌前两年最大客户营业收入占比（$F=4.689$，$P=0.009$）上表现出显著差异，如图5-19所示。就企业挂牌前一年最大客户营业收入占比情况来看，高度多样性组占比最高为33.30%，高于低度多样性组的30.90%和同质组的26.80%。就企业挂牌前两年最大客户营业收入占比情况来看，结论与上文相同，即高度多样性组占比最高为35.80%，高于低度多样性组的33.30%和同质组的28.00%。

对比在 IT 行业和制造业行业所得出的结论，在 IT 行业中先前工作经验来源具有低度多样性的高管团队，更可能引导着新创企业构建拥有收入占比高的大客户的客户网络；在制造业企业中，先前工作经验来源具有高度多样性的高管团队，更可能带领新创企业构建包含大客户的客户网络。相比于董事会扮演战略决策审批的角色要对高管团队提交的战略方案做出判断，高管团队承担着战略制定与商业模式设计的责任，战略方案的达成以及商业模式的创新对设计者——高管团队有较高的依赖。IT 行业中，新创企业高管团队成员大多来自 IT 行业，或从事软件设计与开发，或从事电子商务运营与销售，因而其工作经验来源多样性本身就较低。即使有高管具有体制内经验，但这也与 IT 行业相去甚远，可转移知识较少。因此，当 IT 行业新创企业高管团队中引入具有体制内等多来源工作经验的人时，体制内外经验差异不利于 IT 从业者对客户价值、客户逻辑等的判断，因此，具有工作经验来源低度多样性的高管团队更能够引导新创企业做出大客户价值判断与客户网络构建决策。

相较之下，制造业中新创企业高管人员具有体制内经验的情形较为多见，表现为制造业企业上级主管部门人员离职从事相关行业企业管理工作，这种体制内经验就具有可转移性。基于此，制造业新创企业具有来自体制内组织与体制外组织的多种工作经验时，体制内经验所带来的关系导向的社会规范与知识资源，以及体制外经验带来的市场导向的运营规范与价格机制，使得高管团队能够很好地将两种知识投入商业模式设计中，将大客户作为关键利益相关者引入商业模式，塑造包含大客户的客户网络。同时，高管团队丰富的外部连接还能够帮助企业与大客户之间建立高度的信任关系和紧密的连接，从而能够较好地避免大客户的机会主义行为。综上，这与董事会先前工作经验来源多样性影响客户网络的逻辑相似，均表现为先前工作经验来源多样性越高的高管团队企业，越倾向于倚重大客户。

3. 高管团队海归背景特征

根据高管团队人员是否有海归背景，我们将新三板企业划分为有海归高管组和无海归高管组。这一分组在新三板 IT 企业挂牌前两年最大客户营业收入占比（$T=1.989, P=0.047$）、企业挂牌前一年最大客户营业收入占比（$T=2.492, P=0.013$）上表现出显著差异，如图 5-20 所示。具体来看，就企业挂牌前两年最大客户营业收入占比而言，有海归高管的企业的最大客户营业收入占比更高为 36.0%，高于无海归高管组的 31.5%。就企业挂牌前一年最大客户营业收入占比而言，有海归高管的企业最大客户营业收入占比更高为 33.7%，高于无海归高管组的 28.8%。这和海归董事的影响相似，表明海归高管带来的海外知识和经验，有助于促进 IT 企业筛选高价值的大客户，从而与之建立更为紧密的连接和交易关系。

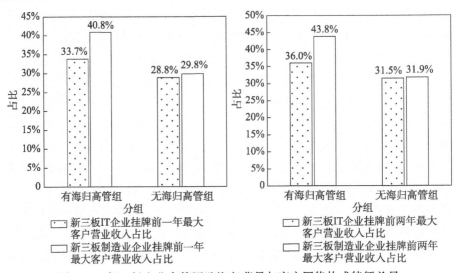

图 5-20　新三板企业高管团队海归背景与客户网络构成特征差异

在新三板制造业企业样本中,根据高管团队成员是否具有海归背景所进行的分组在企业挂牌前两年最大客户营业收入占比(T=4.011, P=0.000)、企业挂牌前一年最大客户营业收入占比(T=3.717, P=0.000)上表现出显著差异。具体来看,就企业挂牌前两年最大客户营业收入占比而言,有海归高管的企业其最大客户营业收入占比更高为 43.8%,高于无海归高管组的 31.9%。就企业挂牌前一年的最大客户营业收入占比而言,有海归高管的企业最大客户营业收入占比更高为 40.8%,高于无海归高管组的 29.8%。这和新三板 IT 企业表现出类似的影响,表明新三板制造业企业中海归高管也有助于企业与优质大客户建立更加紧密的关系。

4. 高管团队学历结构

鉴于本书在机构投资者部分的相近分析,我们沿用前面对学历结构的测量方式,将获得硕士或博士学位界定为高学历。基于此,我们在新三板 IT 企业样本中,根据高管团队中高学历高管人员占比情况,将企业划分为高学历主导组(高学历高管占比大于或等于 50%)、高学历存在组(高学历高管占比 0~50%)、无高学历组(高学历高管占比等于 0)。

基于高管团队学历的分组在 IT 企业挂牌前两年最大客户营业收入占比(F=2.574, P=0.077)上表现出显著差异,如图 5-21 所示。具体来说,就企业挂牌前两年最大客户营业收入占比而言,高学历主导组中最大客户营业收入占比最高为 35.2%,依次高于高学历存在组的 31.9% 和无高学历组的 30.6%。表明在新三板 IT 企业中,高学历高管的比例越大,越倾向于倚重大客户,这或许是因为高学历的高管有更强的风险掌控能力,更容易与大客户建立信任关系。

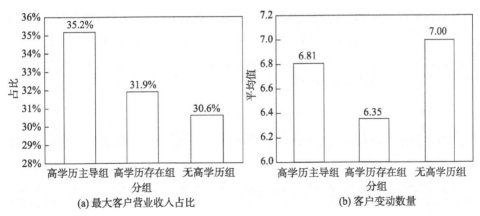

图 5-21　新三板 IT 企业高管团队学历与客户网络构成特征、客户网络变化特征差异

基于高管团队学历的分组在新三板 IT 企业客户变动数量(F=4.881, P=0.008)上表现出显著差异。就客户变动数量而言,无高学历组客户变动数量平均值最大

为 7.00，高于高学历主导组的 6.81 和高学历存在组的 6.35。表明高管团队中高学历高管的比例与客户变动数量呈 "U" 形关系，或同样是因为高学历高管更容易推动企业与客户建立信任关系，从而客户流失和更换频率较低，而学历偏低的高管缺乏这种资源和能力。但随着高学历高管比例增加，可能带来更多的外部连接，从而带来更多新客户，一定程度上提升了客户变动的频率。

5.3　董事会和高管团队结构对供应商网络的影响

5.3.1　董事会结构对供应商网络的影响

1. 董事会先前工作经验深度

根据董事会先前平均工作年限和先前工作经验异质性两个指标，我们采用二阶聚类方法，将新三板 IT 企业划分为新老组合型、新手型和老手型董事会。在新三板 IT 企业样本中，基于董事会先前工作经验深度所进行的分组，在供应商网络变动特征，即企业挂牌当年年底供应商变动数量（$F=2.750$，$P=0.065$）上表现出显著差异。具体而言，拥有新老组合型董事会的企业供应商网络的波动性最大，即供应商变动数量平均值最高为 5.969，显著高于老手型的 5.236 和新手型的 5.215，后两组之间差异不显著。

这一数据结果表明，相对于具有同质化先前工作经验的董事会，经验异质化的董事会更可能做出调整供应商决策。这意味着，经验同质化的董事会更倾向于保持供应商网络的稳定性。可能的原因在于，尽管异质化知识是激发创新的动力来源，但当董事会成员在先前工作经验上具有异质性时，他们会形成对战略决策与行动的异质化认知。例如，在供应商选择问题上，经验不同的董事会可能通过关系专用性投资，在长期培养可深入挖潜的供应商，抑或不断调整供应商，弱化供应商议价力上做出不同的选择。因此，新老组合型董事会往往做出调整供应商的决策，带来供应商数量的较大变动。

2. 董事会先前工作经验相关度

根据董事会在行业内先前行业经验平均工作年限和行业经验异质性这两个指标，利用 k 均值聚类方法，我们将新三板 IT 企业划分为四组，分别是外行型董事会、偏外行的内外行组合型董事会、内行型董事会、偏内行的内外行组合型董事会。在新三板 IT 企业样本中，基于董事会工作经验相关度所进行的分组，在供应商网络构成特征，即供应商行业数量（$F=2.443$，$P=0.063$）上也表现出显著差异。拥有偏外行的内外行组合型董事会的企业，企业供应商所属行业数量平均值最高为 2.204，稍高于外行型董事会的 2.138，但是明显高于内行型董事会的 1.812。

这一数据结果说明，具有行业经验的董事会倾向于在少数行业领域筛选供应商，保持供应商在特定行业的聚焦特性，从而形成相对集中的供应商网络。外行型董事会没有行业经验的束缚，更倾向于在大范围行业领域中构建供应商网络，引入来自不同行业的供应商。可能的解释是，行业经验赋予公司董事以行业传统经营逻辑的烙印，引导新创企业在行业既有成功经验基础上，搜寻行业中通常选择的供应商；偏外行的内外行组合型董事会，在内行经验之外引入未受行业经验影响的新生力量，带来多行业获取资源、跨界资源编排的资源逻辑，利用 IT 行业能够以较低的成本接触大范围供应商的独特性，构建多行业属性的供应商网络。

3. 董事会海归背景特征

根据董事会成员是否具有海归背景，我们将新三板企业划分为有海归董事组和无海归董事组。在新三板 IT 企业样本中，是否有海归董事的分组，在供应商变动数量（$T=2.001$，$P=0.046$）上表现出显著特征。具体而言，无海归董事的企业，其供应商变动数量平均值最高为 6.75，高于有海归董事企业的 6.33（图 5-22），而且，这种差异体现在企业挂牌后的下一年，而非挂牌当期。这反映出企业董事会的海归结构投射在企业供应商网络上的时滞特征，即董事会成员经由海外经历所获取的知识与经验，会对其推动供应商网络演化产生长期影响。

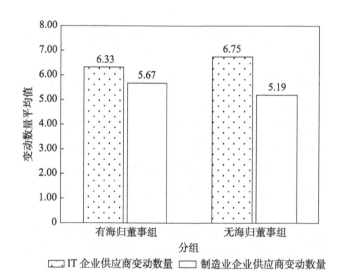

图 5-22 新三板企业董事会海归背景与供应商网络变化特征差异

在新三板制造业企业样本中，上述分组还在企业挂牌当年年底供应商变动数量（$T=2.155$，$P=0.032$）、供应商行业变动数量（$T=2.289$，$P=0.022$）上表现出显著差异，如图 5-22 所示。具体而言，有海归董事的企业，其供应商变化数量平均值最高为 5.67，高于无海归董事企业的 5.19。有海归董事的企业，其新增供应商行业数量平均值最高为 1.43，高于无海归董事组的 0.63。

来自制造业企业的结论与 IT 企业有较大的不同，董事会成员的海归背景会对企业在供应商网络演化决策上带来什么影响？在制造行业中,有经验的企业通常会在供应商网络变化上谨慎决策，意在通过保持稳定的供应商网络，形成与供应商的长期合作，收获基于关系专用性投资所产生的信任。这在董事会先前工作经验深度和相关度影响供应商网络稳定性方面的数据结果上均有体现。然而，当董事会中引入具有海归背景的董事，来自不同的制度环境、市场环境的董事会带来关于行业经营逻辑、合作伙伴关系等新知识，推动新创企业引入来自新行业的供应商参与者，搜寻传统供应商行业以外的新供应合作者，以此奠定创新的基础。

4. 董事会学历结构

不同阶段的学历教育，在给予个人专业知识的同时，也从不同角度塑造其思维和认知观。董事高学历通常意味着更高的知识含量、更高端的社会网络，以及更为理性的决策。针对董事会的学历结构，我们主要从董事会中高学历成员占比和学历异质性角度进行衡量。高学历成员所占比例，是指董事会中具有硕士及以上学历人员所占的比重，该比例越高，说明该董事会越具有高学历主导的独特结构。学历异质性是指董事会成员学历具有差异，差异性越大意味着董事会成员所具有的知识结构与知识水平越不同，这会对董事会决策、行为等产生影响。

根据董事会高学历成员占比，可将新三板制造业企业划分为高学历主导组、高学历存在组和无高学历组。这一分组，在供应商行业数量（$F=3.307$，$P=0.037$）上表现出显著差异，如图 5-23 所示。具体而言，无高学历组供应商所在行业数量平均值最高为 2.96，高于高学历主导组的 2.90 和高学历存在组的 2.74。这表明制造业中的高学历董事带来更加谨慎的决策，通过适度的供应商行业多元化来促进企业成长，而避免过度的行业多样化带来管理和协调上过高的复杂性。我们没有发现上述结论在新三板 IT 企业样本中的证据，也就是说尚未找到根据董事会高学历成员占比的分组在供应商网络上产生显著差异的证据。

根据董事会学历异质性可将新三板制造业企业划分为高度异质性组、适度异质性组和同质组。这一分组在供应商行业数量（$F=2.370$，$P=0.094$）、供应商变动数量（$F=2.736$，$P=0.066$）上存在显著差异，如图 5-24 所示。就供应商网络构成特征而言，适度异质性组的供应商行业数量平均值最高为 2.95，高于高度异质性组的 2.77 和同质组的 2.76。董事会学历异质性与供应商行业数量呈现出倒"U"形关系，这或许是因为董事学历异质性的提升，有利于支持组织成员更加充分地发挥各自专长，以及连接更广泛的外部社会关系，促进企业获取更多创新性资源，从而扩大董事会的决策选择范围，进而有助于提升供应商网络的行业多样性。但

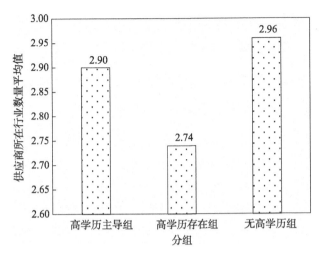

图 5-23　新三板制造业董事会高学历成员占比与供应商行业数量差异

如果学历异质性过高，不同董事之间知识和认知差距过大，可能会导致难以形成一致的决策，甚至导致冲突，从而使得各自的外部连接难以有效接入企业内部，具体到供应商选择上，可能会导致供应商多样化的减少。

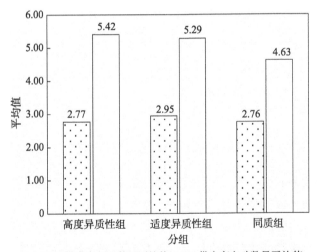

图 5-24　新三板制造业董事会学历异质性与供应商网络构成特征、变化特征差异

　　就供应商网络演化特征而言，高度异质性组的供应商变动数量平均值最高为5.42，高于适度异质性组的 5.29 和同质组的 4.63。这说明，学历高度异质性的董事会不易达成一致决策，乃至可能形成内部冲突，这一方面可能导致企业的经营受到影响，打击供应商的合作意愿，从而导致供应商变更速度加快；另一方面可能导致企业政策频繁转变，与主要供应商结成长期合作关系更难，故而导致有更

多的供应商发生变更。相反，同质组的董事会更容易达成一致意见，因而其外部连接缺乏丰富性，企业的供应商更倾向于稳定。

5.3.2　高管团队结构对供应商网络的影响

1. 高管团队先前工作经验来源多样性

根据高管团队先前工作单位类型多样性指数，基于高管团队先前工作经验来源多样性所进行的分组，在供应商网络变化特征，即企业挂牌下一年供应商变动数量上（F=2.421，P=0.090）表现出显著差异，如图 5-25 所示。从供应商网络演化特征来看，上述分组在企业挂牌下一年的供应商变动数量（F=2.421，P=0.090）上呈现出显著差异。具体而言，高度多样性组供应商变动数量最高为 6.77，高于低度多样性组的 6.72 和同质组的 6.21。

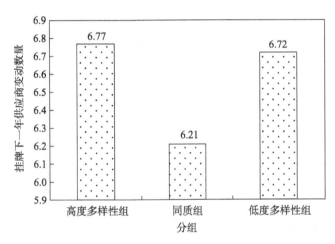

图 5-25　新三板 IT 企业高管团队先前工作经验来源多样性与供应商网络变化特征差异

上述数据结果表明，当新创企业高管团队具有来自不同工作单位的经验时，特别是经验分别来自体制内部门和体制外单位，企业选择什么样的供应商作为商业模式关键参与者的决策会呈现出差异。具有体制内经验的高管人员更可能选择高声誉、高资源含量的体制内供应商，而具有体制外经验的高管人员则可能选择熟悉市场机制、遵从市场竞争逻辑的体制外供应商。因此，高管团队先前工作经验来源多样性越高，新创企业越可能基于不同来源经验的指引，适时调整供应商以匹配企业需求，带动供应商网络的演化。

2. 高管团队海归背景特征

根据高管团队人员是否有海归背景，我们将新三板企业划分为有海归高管组和无海归高管组。在新三板 IT 企业样本中，基于是否有海归高管的分组，在供应商变动数量（*T*=−1.957，*P*=0.051）上表现出显著特征。具体而言，无海归高管组的供应商变动数量平均值最高为 6.71，高于有海归高管组的 6.21。与董事会海归背景相似，这种差异同样体现在企业挂牌后的下一年，而非挂牌当期。这反映出企业高管团队的海归结构在企业供应商网络上的反映具有时滞特征，即高管团队经由海外经历所获取的知识与经验，不会对供应商网络的演化产生即时影响，而是持久影响。

在新三板制造业企业样本中，上述分组还在企业挂牌当年年底供应商变动数量（*T*=2.996，*P*=0.003）、新增供应商行业数量（*T*=3.204，*P*=0.001）上表现出显著差异，如图 5-26 所示。具体而言，有海归高管组的供应商变动数量平均值最高为 6.06，高于无海归高管组的 5.20。有海归高管组的新增供应商行业数量平均值最高为 2.10，高于无海归高管组的 0.64。

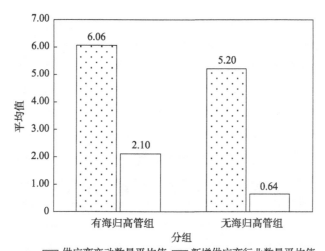

图 5-26　新三板制造业企业高管团队海归背景与供应商网络差异

制造业与 IT 行业关于是否有海归高管对企业供应商网络演化的影响，与基于海归董事的分析结论一致。在 IT 行业中，高管团队中没有海归背景的新创企业，供应商变化数量最高；在制造业中，高管团队中拥有海归背景的新创企业，供应商变化数量最高。这意味着，IT 行业中将有海归背景的高管引入高管团队，更有利于企业保持供应商网络的稳定；在制造业中，减少海归高管的引入，更有利于企业保持供应商网络的稳定。行业差异造成不同行业新创企业对拥有海归背景高管作用的认知差异。制造业中的海归高管，更可能带来有别于当前制度环境与市场环境的信息，将其作为商业模式设计的输入知识，实现新行业供应商的引入。IT 行业中的海归高管，则更可能在新创企业原有大范围、多行业供应商网络格局中，挖掘有价值的、可长期合作的供应商，推动供应商网络趋向于稳定，以更好地撬动供应商资源。

进一步地，我们对有海归高管的企业进行细分，分为有多位海归高管组和有1位海归高管组。这一分组在供应商数量变动（$T=-1.845$，$P=-0.067$）上呈现出显著差异，如图 5-27 所示。具体而言，有 1 位海归高管组供应商变动数量平均值更高为 6.46，高于有多位海归高管组的 5.27。这表明海归高管的加入可能推动 IT 企业较大程度地调整供应商网络，但随着海归高管数量的增长，IT 企业又倾向于维持稳固的供应商队伍。或许是海归高管数量增长，不同的经验和外部连接的加入，导致对供应商的更换调整面临更多的内部决策中的协调问题，致使内部形成一致的意见更加困难，从而减缓了供应商网络调整的节奏。

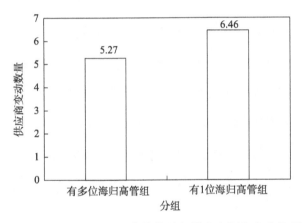

图 5-27　新三板 IT 企业海归高管数量与供应商网络变化特征差异

第 6 章

新创企业组织间网络与商业模式创新

商业模式展示了组织如何与外部利益相关者建立联系，如何通过参与经济交换为所有参与者创造价值的一般规律（Zott and Amit， 2007），因此商业模式形成和调整是以价值创造为导向的，新创企业建立与利益相关者的关系并推进关系演化的过程。已有研究已经认可并强调了包含利益相关者的外部社会网络之于新创企业商业模式构建的重要作用，部分研究将网络作为商业模式的一个构成要素，甚至提出网络化商业模式的概念（Palo and Tähtinen， 2013），但对于企业间网络如何影响商业模式的形成，网络的建构如何推动商业模式调整的内在机制未能做出深入解释。本章着重围绕新创企业客户网络特征、供应商网络特征以及个体层面的董事或高管网络特征对商业模式创新的影响展开讨论，以期建立网络与商业模式创新的理论关系。

6.1 客户网络特征与商业模式创新

6.1.1 客户类型与商业模式创新

为客户提供价值是企业商业模式的核心，不同的客户类型影响着企业的价值主张、价值活动及交易方式，这意味着企业面对不同的客户类型，在商业模式中的价值创造和价值获取的因果逻辑上均可能存在差异。同样，围绕不同的客户类型的需求，企业实施商业模式创新可能在效率维度和新颖维度上体现出不同程度的侧重；同时，因行业特性的影响，不同行业的商业模式创新表现也可能体现出一定的差异。

根据客户类型将 969 家新三板 IT 企业分为三组，这一分组在商业模式效率维度（$F=38.694$，$P=0.000$）和新颖维度（$F=14.739$，$P=0.000$）创新上呈现出显著差异，如图 6-1 所示。从效率维度来看，客户类型为消费者为主的分组，其在效率维度上进行商业模式创新的平均值最高为 0.58，高于客户类型为兼有消费者和企业分组的 0.45，以及客户类型为企业为主分组的 0.40。从新颖维度来看，客户类型为兼有消费者和企业的分组，其在新颖维度上进行商业模式创新的平均分值最高为 0.42，高于客户类型为消费者为主的 0.38 和企业为主的 0.36。

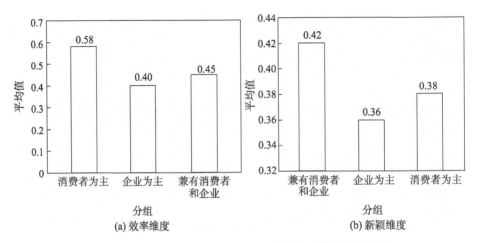

图 6-1　新三板 IT 企业效率与新颖维度商业模式创新差异

在 IT 企业样本中，以消费者为主要客户的新创企业更注重在效率维度开展商业模式创新，这符合中国消费者的需求与偏好特征，而兼有消费者和企业客户的企业则注重在新颖维度开展商业模式创新。个体消费者更希望通过广泛搜集信息了解企业，实现"货比三家"的目的，这就对新创企业传递产品或服务信息的透明度提出要求；个体消费者更希望借助其他有消费经验买家的评论与介绍，增进对企业的认识，这就对新创企业建立用户间沟通与互动的平台提出要求；个体消费者更希望交易简单易行、快速完成，这就对新创企业交易实现的效率提出要求。这些要求都指向效率维度的商业模式创新，这意味着个体消费者的需求偏好使得意欲迎合消费者的新创企业注重在效率维度进行商业模式创新。面向个体消费者，对于新三板上市的创业企业而言，在品牌知名度相对较低的情况下，如何降低消费者的搜寻、获取成本，以使其便捷地购买企业的产品或服务，以及通过调整供应链整合方式降低整体成本是一项重要的任务，故而在效率维度的创新更具迫切性。正如小米手机在创业初期，借助传统的手机制造方式和销售渠道难以吸引消费者，为此小米通过重构供应链，借助电子商务迅猛发展的东风，采用在线商城方式进行销售，避开了中间渠道商环节，并聚焦社交媒体营销，以口碑传播方式低成本接近消费者，通过加强与顾客的互动，甚至引入忠实消费者参与手机的设计环节，营造参与感并让消费者更深入了解小米手机的制作过程，据此迅速实现了市场拓展，品牌在短时间内得到了广泛传播。因而，相比于传统手机厂商的运营模式，小米手机在早期主要通过效率维度的商业模式创新，在这个本就竞争激烈的市场中站稳了脚跟并迅速成为领先者，它的模式也被其他厂商纷纷模仿。

相较之下，兼有消费者和企业的新创企业需要针对不同类型的客户进行清晰的战略定位，明确不同的客户逻辑，针对性地设计客户界面。针对不同客户的需求与逻辑，新创企业需要思考以什么样的新方式设计交易关系、采用哪些新的交易激励方式、如何增强与不同类型客户间联结的丰富度，并在不同的客户联结间形成交互支撑，这些都指向新颖维度的商业模式创新。这意味着，兼有消费者与企业客户使得新创企业注重在新颖维度开展商业模式创新。

根据客户类型将 706 家新三板制造业企业分为两组（剔除消费者为主客户类型的 4 家企业），这一分组在商业模式效率维度（$T=-4.725$，$P=0.000$）和新颖维度（$T=-2.562$，$P=0.011$）创新上呈现出显著差异，如图 6-2 所示。从效率维度来看，客户类型为兼有消费者和企业的企业分组，其在效率维度上进行商业模式创新的平均分值最高为 0.553，高于企业为主的 0.467。从新颖维度来看，兼有消费者和企业的企业在新颖维度上进行商业模式创新的平均分值最高为 0.349，高于客户类型为企业为主的 0.314。

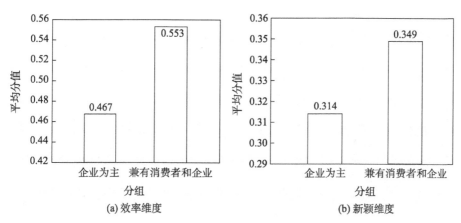

图 6-2　新三板制造业企业客户类型、效率与新颖维度商业模式创新差异

在新三板制造业企业样本中，兼有消费者和企业的新创企业在效率维度和新颖维度均做出商业模式创新，这与 IT 行业新创企业形成差异。兼有消费者和企业的制造业新创企业，往往能够同时考虑满足作为个体的消费者和作为整体的企业或组织这两种用户的不同需求。之所以能够做到这样一点，是由于制造业的消费者客户也即制造业产品的直接使用者，其需求没有 IT 行业消费者客户那么多元，因而其能够通过企业客户的信息反馈形成对企业的认知。在这种情况下，制造业新创企业若能够构造消费者客户与企业客户间获得产品质量和属性信息的渠道或平台，就意味着打通了多种用户间沟通的链条，使企业获得效率优势，这是效率维度商业模式创新的本质。进一步地，个体消费者的需求在购买决策时更强调感性的一面，而企业或组织的购买决策中理性的一面更为突出，因此二者对产品或服务的价值诉求可能体现出较大差异。这就要求企业探索试验新颖的价值主张，

并可能通过开展更多的技术创新及产品开发活动，设计新的交易关系治理方式，以满足不同客户群体之间乃至客户群体内部存在的差异化的需求，实现新颖维度的商业模式创新。

6.1.2　客户分散程度与商业模式创新

在新三板 IT 企业样本中，基于客户分散程度的分组在商业模式效率维度上的创新表现出显著差异（F=3.411，P=0.033），但没有找到这一分组在商业模式新颖维度上显著差异的证据（F=2.168，P=0.115），如图 6-3 所示。在商业模式效率维度上，高度分散组的商业模式效率平均值最高，平均值为 0.440，高于低度分散组的 0.412 和适度分散组的 0.409。在新三板制造业企业样本中，没有找到基于客户分散程度的分组，在商业模式效率维度和新颖维度上得分差异的证据。

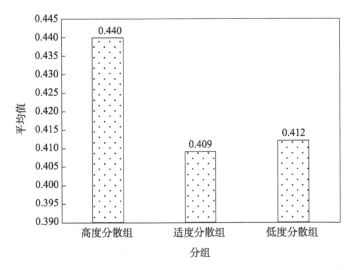

图 6-3　新三板 IT 企业客户分散程度与效率维度上商业模式创新差异

这一数据结果说明，具有分散化客户网络的企业，即企业的营业收入并不主要来自单一客户而是来自多个客户，更需要维系多个重要客户的关系，在不同的客户间建立系统性连接，打通各类型客户参与者中间的链条，增强客户网络整体的系统性效率，这是效率导向商业模式创新的内涵。分散的客户网络并不利于企业针对特定客户设计新颖的交易关系安排、交易激励方式，因而难以增强商业模式在新颖方面的价值属性。

6.1.3　客户依赖程度与商业模式创新

基于最大客户营业收入占比的分组，在商业模式效率维度和新颖维度表现出不同程度的差异。在新三板 IT 企业样本中，就企业挂牌前两年最大客户营业收入占比分组来看,其在商业模式效率维度(F=3.766, P=0.023)和新颖维度(F=4.431, P=0.012)上均表现出显著差异,如图6-4所示。在效率维度上,高度依赖组的效率分值最高为 0.440,高于低度依赖组的 0.432 和适度依赖组的 0.395。在新颖维度上,高度依赖组同样获得了最好的表现,其新颖维度平均值为 0.378,高于低度依赖组的 0.377 和适度依赖组的 0.350。就企业挂牌前一年最大客户营业收入占比分组来看,其在商业模式效率维度(F=4.972, P=0.007)上表现出显著差异。具体而言,高度依赖组在商业模式效率维度上的平均值最高为 0.450,高于低度依赖组的 0.422 和适度依赖组的 0.394。

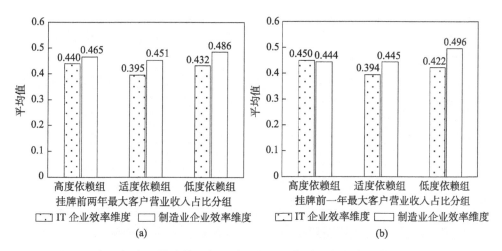

图 6-4　新三板企业挂牌前一年、前两年客户依赖程度与商业模式创新差异

这一数据结果说明,挂牌前最大客户营业收入占比较高的 IT 企业,即挂牌前较多依赖某个大客户,使得企业对大客户形成较高的依赖,促使新创企业在新三板挂牌从而设计商业模式时,从效率和新颖两个维度,针对大客户进行商业模式创新。对于客户资源缺乏的新创企业而言,特别是 IT 企业,想要通过平台方式获得高成长,快速获得客户新增是重要且困难的事情。尽管平台模式用户接入增长速度快,但最初如何借助双边市场获得网络效应是影响客户增长的关键。因此,拥有大客户支撑的新创企业更能够针对大客户开展效率和新颖维度的商业模式创新,从而不断扩大客户网络规模。结合客户网络分散程度与商业模式的关系,进一步说明,当 IT 行业新创企业完成在新三板挂牌后,其客户网络规模扩大、客户类型和数量增加,客户网络开始走向分散,而不再依赖支持新创企业初期成长的单一大客户。此时具有分散客户网络的新创企业,更能够实现效率维度的商业模式创新,表现为在多类型客户间建立沟通、互动的桥梁,提高系统性效率。

在新三板制造业企业中,就企业挂牌前两年最大客户营业收入占比分组来看,其在商业模式效率维度(F=3.816, P=0.021)上表现出显著差异,但并没有在新颖维度（$F=1.270$，$P=0.282$）上表现出显著差异。在效率维度上，低度依赖组的效率维度上的平均值最高为 0.486，高于高度依赖组的 0.465 和适度依赖组的 0.451。就企业挂牌前一年最大客户营业收入占比分组来看，其在商业模式效率维度（$F=9.039$，$P=0.000$）和新颖维度（$F=3.352$，$P=0.036$）上均表现出显著差异。具体而言，低度依赖组在商业模式效率维度上的平均值最高为 0.496，高于适度依赖组的 0.445 和高度依赖组的 0.444。在新颖维度上，企业挂牌前一年最大客户营业收入占比低度依赖组在商业模式新颖维度上的平均值为 0.324，高于高度依赖组的 0.321 和适度依赖组的 0.294（图 6-5）。

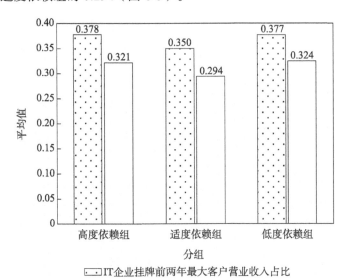

图 6-5　新三板企业客户依赖程度与新颖维度商业模式创新差异

从上述数据可以看出，挂牌前两年最大客户营业收入占比较低的制造业企业，挂牌前不存在依赖单一大客户的情形，这促使新创企业在新三板挂牌从而设计商业模式时，从效率维度进行商业模式创新；挂牌前一年最大客户营业收入占比较低的制造业企业，则从效率和新颖两个维度进行商业模式创新。挂牌前两年、一年最大客户营业收入占比反映出新创企业在临近挂牌时的客户依赖结构，当制造业新创企业保持不依赖单一大客户的状态时，其更能够围绕系统性客户网络建立效率导向的商业模式，即增进客户间的沟通与互动，借助其他客户的评价与信息传递，获取产品质量或属性信息，降低交易的模糊性，提高顾客的知情决策，塑造商业模式的系统性效率。特别地，当新创企业保持客户低度依赖时，其会在效率维度基础上增加新颖维度的商业模式创新，即通过设计引入新客户、新交易方式、新激励方式，平衡维系客户与新增客户，形成稳定增长的客户网络，提高制造业企业的竞争优势。

6.2　供应商网络特征与商业模式创新

6.2.1　IT 行业供应商网络行业属性与商业模式创新

在新三板 IT 企业样本中，基于供应商网络行业属性所进行的分组，在企业商业模式效率维度（$F=2.804$，$P=0.061$）和新颖维度（$F=3.647$，$P=0.026$）的创新表现上呈现出显著差异，如图 6-6 所示。具体而言，从效率维度来看，构建了开放型供应商网络的企业在效率维度上的创新平均分值最高为 0.442，高于具有拓展型供应商网络的 0.426 和具有聚焦型供应商网络的 0.403。

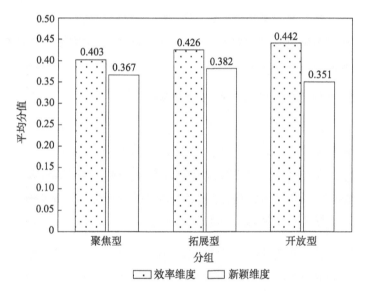

图 6-6　新三板 IT 企业供应商网络行业属性与商业模式创新差异

构建开放型供应商网络更符合 IT 行业新创企业沿效率维度实施商业模式创新的需求。身处 IT 行业的新创企业，借助互联网与信息技术工具，在供应商之间建立沟通的桥梁，即使企业拥有多个、多类型、多行业供应商，仍能在供应商之间实时共享信息，提高供应商信息沟通透明度，降低供应商参与商业模式的系统性成本。基于此，新创企业只有构建开放型的供应商网络，即来自多个行业领域的供应商，才能够实现商业模式的效率优势，表现为以成本最小化的方式实现多个供应商间信息效率最大化，使其与新创企业之间的交易简单化，从而优化"成本—价值"结构。

从新颖维度来看，构建了拓展型供应商网络的企业在新颖维度的创新平均分值最高为 0.382，高于具有聚焦型供应商网络的 0.367 和具有开放型供应商网络的

0.351（图 6-6）。这意味着，构建拓展型供应商网络即在一定行业范围内的供应商网络构建，更符合 IT 行业新创企业沿效率维度实施商业模式创新的需求。新三板 IT 企业的供应商网络行业多样化与企业在新颖维度上的商业模式创新之间呈现倒"U"形关系，即供应商网络多样化的积极影响存在一个临界点，在此之后随着供应商网络多样化进一步提升，将对商业模式新颖维度的创新产生负面影响。其主要原因在于，商业模式的新颖维度创新指企业能够识别出有助于其商业模式创新的新参与者，从而引入新参与者，设计新的交易关系方式、新激励方式等。这并不意味着供应商所处行业数量越多，即新创企业尽可能多地从不同的行业筛选供应商，就越能够塑造新颖的商业模式。商业模式新颖优势的塑造还来自针对与新创企业价值主张相匹配的供应商，设计新的交易关系与激励方式，这蕴含着供应商的治理成本。在治理成本最优化基础上，在有限的行业范围内搜寻新的、适宜的供应商，实现对既有"成本—价值"结构的突破，有助于新创企业创造商业模式的新颖优势。

6.2.2　制造业供应商网络与商业模式创新

相比之下，在新三板制造业企业样本中，基于供应商行业属性所进行的两组划分，即是否聚焦于单一行业领域，在商业模式创新的新颖维度上呈现出显著差异（$T=-1.773$，$P=0.077$），如图 6-7 所示。进一步地，基于供应商网络多行业属性划分为聚焦型、拓展型、开放型的供应商网络，在商业模式创新的新颖维度上也呈现出显著差异（$F=2.762$，$P=0.064$）。

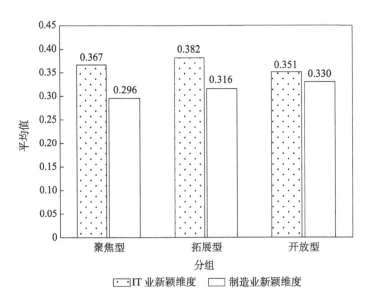

图 6-7　新三板企业供应商行业属性与新颖维度商业模式创新差异

具体而言，在新颖维度上，基于多个行业领域构建供应商网络的企业获得了在新颖维度上更好的表现，其新颖维度平均得分为 0.330，高于在单一行业领域构建供应商网络的 0.296。更进一步，构建了开放型供应商网络的企业，其新颖维度得分平均值为 0.330，高于构建了拓展型供应商网络的 0.316 和构建了聚焦型供应商网络的 0.296。

这一结果与 IT 行业的表现形成了差异，即对于制造业企业来说，立足多样化行业领域建立供应商网络，使得企业能够跨越传统的行业边界搜寻新的供应商作为参与者，赋予其商业模式新颖维度以更为丰富的内容。这意味着，构建开放型供应商网络更符合制造业新创企业沿新颖维度实施商业模式创新的需求。一是为了获取商业模式创新的新颖优势，制造业新创企业需要借助供应商提供的优质资源以及供应商对技术创新活动的参与，推动新创企业设计新产品、研发新技术，来自多行业、多领域供应商参与的价值共创，更可能激发新产品与新技术构思，这就对供应商所在行业领域提出更高的要求。二是针对不同行业领域供应商设计不同的交易关系与激励方式，有助于赋予商业模式以新颖内涵，也更能够根据供应商特性做出适宜的治理安排，有效调动供应商积极性，实现供应商对关系专用性的战略投入。因此，建立在开放型供应商网络基础上，制造业新创企业才能够具有塑造商业模式新颖优势的供应商基础，基于此进行多行业供应商参与的技术研发与新产品设计，并做出新交易关系与激励方式的制度安排，提升商业模式新颖优势。

6.3　董事和高管网络与商业模式创新

6.3.1　高管团队内部社会网络联结与商业模式创新

作为商业模式创新的设计者，高管团队被认为是解读商业模式创新的重要因素（Mcdonald and Eisenhardt，2019）。现有研究关于高管团队对商业模式创新的影响，主要存在两种视角。第一，部分研究从信息决策视角出发，着重关注高管团队的背景特征，如任期（Marcel，2009）、行业经验（Velu，2017）、风险经验（Osiyevskyy and Dewald，2015）等对商业模式创新的影响，强调高管团队借助背景特征获取在商业模式创新过程中所需的知识、信息等资源。具体而言，不同背景特征的高管团队能够获得丰富多样的信息资源，进而透过现象抓住事物本质，做出精准筛选，提高商业模式创新的决策质量（Smith et al.，1994）。但这一观点并未达成共识，如 Snihur 和 Zott（2020）利用案例研究发现，商业模式创新的执行会受到企业决策速度的制约，而决策速度的提升则会受到高管团队背景特征的影响，不同背景特征会增加高管团队成员间的交流障碍，不利于企业决策的快速制定。第二，少数研究从行为视角出发，着重关注高管团队的行为特征对商业模式创新的影响，强调商业模式创新是企业重要的战略决策，进而考察高管团队行为对商业模式创新决策的影响（Smith et al.， 1994）。现有研究表明，环境的不确定性越高，表现出合作行为的高管团队越能够尊重彼此的价值观和意见（Carmeli et al.， 2011），驱动相互间的信息交流与共享决策，进而就商业模式创新方案达成共识，并促进商业模式的执行，以推动企业更好地发展。

综上，尽管已有研究大体形成上述两种研究脉络，但关于高管团队背景特征影响商业模式创新的研究仍较为多见，表现为高管团队的资源逻辑。然而，聚焦高管团队行为逻辑的研究较为匮乏，使我们对"为什么有的团队能够设计创新的商业模式"，以及"什么样的团队更能设计何种类型的商业模式"等关键问题认识不足。

在组织制度与团队规范尚未成熟的新创企业情境下，源自创业团队的高管团队具有区别于成熟企业高管团队的独特性。一方面，新创企业面临着较高的市场、技术等多方面不确定性，其失败风险更高（Peeters et al.， 2014），因此为了应对不确定性，新创企业高管团队需要快速做出战略决策并执行战略行动，这就对高管团队的决策效率提出更高要求（Amason et al.， 2006）。另一方面，高管团队中具有较多的创业团队成员，这些创业元老共同的创业经历使其天然地形成潜在的关系联结，因而相较成熟企业，新创企业高管团队更可能塑造以相似为基础的关系联结。有鉴于此，新创企业高管团队更需要构造以相似为基础的内部社会网络联结，而非成熟企业以多样为基础的内部结构。

除了对企业创新与企业绩效产生直接作用以外，我们还考察了高管团队内部社会网络联结对企业商业模式的影响。一方面，对于新三板企业而言，其是新创企业的典型代表，市场评价更看重其未来的增长潜力而非当期的业绩，商业模式创新水平是决定其未来增长潜力的最重要因素；另一方面，从影响战略决策的作用机制来看，新三板企业高管内部社会网络联结对企业商业模式创新水平的影响相对于企业绩效而言更加直接。

首先，从高管团队内部社会网络联结与商业模式创新的相关性分析来看，学历维度的内部社会网络联结数量与商业模式新颖维度创新存在正相关关系（相关系数为 0.106，$P=0.001$），并且高管团队沿学历、行业经验、海归背景、创业元老四个维度的内部社会网络联结数量也与商业模式新颖维度创新呈正相关关系（相关系数为 0.081，$P=0.012$）。但我们没有发现高管团队内部社会网络联结，无论是在单一维度还是在整合维度，与商业模式效率维度创新的相关关系。

其次，在具体的高管团队内部社会网络联结类型上，新三板 IT 企业样本中行业经验维度（$F=4.108$，$P=0.017$）、兼任董事维度（$F=5.292$，$P=0.005$）、整合四个维度的内部社会网络联结数量（$F=3.707$，$P=0.025$）在商业模式新颖维度上的表现呈现出显著性差异，如图 6-8 所示。具体而言，从行业经验维度来看，强联结组在商业模式新颖维度上平均分值最高为 0.393，显著高于中等强度联结组的 0.380 和弱联结组的 0.363。从兼任董事维度来看，中等强度联结组在商业模式新颖维度的平均分值最高为 0.388，显著高于弱联结组的 0.366 和强联结组的 0.350。从学历、行业经验、海归、创业元老四个维度来看，强联结组在商业模式新颖维度的平均分值最高为 0.386，高于中等强度联结组的 0.377 和弱联结组的 0.359。

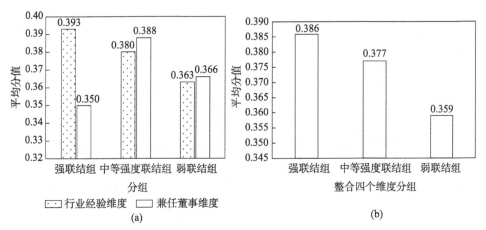

图 6-8　新三板 IT 企业高管团队内部社会多维度网络联结与新颖维度商业模式创新差异

在新三板制造业样本中，高管团队沿行业经验维度的内部联结，在商业模式新颖维度表现出显著差异（$F=2.312$，$P=0.099$），如图 6-9 所示。具体而言，无联结组在新颖维度商业模式创新的平均分值最高为 0.327，高于弱联结组的 0.319 和强联结组的 0.308。

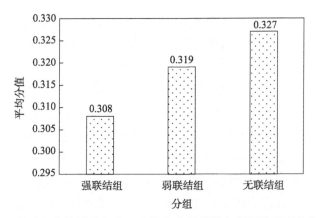

图 6-9　新三板制造业高管团队行业经验维度内部联结与新颖维度商业模式创新差异

在行业经验方面，高管团队成员间具有相似的创业行业经验塑造了高管团队认知与能力方面的双重烙印，影响着新创企业在新颖维度的商业模式创新。从认知烙印角度来看，创业行业经验能够促进行业规范的形成，以及促使价值观给个体打上深刻的烙印，形成其理解和指导日常工作的认知框架（Dokko et al.，2009）。高管团队层面一致性地具备创业行业经验正是由于与新创企业所处行业环境相匹配，更能够激活认知烙印，增强高管团队识别商业模式创新机会，提高执行新颖的商业模式创新的意愿与动力。从能力烙印角度来看，由于软件、互联网、信息技术等相关行业强调特殊的技术才能，进入行业壁垒较高，因此相关创业行业经验能够塑造高管团队特有的技能，形成专有能力烙印，进而提高其进行商业模式创新的信心。因此，高管团队在创业行业中进行商业模式创新的能力需求与早期创业行业环境塑造的能力相匹配，更能激活能力烙印，提升高管团队进行商业模式创新的信心，进一步推动商业模式创新机会的利用。

在兼任董事方面，高管团队成员间具有中等程度的兼任董事相似经历时，新创企业更可能设计新颖的商业模式。与行业经验维度高管团队内部社会网络联结对商业模式创新的影响不同，兼任董事维度的高管团队内部联结程度呈现中等水平时，新创企业更可能做出新颖型商业模式创新。兼任董事职务上的相似性，使得高管人员具有"委托人"理念，在开展决策方案设计的同时注重可操作性，即从董事会的视角审视决策方案的战略审批属性（Bedard et al.，2014），有助于推进商业模式创新的新颖型设计。当高管团队在兼任董事维度具有相似性时，因多元身份而形成的潜在联系，使高管团队更能够立足不同视角审视决策方案所面对的不确定性，进而基于不同身份视角参与决策方案的设计与实施，有助于提高决策的效率与质量，促进商业模式创新。然而，在兼任董事维度过度的相似性，会因高管与董事的过度重叠，为新创企业带来公司治理问题，弱化董事监督职能，使得商业模式创新缺乏非高管董事应有的咨询与建议，降低商业模式创新的新颖性。

在多个维度整合方面，高管团队内部社会网络联结会对新颖型商业模式创新产生重要影响。当高管团队内部形成高强度的社会网络联结时，因社会相似性而带来的心理认同增强，有助于塑造高管团队的行为整合。高度行为整合的高管团队，通过高质量的信息交换，能够更好地获取来自顾客端的需求信息，不断提升捕捉包括顾客在内的利益相关者需求变化的信息搜寻能力（Carmeli and Schaubroeck，2006）；同时，信息的充裕度与多样性则有助于新创企业对利益相关者需求的不确定性变化形成判断，为商业模式调整做出预先准备。在高质量信息交换基础上，高度行为整合的高管团队才能够围绕充足信息进行集体决策，并引发合作行为，立足信息覆盖的整体层面而非局部层面进行商业模式布局。具有系统性与整体性特征的商业模式对高管团队行为整合形成更强的依赖，其通过提升商业模式与利益相关者的匹配性，来突破既有"成本—价值"的整体框架（杨俊等，2020），实现新颖型商业模式创新。

　　整合信息认知维度（教育背景、行业经验）与角色身份维度（创业元老、兼任董事）所建立的高管团队内部社会网络联结，以多维相似性诱发高管团队高度的行为整合，有助于提高新创企业在重大事件上进行战略决策并实施战略行动的效率。高管团队内部社会网络联结所带来的决策与行动效率提高，集中反映在商业模式创新这一影响新创企业成长的重要事件上。一方面，身处成长初期的新创企业，往往面对着高度的不确定性，急需快速进行商业模式创新设计，以帮助新创企业克服成长初期的高失败率风险，这就对高管团队决策效率提出更高的要求（Snihur et al.，2018）。另一方面，当高管团队借助内部社会网络联结引发的高效率决策与一致性行动时，需要借助商业模式创新这一战略行动载体，使其战略制定与实施效率得以体现，并通过商业模式创新效果，提升新创企业绩效。

　　综合上述数据可以看出，内部社会网络联结这一描述高管成员社会网络特征的重要指标同样作用于商业模式创新的新颖性，即内部社会网络联结水平越高意味着高管团队的人际互动频率越高，团队成员之间的情感越亲密，互惠水平越高，高管个体越能够获得支持、帮助与创新灵感，这对高管团队设计更具新颖性的商业模式是有利的。更细致的分析则可以看出行业经验维度内部联结通过降低高管团队内部的情感冲突水平，以及兼任董事维度内部联结通过提升企业管理层整体风险承担能力，在商业模式创新决策过程中发挥的作用会更显著。

6.3.2　高管团队外部社会网络与商业模式创新

　　高管团队经由外部任职所形成的社会网络主要由两部分组成：一是高管人员借助先前工作经历所积累的网络关系与网络资源；二是高管人员通过在当前的工作岗位之外的外部任职所获得的关系网络。无论是先前工作中的"曾任职"还是当前工作中的"现任职"，每一个任职单位都成为高管人员外部社会网络中的重要节点，成为向高管人员输送关系资源，提供关键信息的渠道与载体。

　　那么应该如何刻画高管团队的外部社会网络？遵循上述两种思路，我们统计了新三板企业中每一家企业高管团队曾任职情况，将高管人员曾经工作的单位数量累计求和，得到高管团队的先前社会网络规模。那些曾经在多个单位工作过的高管往往具有大规模的社会网络，尽管这一网络并没有刻画出高管人员的人际关系网络，但能够描绘出以企业为节点的组织间网络。高管人员经由组织间网络所获取的组织知识，有利于解释高管团队如何将先前工作单位的组织知识用于创业过程中的商业模式创新设计。

　　从已有研究可知，高管通过先前工作经历所积累的社会网络可能通过两种机制对企业商业模式决策产生影响：第一，基于社会网络理论，高管的先前工作经历能够将现有企业与更广泛的利益相关者联系起来，包括员工、供应商、投资者与顾客等，企业的利益相关者与社会关系都是通过商业活动构建起来的，并且这种积累起来的社会关系能够转移，因此高管进入新的企业能够将原有的社会关系带入新企业从而成为企业社会资源的重要来源。第二，基于社会认知理论，高管的先前工作经历能够提高其判断力，帮助其获取不易捕捉的机会，一方面，在先前工作经历与现有企业业务相似的情况下，高管先前工作经历越丰富其相关知识体系就越完备，另一方面，先前工作经历还能够通过"干中学"积累高管的识别与开发能力。整体而言高管团队先前工作经历越丰富其认知网络就越广泛，这也成为企业商业模式决策的重要影响因素。

进一步地，我们采用二阶聚类方法对高管团队曾经工作的单位数量进行聚类分析，将 969 家新三板 IT 企业划分为三组：第一组为小规模社会网络组，企业数量为 384 家，占比 39.6%；第二组为中等规模社会网络组，企业数量为 423 家，占比 43.7%；第三组为大规模社会网络组，企业数量为 162 家，占比 16.7%。上述分组在商业模式效率维度（F=5.950，P=0.003）和新颖维度（F=2.332，P=0.098）上均表现出显著差异，如图 6-10 所示。具体而言，从商业模式效率维度来看，大规模社会网络组的高管团队，其商业模式在效率维度的平均分值最高为 0.455，显著高于中等规模社会网络组高管团队的 0.426，以及小规模社会网络组高管团队的 0.402。从商业模式新颖维度来看，结论与效率维度相似，即大规模社会网络组的高管团队，其商业模式在新颖维度的平均分值最高为 0.388，显著高于中等规模社会网络组的 0.374，以及小规模社会网络组的 0.364。

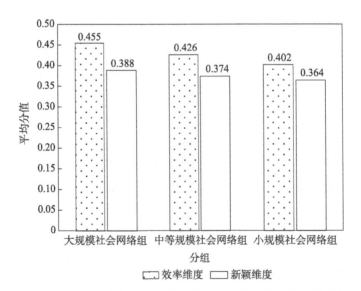

图 6-10　新三板 IT 企业高管团队先前工作经历社会网络与商业模式创新差异

这一数据结果表明，高管团队先前工作经历社会网络越广泛，越有利于新创企业沿着效率和新颖维度开展商业模式创新。曾经在多个单位工作赋予个体与更多的单位、个人交流的机会，这些组织或个人都成为个体的智囊团，为个体创立新企业提供创业机会与创业构想，也为个体成为新创企业高管人员进行商业模式创新设计提供知识与经验。同时，在多个单位工作也使高管人员积累了丰富的人脉资源，使得高管人员在后续从事工作时更容易获取有利于商业模式创新的资源，也更容易捕捉有利于商业模式创新的机会。因此，具备丰富先前工作经历高管团队的新三板企业，其商业模式的效率与新颖水平都更高。

我们没有在新三板制造业企业样本中发现高管团队曾经工作单位数量与商业模式两个维度创新之间的相关关系，也未找到基于高管团队曾经工作单位数量所进行的分组在商业模式效率与新颖维度创新表现出显著差异的证据。

6.3.3　董事会外部社会网络与商业模式创新

董事会作为股东利益的代理人，在企业中同时扮演着咨询者和监督者职责。从咨询者角度来看，董事会以其所具有的独特知识为企业的战略决策与管理提供咨询建议；从监督者角度来看，董事会作为股东利益的代表对管理层实施监督。在传统的公司治理研究中，董事会往往作为内部治理结构的关键环节，聚焦于公司内部的委托代理问题。然而，随着公司出于战略目的派遣董事赴其他公司兼任董事职务，或由于董事个人原因出任多家公司董事，经由董事会成员的对外董事任职构建了公司以董事联结为主要构成的社会网络。从关系多元性观点来看，董事会是公司其他外部关系形成的源泉之一。

与高管团队对外任职社会网络相类似，董事会也因其成员曾经在其他单位任职，而嵌入于其所构建的社会网络中。同时也因董事在其他企业兼任董事形成连锁董事，或兼任其他管理职务，形成以董事外部任职为关系链的社会网络。

1. 董事会先前工作经历社会网络

对于董事会先前工作经历社会网络，我们通过计算新三板企业董事会成员先前工作单位数量，来刻画社会网络规模。采用二阶聚类方法将新三板 IT 企业划分为三组：第一组为小规模社会网络组，企业数量为 520 家，占比 53.7%；第二组为中等规模社会网络组，企业数量为 386 家，占比 39.8%；第三组为大规模社会网络组，企业数量为 63 家，占比 6.5%。

上述分组在商业模式效率维度（$F=6.591$，$P=0.001$）和新颖维度（$F=2.632$，$P=0.072$）上均表现出显著差异，如图 6-11 所示。具体而言，从商业模式新颖维度来看，大规模社会网络组商业模式在新颖维度的平均分值最高为 0.444，高于中等规模社会网络组的 0.443 和小规模社会网络组的 0.403。从商业模式效率维度来看，结论与新颖维度相似，即大规模社会网络组商业模式在效率维度的平均分值最高为 0.390，高于中等规模社会网络组的 0.381 和小规模社会网络组的 0.365。

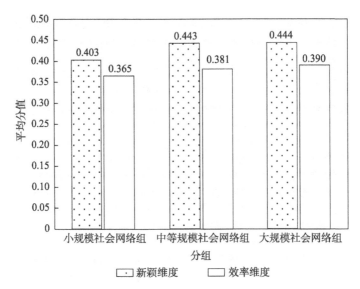

图 6-11 新三板 IT 企业董事会先前社会关系网络与商业模式创新差异

这一数据结果与高管团队先前工作经历社会网络的结果类似,进一步验证了之前做出的判断,即董事会先前工作经历社会网络越广泛,越能够帮助企业获取有利于商业模式创新的资源,同时更容易捕捉有利于商业模式创新的机会,使得具备丰富先前工作经历董事会的新三板企业商业模式的效率与新颖水平都更高。结合基于董事会先前工作经历社会网络分组在企业创新指标上的差异,在高管团队作为商业模式设计主体的基础上,董事会往往承担企业战略决策的重要职责,对于往往以创新战略为主导的新三板 IT 企业而言,董事会先前工作经历社会网络所产生的资源与认知机制更直接地作用于企业的创新战略决策,使得具有大规模社会网络董事会的企业在一系列创新指标上表现出更明显的优势。

2. 董事会当前外部任职社会网络

已有研究对于董事会外部任职的解释,主要呈现出正负两种效应。一类研究着重探讨董事会外部任职所产生的积极效应,对由于董事会成员对外担任董事职务所形成的连锁董事网络给予更多的关注,重点挖掘连锁董事网络对企业战略结果或绩效指标的积极作用。但由于连锁董事网络囊括通过董事同时在一个或多个董事会任职而建立起来的直接和间接的联结集合,因而此类研究更关注网络整体,基于网络的结构性特征挖掘网络对各类型参与者的影响,而不是立足于派遣董事构建连锁董事网络的焦点企业,难以将对外董事任职作为一种诱发其他组织间关系的战略手段。另一类研究关注董事会外部任职所产生的消极影响,即外部任职所带来的"繁忙"如何阻碍董事会职责的行使,从而对企业战略结果产生负面影响。此类研究提出"繁忙董事"的构念,但过于强调外部任职的负面作用,忽视了其蕴含的外部信息与知识、潜在机会联结等积极效应。

本书着重分析董事外部任职对新创企业商业模式创新的影响，意在回答具有独特性的新创企业董事会将董事成员派到其他企业担任职务的战略行为，是否会影响新创企业的商业模式创新。

我们发现，基于董事对外兼任企业数量所进行的分组，在新颖维度商业模式创新上表现出显著差异（$F=2.687$，$P=0.069$），如图 6-12 所示。具体而言，大规模社会网络组的企业在商业模式新颖维度表现最好，其新颖维度平均得分为 0.351，显著高于小规模社会网络组的 0.319 和中等规模社会网络组的 0.301。基于董事会对外担任董事比例和企业数量做进行的分组，在商业模式新颖维度的创新上表现出显著差异（$F=2.558$，$P=0.079$）。具体而言，强连锁关系组的企业在商业模式新颖维度表现最好，其新颖维度平均得分为 0.362，显著高于弱连锁关系组的 0.318 和较强连锁关系组的 0.301。我们没有发现这一分组在商业模式效率维度呈现显著差异的证据（$F=0.719$，$P=0.488$）。

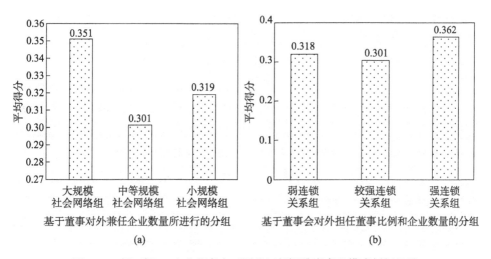

图 6-12　新三板 IT 企业董事会不同分组新颖维度商业模式创新差异

这一数据结果表明，当新创企业董事会成员更多地通过外部任职获得与其他企业的联系时，通过外部任职或连锁董事网络所形成的联结为企业引入新参与者且经由多类型联结获取多元化信息与知识，增强新创企业设计新颖型商业模式的要素投入，更有利于新创企业获得商业模式的新颖优势。一方面，董事会作为战略决策者，更多地参与企业的战略决策与制定过程，时刻掌握企业在哪些价值活动上存在外部需求，需要通过引入新参与者来更好地开展价值共创活动。当董事会中有更多的董事成员对外兼任董事时，他们可以借助这种任职机会尽可能多地了解可能成为潜在参与者的其他企业，将潜在的伙伴变成现实的商业模式参与者。

另一方面，当新创企业有更多的董事会成员在其他企业担任职务，特别是担任董事职务时，由于对企业战略决策过程的参与，这些董事往往能够获取关于其他企业资源现状以及市场资源供给等方面的信息，这就为新创企业提供了外部潜在伙伴的资源信息，这些资源信息成为新创企业筛选联盟伙伴的"信息库"；同时通过匹配潜在伙伴的资源供给与新创企业的资源需求，为新创企业设计与潜在伙伴的资源共享方式与激励安排提供决策依据。鉴于此，董事会对外董事任职借助活动匹配与信息走廊的作用，将外部的价值活动资源信息传递至新创企业，为新创企业匹配自身资源与活动，从而为开展新颖型商业模式创新提供基础。

6.3.4　董事会和高管团队层面群体断裂带与商业模式创新

1. 董事会层面群体断裂带

基于董事会信息认知断裂带强度分值所进行的分组，在新三板 IT 企业效率维度的商业模式创新（$F=2.833$，$P=0.059$）上呈现出显著差异，但并没有找到在新颖维度（$F=0.615$，$P=0.541$）上表现出显著差异的证据。从效率维度来看，董事会断裂带处于高强度的企业在效率维度上具有最好的表现，其效率维度商业模式创新平均分值为 0.432，高于中强度断裂带组的 0.416 和低强度断裂带组的 0.384。

这一分组在新三板制造业企业效率维度商业模式创新上也表现出显著差异（$F=2.373$，$P=0.094$），但显著差异的结果与 IT 企业相异。具体而言，董事会中包含低强度断裂带组的企业，其在商业模式效率维度上表现最好，效率维度平均分值为 0.503，高于高强度断裂带组的 0.484 和中强度断裂带组的 0.460。

尽管 IT 行业与制造业行业数据结果存在差异，但影响都集中于效率维度，这也符合前述董事会决策的基本逻辑，董事会整体决策目标围绕商业模式的效率维度展开，意味着战略目标与战略方向已经基本确定，此时搜寻有助于解决问题信息的重要性显著提升，具体到两个行业而言，IT 行业董事会信息认知断裂带越强，效率维度商业模式创新水平越高。这主要是由于 IT 行业参与者众多，需要针对不同的参与者设计不同的交易关系，对信息多样的需求更高，因此高强度断裂带激发新构思产生了积极作用。制造业行业董事会信息认知断裂带越低，效率维度商业模式创新水平越高。这主要是由于制造业是传统行业，决策效率尤为重要，因此低强度断裂带在执行层面中产生了积极作用。

2. 高管团队层面群体断裂带

基于高管团队信息认知断裂带强度分值所进行的分组，在新三板 IT 企业效率维度（$T=1.759$，$P=0.079$）和新颖维度（$T=1.931$，$P=0.054$）的商业模式创新上呈现出显著差异。从效率维度来看，高强度断裂带组企业在商业模式效率维度表现较好,其效率维度商业模式创新平均分值为 0.429,高于低强度断裂带组的 0.409。从新颖维度来看，高强度断裂带组企业在商业模式新颖维度表现也最好，其新颖维度商业模式创新平均分值为 0.379，高于低强度断裂带组的 0.364。我们没有发现高管团队基于社会分类断裂带强度分值所进行的分组在商业模式效率或新颖维度分值的显著差异。

这一数据结果进一步验证了信息决策过程的基本逻辑，即高管团队在进行商业模式设计时，更强调多样信息与思维柔性的贡献，此时社会分类所导致的人际冲突和歧视作用机制难以激活，因此断裂带对商业模式创新两个维度的贡献都得到进一步凸显。

第 7 章

商业模式创新与组织间网络演化

商业模式的调整将通过组织间网络架构的演化，驱动新创企业逐步扭转劣势，提升权力优势以增强企业商业模式价值获取的能力。遵循"权力逻辑"的资源依赖理论强调企业建立组织间网络可能面临着成本的付出，而成本的优化来自两条路径：一是非对称依赖的降低，二是联合依赖的增强。这意味着，组织间网络的形成塑造了新创企业的依赖结构，使它不得不依赖于外部环境与资源提供者。但同时，新创企业又可以通过商业模式创新，改变其在所嵌入的组织间网络的结构及其在网络中的地位，推动组织间网络的演化。因此，本章将主要围绕新创企业如何利用商业模式创新吸引机构投资者，从而推动机构投资者网络的变化；围绕如何借助商业模式创新驱动客户网络与供应商网络在网络规模和网络内容方面的演化，塑造新创企业的网络优势。

7.1 商业模式与既往业绩双重影响下的机构投资者决策

机构投资者出于什么样的考虑而选择新三板企业进行投资？对这一问题的回答有助于指导新三板企业的融资实践，帮助新三板企业为提高融资能力与融资水平做好充分的准备。通过梳理西方学者的研究发现，机构投资者在选择企业进行投资时他们的投资模式经历了四个阶段的变化过程，第一阶段主要通过技术手段获取投资收益，投资模式的重点是判断被投企业股票趋势。第二阶段主要通过控制证券价格获取投资收益，投资模式的重点是利用资金优势操控市场价格。第三阶段主要通过发现价值被低估的股票获取投资收益，投资模式的重点是价值发现、赚取套利。第四阶段主要通过提升被投企业绩效获取价值收益，投资模式的重点是参与公司治理以改善企业经营管理水平。对于新三板企业而言，新三板市场定位是中小微企业与产业资本的服务媒介，主要是为企业发展、资本投入与退出服务，不是以交易为主要目的，由此可知机构投资者投资新三板企业主要着眼于参与公司治理以改善企业经营管理水平，这与机构投资者投资主板上市企业的核心逻辑存在较大差异，这一基本判断是对新三板企业吸引机构投资者的影响因素进行分析的基本前提。

近年来，在价值投资视角下什么样的企业更能够吸引机构投资者成为人们越来越关注的问题，综合已有研究，可以将上市公司吸引机构投资者的因素归纳为公司治理质量、流动性和公司业绩三个方面。然而，新三板上市企业与主板上市企业在吸引机构投资者方面存在差异。首先，就公司治理质量而言，我国对申请新三板上市的挂牌条件在公司治理方面要求是"公司治理健全，合法规范经营"，很多企业是在准备登录新三板时才在专业机构的指导下进行股权改革，明晰公司的股权结构和高层职责，因此机构投资者投资新三板企业不会把公司治理质量作为重要的考虑因素。其次，就流动性而言，新三板定位为中小微企业与产业资本的服务媒介，主要是为企业发展、资本投入与退出服务，不是以交易为主要目的，这就使得投入新三板公司的资金在短期内不可能收回，即便收回，投资回报率也不会太高，因此对新三板公司的投资更适合以价值投资的方式，同时也就使得机构投资者投资新三板企业不会把流动性作为重要的考虑因素。

综上可知，对于新三板企业而言，公司业绩成为吸引机构投资者的主要因素之一。在此基础上，由于《国务院关于全国中小企业股份转让系统有关问题的决定》明确了全国股份转让系统的定位主要是为创新型、创业型、成长型中小微企业发展服务，这类企业普遍规模较小，甚至可能暂时没有形成稳定的盈利模式，此时创新能力尤其是商业模式创新水平自然成为机构投资者考察新三板企业的另一重要因素。因此在本节中，我们将从商业模式创新和既往业绩表现两个方面分析新三板企业吸引机构投资者的影响因素，以求揭示机构投资者更可能投向商业模式创新程度高的企业还是过去业绩表现良好的企业。

7.1.1　商业模式创新对新三板企业吸引机构投资者的影响

商业模式是一种聚焦于跨组织边界交易关系的组织设计，其核心在于对交易关系的内容、结构与治理做出安排。这种组织设计，一方面反映在商业模式的基础架构上，表现为由价值定位、价值创造、价值获取等模块组成的结构属性（Morris et al.，2005）；另一方面反映在商业模式的价值属性上，展示出在效率、新颖、锁定、互补等维度上的价值特征（Amit and Zott，2001）。

根据商业模式在效率和新颖维度的不同表现，我们将 917 家企业划分为三类：第一类是高度创新企业（效率维度或新颖维度得分大于或等于 0.5），这类企业做出了最高程度的商业模式创新，或表现为系统性效率的提高，或表现为商业模式整体的新颖性；第二类是适度创新企业（效率维度或新颖维度得分 0.25~0.5），这类企业在商业模式方面做出了一定程度的创新，可能是一个效率要素的改进，或一个新产品的推出、一个新参与者的引入，但其创新程度较弱，易于被行业内其他企业模仿；第三类是低度创新企业（效率维度或新颖维度得分小于 0.25），这类企业几乎没有在商业模式上开展创新，因而与行业内其他企业没有差异。

在新三板 IT 企业样本中，股权结构中机构投资者占比与商业模式在效率维度（相关系数为 0.211，P=0.000）和新颖维度（相关系数为 0.165，P=0.000）的得分呈正相关关系。基于商业模式创新在效率（F=18.437，P=0.000）和新颖维度（F=7.293，P=0.000）的得分进行的分组，也在机构投资者占比上呈现出显著差异，如图 7-1 所示。

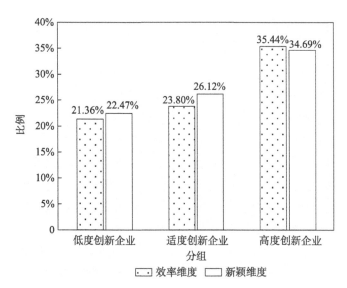

图 7-1　新三板 IT 企业效率维度、新颖维度商业模式创新与机构投资者比例差异

在商业模式的效率维度和新颖维度上，都呈现出随着创新程度的提高，机构投资者在股权结构中所占比例提高的趋势。具体而言，在商业模式效率维度上，高度创新企业的机构投资者比例最高为 35.44%，显著高于适度创新企业的 23.80% 和低度创新企业的 21.36%。在新颖维度上，高度创新企业的机构投资者比例最高为 34.69%，显著高于适度创新企业的 26.12% 和低度创新企业的 22.47%。这说明，机构投资者更加看重在效率和新颖维度上能够设计出高度创新的商业模式的企业，以此作为其投资的主要方向。同时，对于 IT 企业而言，无论其商业模式是在效率维度还是新颖维度做出创新，对机构投资者而言都具有吸引力。我们对评价企业商业模式新颖与效率维度的题项进行具体分析能够看得更加清楚：就新颖维度而言，评价题项包括"商业模式为参与者提供了新的交易激励"，我国的电商平台拼多多就是最好的例证，它最初通过推动朋友之间的转发拼购提出"社交购物"的概念，正是通过为参与者提供了新的交易激励快速推动了业务的发展；就效率维度而言，评价题项包括"作为交易一部分，参与者之间共享有关彼此的其他信

息"，这在我国的网约车平台发展中体现得尤其充分，司机与乘客都是通过共享有关彼此的信息极大提升了交易效率。由此可以看出，对于 IT 企业而言，效率维度与新颖维度的提升都是吸引机构投资者的重要因素。

在新三板制造业企业样本中，机构投资者占比与商业模式在新颖维度（相关系数为 0.104，$P=0.027$）的得分呈正相关关系，但与效率维度（相关系数为 0.009，$P=0.847$）得分无相关关系。基于商业模式创新在新颖维度得分（$F=2.832$，$P=0.060$）的分组，在机构投资者占比上呈现出显著差异，当制造业企业在新颖维度做出高度创新时，能够吸引最多的机构投资者进行投资，其机构投资者占比平均值为 24.7%，高于其他两组，特别是显著高于低度创新企业的 17.8%。但基于效率维度（$F=1.459$，$P=0.233$）的分组却不存在机构投资者占比差异，也就是说在制造业企业中效率维度的创新并不是吸引机构投资者的重要因素。这主要源于制造业行业特殊性，效率水平本来就是制造业企业的生命线，效率不能达到基本水准的制造业企业在市场上很难生存，但是仅仅拥有效率也无法使其获得足够的竞争优势，因此机构投资者在选择制造业企业作为被投企业时更看重其新颖维度的创新。

7.1.2　商业模式创新平衡与机构投资者占比差异

企业在效率维度和新颖维度的创新并非非此即彼的选择，这两种创新的商业模式设计反映出组织设计的双元方向，因而是可以并存于企业家脑海中的创新思维。这意味着，企业可以同时追求效率和新颖维度的创新，也可以侧重某一维度的创新。为此，我们在 CPSED Ⅱ 数据库中分析了企业在商业模式两个维度的创新情况，以呈现企业聚焦单一维度的创新还是两个维度的创新。

从效率维度来看，在 955 家新三板 IT 企业中，有 281 家进行了高度创新（效率维度得分大于等于 0.5），占比 29.4%；有 614 家企业进行了适度创新（效率维度得分大于 0.25 且小于 0.5），占比 64.3%。在 706 家新三板制造业企业中，有 370 家企业做出了高度创新（效率维度得分大于等于 0.5），占比 52.4%；有 331 家企业进行了适度创新（效率维度得分大于 0.25 且小于 0.5），占比 46.9%。从新颖维度来看，在新三板 IT 企业中，有 152 家进行了高度创新（新颖维度得分大于等于 0.5），占比 15.9%；有 713 家企业进行了适度创新（新颖维度得分大于 0.25 且小于 0.5），占比 74.7%。在 706 家新三板制造业企业中，有 84 家企业做出了高度创新（新颖维度得分大于等于 0.5），占比 11.9%；有 486 家企业进行了适度创新（新颖维度得分大于 0.25 且小于 0.5），占比 68.8%。比较两个行业的样本，IT 企业则在新颖维度做出较多的商业模式创新，达到适度创新以上水平的企业占比约 90%，而制造业企业超过 80%。制造业企业更多地在效率维度展开商业模式创新，其无论在高度创新还是适度创新水平上，均比 IT 企业呈现出更高的创新企业数量占比。

整合效率维度与新颖维度的商业模式创新，我们可以将进行了商业模式创新的企业划分为四组：第一组是低水平平衡组（企业在效率与新颖维度同时做出适度创新），第二组是高水平平衡组（企业在效率与新颖维度同时做出高度创新），第三组是效率主导组（企业仅在效率维度做出高度创新），第四组是新颖主导组（企业仅在新颖维度做出高度创新）。

在新三板 IT 企业样本中，基于这一分组，不同平衡路径的商业模式创新在机构投资者占比方面表现出显著差异（$F=10.924$，$P=0.000$），如图 7-2 所示。具体来看，首先是机构投资者占比最高的是高水平平衡组，机构投资者占比平均值为 37.61%；其次是效率主导组，机构投资者占比平均值为 34.71%；再次是新颖主导组，机构投资者占比平均值为 28.21%；最后是低水平平衡组，机构投资者占比平均值为 23.83%。从这一结果来看，机构投资者对于在效率与新颖维度都表现出高度创新的企业最为关注，投资信心更强，因而更倾向于做出投资决策，而不是仅关注效率或新颖的单一维度。在两个维度同时开展商业模式创新，但仅能做到适度创新的企业，不如在单一维度上做出高度创新的企业，更能够吸引机构投资者。这也反映出机构投资者的投资取向，即对于创新程度高的商业模式更为青睐，其隐含假设在于高度创新能够在市场上吸引客户，增强市场影响力，实现快速成长。这也进一步加强了前文的结论，即对于 IT 企业而言，效率维度与新颖维度的提升都是吸引机构投资者的重要因素，两个维度同时达到高水平创新的企业是机构投资者最理想的投资对象，而单一维度的高水平创业则是机构投资者的次优选择。

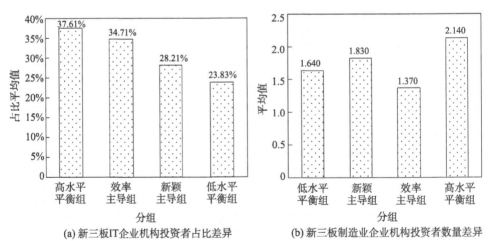

(a) 新三板IT企业机构投资者占比差异　　(b) 新三板制造业企业机构投资者数量差异

图 7-2　商业模式平衡创新分组下新三板 IT 企业机构投资者占比差异、
新三板制造业企业机构投资者数量差异

在新三板制造业企业样本中，不同平衡路径的商业模式创新在机构投资者数量方面表现出显著差异（$F=2.469$，$P=0.061$）。具体来看，首先是能够吸引最多的机构投资者的是高水平平衡组，机构投资者数量平均值为 2.140；其次是新颖主导组，机构投资者数量平均值为 1.830；再次是低水平平衡组，机构投资者数量平均值为 1.640；最后是效率主导组，机构投资者数量平均值为 1.370。与 IT 企业相似的是，机构投资者最关注在效率维度与新颖维度都做出高度创新的企业，他们更倾向于对此类企业进行投资。不同的是，对于制造业企业而言，相较效率主导和新颖主导的商业模式平衡创新路径，机构投资者更关注新颖主导而非效率主导，因为效率维度理应是制造业企业关注的要素，企业应着力在打通上下游链条、增进参与者之间联系方面做出努力，因而在引入新颖要素方面的新颖维度商业模式创新更能吸引机构投资者。

综合比较 IT 行业与制造业在效率和新颖维度的商业模式创新平衡路径差异所带来的机构投资者投资差异，我们发现不同行业中机构投资者投资决策标准一致，均遵循优中选优策略，即青睐在效率维度和新颖维度均保持高度创新的高水平平衡创新。然而，由于机构投资者认为效率是制造业企业理应实现的商业模式基本属性，而新颖才是能够帮助企业获取竞争优势的关键，因此尽管效率维度与新颖维度的提升都是吸引机构投资者的重要因素，两个维度同时达到高水平创新的企业是机构投资者最理想的投资对象，但新颖维度的高水平创新是机构投资者对制造业企业的次优选择，而对于 IT 企业而言，效率维度的商业模式创新是机构投资者的次优选择。

7.1.3　既往业绩表现对新三板企业吸引机构投资者的影响

如前文所述，机构投资者会选择既往业绩好的企业进行投资，也就是说新三板企业股权结构中的机构投资者占比与新三板企业过去的业绩表现存在紧密的关系。但是，从新三板的准入条件上看并无财务门槛，申请挂牌的公司可以没有盈利，因此从规模上看新三板企业普遍规模较小，从盈利能力上看可能尚未形成稳定的盈利模式。那么机构投资者会更看重哪些既往业绩指标呢？在资产规模、收入规模、资产负债率、净利润、资产收益率等不同类别的业绩指标中会如何选择？在这一节中，我们将分析新三板企业在挂牌前的业绩表现对其吸引机构投资者行为的影响。

1. 资产与负债

在上市公司吸引机构投资者的三类主要因素——公司治理质量、流动性和公司业绩中，资产与负债最能够直接反映公司业绩，也体现出公司当下的经营状况。关注公司资产与负债的机构投资者更具有聚焦当下的理性思维，基于公司当前所能够做的、能够实现的来判断投资价值。在新三板 IT 企业样本中，数据显示机构投资者持股比例与 IT 企业挂牌前两年的总资产（相关系数为 0.161，$P=0.000$）、资产负债率（相关系数为 0.096，$P=0.003$）呈正相关关系，与挂牌前一年的总资产（相关系数为 0.207，*P*=0.000）呈正相关关系。基于总资产、资产负债率的分组，在机构投资者比例上呈现出显著差异，如图 7-3 所示。

从总资产来看，总资产反映的是企业规模，通常而言企业资产总量越大则意味着投资安全性水平越高，我们根据新三板挂牌企业在过去两年和过去一年的总资产状况对 917 家企业进行分组，划分为低资产组（总资产规模小于等于 0.5 亿元）、中资产组（总资产规模 0.5 亿~1 亿元）和高资产组（总资产规模大于等于 1 亿元）。对于挂牌前两年总资产而言，高资产组所吸引的机构投资者最多，其在挂牌企业股权结构中的占比平均值为 37.51%，显著高于中资产组的 30.40% 和低资产组的 24.70%，但中低资产组之间的差异不显著。对于挂牌前一年总资产而言，同样是高资产组所吸引的机构投资者最多，其在挂牌企业股权结构中的占比平均值为 38.85%，显著高于中资产组的 32.50%，也显著高于低资产组的 22.24%，三个组之间的差异均显著，由此说明机构投资者在投资新三板企业时会将企业规模作为重要的考虑因素，数据的相关性也验证了总资产是机构投资者所关注的与"当下"相关的公司业绩指标。

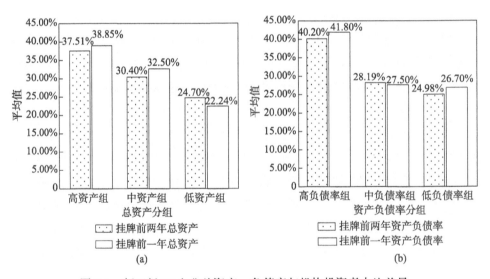

图 7-3　新三板 IT 企业总资产、负债率与机构投资者占比差异

从资产负债率来看，资产负债率是总资产与总负债的百分比，资产负债率与企业的长期偿债能力一般呈正相关关系，在财务比率分析中被认为是企业的长期偿债能力，因此资产负债率越大也意味着偿债能力越强。根据新三板挂牌企业在挂牌前两年和挂牌前一年的资产负债率状况将 917 家企业划分为三组，分别为低负债率组（资产负债率小于等于 44%）、中负债率组（资产负债率 44%~100%）、高负债率组（资产负债率大于等于 100%）。对于挂牌前两年资产负债率而言，高负债率组所吸引的机构投资者最多，其在股权结构中所占比例为 40.20%，显著高于

中负债率组的 28.19% 和低负债率组的 24.98%。由此说明机构投资者在投资新三板企业时会将偿债能力作为重要的考虑因素，数据的相关性也验证了资产负债率是机构投资者所关注的公司业绩指标。当新创企业通过融资、举债的方式获取资金以谋求高成长时，良好的资产负债状况有助于降低企业的经营风险，这与注重企业"当下"经营状况，不希望用冒险的方式经营的机构投资者需求相匹配。但我们没有发现依据挂牌前一年资产负债率分组的企业在机构投资者占比差异方面的证据。

相较之下，我们在制造业样本中发现了相似的研究结论。在新三板制造业样本中，机构投资者占比与制造业企业挂牌前两年总资产（相关系数为 0.195，$P=0.000$）呈正相关关系，与挂牌前一年总资产（相关系数为 0.216，$P=0.000$）（相关系数为 0.146，$P=0.000$）也呈正相关关系。我们采用与 IT 企业样本相同的分组方式，基于总资产、资产负债率的分组，在机构投资者占比上呈现出显著差异，如图 7-4 所示。

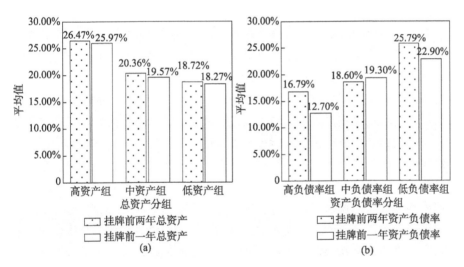

图 7-4　新三板制造业企业总资产、负债率与机构投资者占比差异

从总资产来看，对于挂牌前两年总资产而言，高资产组所吸引的机构投资者最多，其在制造业企业股权结构中的占比平均值为 26.47%，显著高于中资产组的 20.36% 和低资产组的 18.72%。对于挂牌前一年总资产而言，同样是高资产组所吸引的机构投资者最多，其在制造业企业股权结构中的占比平均值为 25.97%，显著高于中资产组的 19.57%，也显著高于低资产组的 18.27%，三个组之间的差异均显著，由此说明机构投资者在投资制造业企业时同样会将企业规模作为重要的考虑因素，数据的相关性也验证了总资产是机构投资者所关注的"当下"公司业绩指标。

从资产负债率来看，对于挂牌前两年资产负债率而言，低负债率组所吸引的机构投资者最多,其在股权结构中的占比为 25.79%,显著高于中负债率组的 18.60% 和高负债率组的 16.79%。这一结果与 IT 企业呈现出极大的差异,但仔细分析以后可以推测,一方面,制造业企业往往比 IT 企业规模更大,同时制造业企业的规模经济效应相对 IT 企业更加显著,因此机构投资者会将制造业企业的规模视为重要的投资决策指标。另一方面,对于平均规模较大的制造业企业而言,如果进一步表现出相对较高的资产负债率,则表明企业的负债水平也达到很高的水平。而且,制造业企业高负债往往带来过高的固定资产投资,这会增强制造业企业的退出障碍,使得企业风险急剧升高,而资产负债率所表现出的偿债能力效应会急剧下降。由此说明机构投资者在投资制造业企业时会将企业负债作为重要的考虑因素,数据的相关性也进一步论证了资产负债率是机构投资者所关注的重要指标。但我们没有发现依据挂牌前一年资产负债率分组的企业,在机构投资者占比差异方面的证据。

进一步地,将挂牌企业总资产与资产负债率结合起来看,两个因素对机构投资者占比产生了交互作用(交互项 F 值为 2.206,$P=0.086$)。具体而言,就挂牌前一年总资产与负债率来看,高资产、中负债率组机构投资者占比最高,平均值为 41.72%;低资产、中负债组机构投资者占比最低,平均值为 20.37%。这说明,机构投资者在选择新三板企业进行投资时,会同时考虑企业的资产与负债情况,对于拥有较高的总资产规模与中等水平负债的企业更为青睐,可能的原因是:机构投资者看重企业高总资产规模反映出的是资金实力,而企业的资产负债率既是衡量企业偿债能力的重要指标,同时也是投资风险的指标,因为过高的债务表示更高的风险(资产负债率大于 1 则说明企业资不抵债)。因此,将企业的总资产与资产负债率两项指标结合起来看进一步论证了机构投资者聚焦"当下"的理性判断,即机构投资者重视新三板企业总资产与资产负债率所代表的规模与偿债能力,同时也会关注资产负债率所代表的企业风险。我们没有发现企业挂牌前两年总资产与资产负债率交互影响企业机构投资者占比的证据,这是由于机构投资者对"当下"的判断来源于与投资决策时间点最近的数据,而距离"当下"较远的数据参考性较差。

将制造业企业总资产与负债情况结合起来看,企业挂牌前两年的总资产与资产负债率两个因素对机构投资者占比产生了交互作用(交互项 F 值为 2.382,$P=0.068$)。具体而言,具有高水平总资产和低资产负债率的分组,其机构投资者占比最高,平均值为 27.43%;具有高资产负债率和中等水平总资产的分组,机构投资者占比最低,平均值为 20.37%。

将这一结论与由 IT 企业样本所得出的结论相对比,我们发现,IT 企业中机构投资者更注重资产指标,表现为高资产、中资产负债率组机构投资者占比更高,而制造业投资者则在关注资产指标的同时,要求负债指标保持低水平,表现为高资产、低负债率组机构投资者占比更高，如图 7-5 所示。这说明，IT 行业中机构投资者对新创企业负债容忍率高，接受企业为了获取高成长而进行负债经营，而制造业中机构投资者对新创企业负债容忍率低，这源于制造业企业投资往往涉及固定资产投资，投资收回难度更高，负债经营会加剧经营风险，因而机构投资者对高负债的接受程度更低。

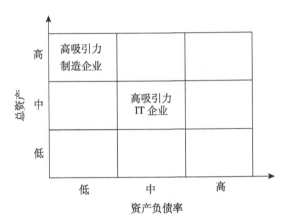

图 7-5　新三板 IT、制造业企业资产与负债组合情况在机构投资者占比上的差异

　　我们还发现，IT 行业中机构投资者认为低资产、中负债率的新创企业吸引力最低，而制造业中机构投资者认为中资产、高负债率的新创企业吸引力最低。这进一步佐证了 IT 行业机构投资者对资产指标的重视，只要资产表现出低水平，对企业的吸引力就降低，而制造业机构投资者则认为高负债率影响企业的发展潜力。制造业企业整体企业规模更大，此时较高负债率所代表的企业债务风险更加显著，因此机构投资者会更为关注负债情况，表现为包含高负债要素的混合作用对机构投资者的入股决策影响较大，而包含低负债要素的混合作用则更能吸引机构投资者入股。

　　2. 收入与利润

　　收入与利润反映了机构投资者所关注的盈利能力指标，也是机构投资者进行投资决策时非常关心的问题，这两个指标反映出的是企业盈利能力，高水平的盈利能力往往是机构投资者所青睐的。在新三板 IT 企业样本中，机构投资者比例与 IT 企业挂牌前两年的营业收入（相关系数为 0.138，$P=0.000$）和净利润（相关系数为 0.066，$P=0.046$）呈正相关关系，与挂牌前一年营业收入（相关系数为 0.109，$P=0.001$）呈正相关关系。基于营业收入的分组，在机构投资者比例上呈现出显著差异，如图 7-6 所示。

　　在新三板 IT 企业样本中，首先，从营业收入来看，根据新三板 IT 企业在挂牌前两年和挂牌前一年营业收入水平对 917 家企业进行分组，划分为低收入组（营业收入小于等于 0.5 亿元）、中收入组（营业收入 0.5 亿~1 亿元）和高收入

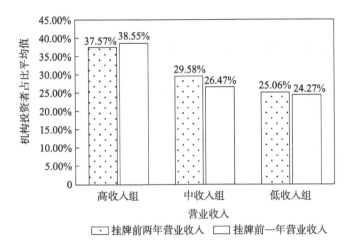

图 7-6 新三板 IT 企业营业收入与机构投资者占比差异

组（营业收入大于等于 1 亿元）。对于挂牌前两年的营业收入而言，高收入组所吸引的机构投资者最多，其在挂牌企业股权结构中的占比平均值为 37.57%，显著高于中收入组的 29.58% 和低收入组的 25.06%。对于挂牌前一年营业收入而言，同样是高收入组所吸引的机构投资者最多，其在挂牌企业股权结构中的占比平均值为 38.55%，显著高于中收入组的 26.47%，也显著高于低收入组的 24.27%。三个组之间的差异均显著，由此说明机构投资者在投资新三板企业时会将企业收入作为重要的考虑因素，数据的相关性也验证了营业收入是机构投资者所关注的盈利能力指标。

其次，从利润来看，根据新三板挂牌企业在挂牌前两年和挂牌前一年的净利润水平将 917 家企业划分为三组，分别为低利润组（净利润小于等于 0）、中利润组（净利润介于 0~0.25）、高利润组（净利润大于等于 0.25）。对于挂牌前两年净利润而言，高利润组所吸引的机构投资者最多，其在股权结构中的占比平均值为 43.26%，显著高于低利润组的 31.50% 和中利润组的 23.96%，如图 7-7 所示。对于挂牌前一年净利润而言，同样是高收入组所吸引的机构投资者最多，其在挂牌企业股权结构中的占比平均值为 42.32%，显著高于低利润组的 35.64% 和中利润组的 23.87%。三个组之间的差异均显著，由此说明机构投资者在投资新三板企业时会将净利润作为重要的考虑因素，数据的相关性也验证了净利润是机构投资者所关注的盈利能力指标。

最后，从单位资产收益状况来看，依据新三板 IT 企业在挂牌前两年和挂牌前一年的资产收益率水平将 917 家企业进行分组，划分为低收益率组（资产收益率小于等于 0）、中收益率组（资产收益率介于 0~0.5）和高收益率组（资产收益率大于等于 0.5）。对于挂牌前两年资产收益率而言，低收益率组所吸引的机构投资者最多，其在挂牌企业股权结构中的占比平均值为 30.25%，显著高于高收益率组

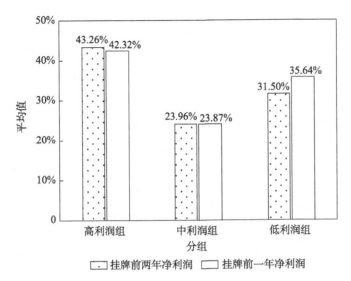

图 7-7　新三板 IT 企业净利润与机构投资者占比差异

的 27.67% 和中收益率组的 24.39%，如图 7-8 所示。对于挂牌前一年资产收益率而言，同样是低收益率组所吸引的机构投资者最多，其在挂牌企业股权结构中的占比平均值为 33.31%，显著高于高收益率组的 28.46% 和中收益率组的 24.39%。综合前文营业收入与净利润的分析可知，机构投资者选择新三板企业主要进行价值投资，即看重的是有潜力与较高盈利预期的商业模式，而对企业当前能够实现的资产收益水平并不在意，反而是预期盈利能力强且当前还没有完全兑现的企业意味着更大的潜力，这样可以在企业挂牌上市后通过资本运作以及企业自身的成长，快速实现资产增值，从而使机构投资者获益。

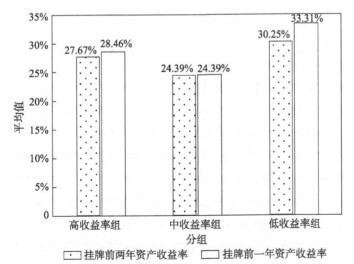

图 7-8　新三板 IT 企业资产收益率与机构投资者占比差异

在新三板制造业企业样本中，我们发现机构投资者占比与制造业企业挂牌前两年营业收入（相关系数为 0.117，$P=0.002$）和资产收益率（相关系数为 0.082，$P=0.032$）呈正相关关系，与挂牌前一年营业收入（相关系数为 0.146，$P=0.000$）呈正相关关系。我们采用与 IT 企业样本相同的分组方式，发现基于营业收入、净利润、资产收益率的分组，在机构投资者占比上呈现出显著差异。

首先，对于新三板制造业企业挂牌前两年的营业收入而言，高收入组所吸引的机构投资者最多，如图 7-9 所示，其在制造业企业股权结构中的占比平均值为 27.47%，显著高于中收入组的 21.72% 和低收入组的 19.53%。对于挂牌前一年营业收入而言，同样是高收入组所吸引的机构投资者最多，其在制造业企业股权结构中的占比平均值为 26.76%，显著高于中收入组的 20.28%，也显著高于低收入组的 19.27%。

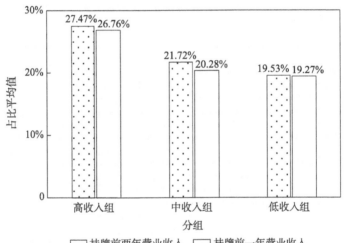

图 7-9　新三板制造业企业营业收入与机构投资者占比差异

其次，对于新三板制造业企业挂牌前两年净利润而言，高利润组所吸引的机构投资者最多，其在制造业企业股权结构中的占比平均值为 30.16%，显著高于低利润组的 22.96% 和中利润组的 18.97%，如图 7-10 所示。对于挂牌前一年净利润而言，同样是高收入组所吸引的机构投资者最多，其在制造业企业股权结构中的占比平均值为 31.02%，显著高于低利润组的 27.42% 和中利润组的 17.33%。营业收入与净利润两项指标在制造业企业样本中得到了与 IT 企业样本类似的结论，三个组之间的差异均显著，数据结论进一步加强了前文所论述的结论，即机构投资者在投资新三板企业时会将企业收入与利润作为重要的考虑因素，数据的相关性也验证了营业收入与利润是机构投资者所关注的盈利能力指标。

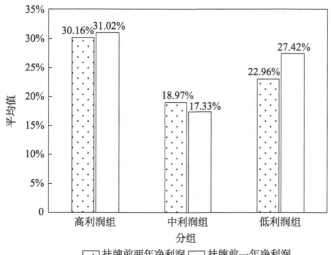

图 7-10　新三板制造业企业净利润与机构投资者占比差异

我们进一步考察了营业收入和净利润的联合作用，发现企业挂牌前一年营业收入与净利润会对机构投资者占比产生交互影响（交互项 F 值为 4.240，P=0.002）。具体而言，低收入、高利润组机构投资者占比平均值最高为 78.33%。这说明，机构投资者不只关注营业收入或净利润指标，而是对两类指标同时关注。机构投资者在选择新三板企业进行投资时，会同时考虑企业的营业收入与净利润情况，对于拥有较高的净利润与较低的营业收入的企业更为青睐，可能的原因是：营业收入尽管也是反映企业盈利能力的指标，但这一指标更多与企业规模相关，也就是说企业规模越大则企业的营业收入越高；净利润同样是反映企业盈利能力的指标，但这一指标更多与企业商业模式相关，也更能反映企业实际的盈利能力，而低收入、高利润组企业意味着自身规模不大但仍达到较高利润水平，由此表现出更强的盈利能力，也进一步论证了机构投资者所关注的盈利能力指标。我们没有发现企业挂牌前两年营业收入与净利润交互影响企业机构投资者占比的证据。新三板 IT、制造业企业收入与利润组合情况在机构投资者占比上的差异如图 7-11 所示。

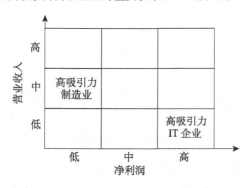

图 7-11　新三板 IT、制造业企业收入与利润组合情况在机构投资者占比上的差异

在新三板制造业样本中，新创企业挂牌前一年营业收入与净利润的分组会对机构投资者占比产生交互影响（交互项 F 值为 2.449，$P=0.045$）。具体而言，中收入、低利润组机构投资者占比平均值最高为 39.09%，其次是高收入、低利润组，机构投资者占比平均值为 35.95%。从这一数据可以看出机构投资者对制造业企业表现出与 IT 企业不一样的偏好，即在同时考虑营业收入与净利润指标时机构投资者更看重营业收入水平，如前文所述，这与营业收入所代表的企业规模有关，即对于制造业企业而言能否具备规模效应是机构投资者对制造业企业投资价值判断的首要考虑因素，在规模达到一定水平的前提下当前的低利润反而表现出未来的增长潜力。我们没有发现企业挂牌前两年营业收入与净利润交互影响企业机构投资者占比的证据。

最后，对于新三板制造业企业挂牌前一年资产收益率而言，随着资产收益率的提高，机构投资者占比呈降低趋势。具体而言，低收益率组所吸引的机构投资者最多，其在制造业企业股权结构中的占比平均值为 28.09%，显著高于中收益率组的 20.15% 和高收益率组的 17.28%，如图 7-12 所示。这一数据表现出与 IT 企业样本类似的特征，也进一步加强了我们在 IT 企业样本中的猜想，即机构投资者看重的是有潜力与较高盈利预期的商业模式，而对企业当前能够实现的资产收益水平并不在意，预期盈利能力强且当前还没有完全兑现的企业意味着更大的潜力，这样可以在企业挂牌上市后通过资本运作以及企业自身的成长，快速实现资产增值，从而使得机构投资者获益。对于新三板制造业企业挂牌前两年的资产收益率而言，与 IT 企业不同的是，制造业企业高收益率组所吸引的机构投资者最多，其在制造业企业股权结构中的占比平均值为 24.50%，高于低收益率组的 22.62% 和中收益率组的 19.44%，但这一组间差异并不显著。

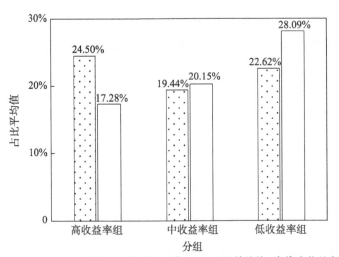

图 7-12 新三板制造业企业资产收益率与机构投资者占比差异

7.2　商业模式影响下的客户网络演化

无论是客户类型还是客户分散程度，上述客户网络特征反映出的是客户网络静态的构成内容，而从动态角度来看，客户变动带来的客户网络变化刻画了客户网络的演化特质。这种演化会带来什么样的绩效结果，是本节着重考察的问题。

7.2.1　客户数量变化

企业在挂牌当年客户网络变化与当年年底业绩指标，如总资产（相关系数为−0.079，$P=0.015$）、净利润（相关系数为−0.088，$P=0.007$）存在显著的负相关关系。这说明，客户网络的大幅波动预示着企业客户群体的不稳定，难以保证企业稳定的、可持续的营业收入，因而会对企业绩效产生负面影响。

我们采用 k 均值聚类方法，根据新三板 IT 企业挂牌当年客户变动数量将新三板 IT 行业 961 家企业分成三组：第一组为高变动组（聚类均值为 8.88），这类企业数量为 470 家，占比 48.91%；第二组为中变动组（聚类均值为 5.07），这类企业数量为 391 家，占比 40.69%；第三组为低变动组（聚类均值为 1.65），这类企业数量为 100 家，占比 10.41%，如图 7-13 所示。数据显示出大多数 IT 企业的客户变动程度较高，只有很小比例的企业维持稳定的客户网络。

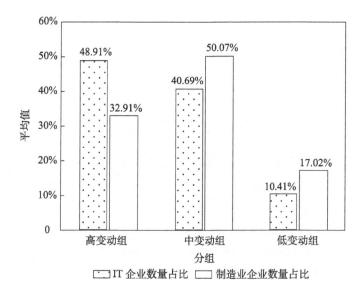

图 7-13　新三板 IT 企业、制造业企业客户数量变动情况差异

在 IT 企业样本中，根据客户变动数量所进行的分组，在总资产（$F=2.794$，$P=0.062$）、净利润（$F=2.592$，$P=0.075$）上表现出显著差异，如图 7-14 所示。从

企业挂牌当年年底总资产来看，低变动组的总资产平均值最高为 1.275，高于中变动组的 1.160 和高变动组的 0.890。从企业挂牌当年年底净利润来看，低变动组的净利润平均值最高为 0.113，高于中变动组的 0.074 和高变动组的 0.037。这一结果表明，具有稳定客户网络的新创企业，往往资产规模较大，并且更能够借助稳定的客户关系提高净利润。稳定的客户网络，使得新创企业能够持续地从稳定客户群中获得营业收入，同时维系既有客户的成本不会因客户的变动而提高，因而企业利润水平得以提升，并不断促进资产规模的提高。相较之下，客户网络高变动的新创企业的总资产和净利润都是最低的，原因在于客户变动侵蚀了收入的稳定性，同时因新客户的营销投入带来高额的成本，拉低了利润水平，也影响了资产的扩大。

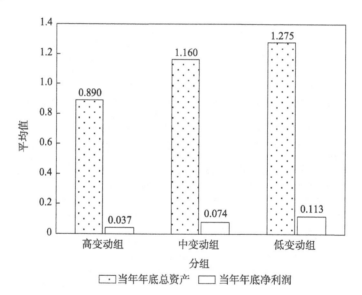

图 7-14　新三板 IT 企业客户变动数量与企业绩效差异

同样采用 k 均值聚类方法，根据新三板制造业企业挂牌当年客户变动数量将新三板制造业 705 家企业分成三组：第一组为高变动组（聚类均值为 9），这类企业数量为 232 家，占比 32.91%；第二组为中变动组（聚类均值为 5），这类企业数量为 353 家，占比 50.07%；第三组为低变动组（聚类均值为 2），这类企业数量为 120 家，占比 17.02%。在制造业样本中，根据客户变动数量所进行的分组，在企业挂牌当年年底营业收入（$F=3.531$，$P=0.030$）、利润总额（$F=2.429$，$P=0.089$）上表现出显著差异，并且在企业挂牌下一年年底的总资产增长率（$F=3.169$，$P=0.043$）上也呈现显著差异，如图 7-15 所示。从企业挂牌当年年底营业收入来看，低变动组的营业收入平均值最高为 1.273，高于中变动组的 1.148 和高变动组的 0.812。从企业挂牌当年年底利润总额来看，低变动组的净利润平均值最高为

0.155，高于中变动组的 0.122 和高变动组的 0.103。从企业挂牌下一年的总资产增长率来看，高变动组的总资产增长率平均值最高为 36.2%，高于低变动组的 29.8% 和中变动组的 26.1%。

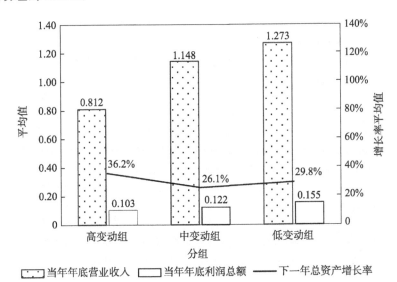

图 7-15　新三板制造业客户企业变动数量与企业绩效差异

对比制造业与 IT 行业，客户网络的稳定性所带来的效果不同，IT 行业中，稳定的客户网络带来的是企业规模的扩大，以及净利润水平的提高，而制造业中，稳定的客户网络带来的是收入的提高以及利润总额的提升。进一步地，从客户网络变动的数据分布来看，制造行业中有更大比例的企业在客户网络上呈现出一定的变动性，而能够维持高度稳定的客户网络的企业比例显著降低。这同样和两个行业的特性相关。正如前文所言，制造业提供的更多是标准化的产品，而 IT 业的服务多是定制化的，更可能引致客户投入更多的专用性资源，因此相对于 IT 企业，制造业企业的客户转换成本更低，因此也更不容易维护稳定的客户网络。

7.2.2　客户收入占比变化

CPSED II 数据库记录了排名前五的客户收入占比的变动情况，并将这一变动划分为聚焦、分散、持平三种情况。当排名第一与排名最后的客户收入占比差距显著增大时，则呈现出客户收入占比聚焦的情况；若这一差异显著减小，则呈现出分散情形；若变化不大，如小于 5%，则是持平的情形。通常，趋向聚焦意味着企业对最大客户的依赖性增强，更可能面临大客户议价能力提升的威胁，可能给企业带来更高的成本。趋向分散意味着企业降低了对大客户的依赖，在市场上拥有更强的话语权，但也可能是最大客户减少订单的结果，这反而意味着企业产品吸引力下降。客户收入持平则反映出企业有更强的维持客户关系的能力，能够以相对稳定的客户布局，使其发展更具确定性。

在新三板制造业企业样本中，根据排名前五的客户收入占比变动情况所进行的分组，在企业挂牌当年年底营业收入（$F=6.056$，$P=0.002$）、利润总额（$F=3.287$，$P=0.038$）、净利润（$F=2.825$，$P=0.060$）呈现出显著差异，同时也在企业挂牌下一年年底营业收入（$F=4.194$，$P=0.015$）、利润总额（$F=3.443$，$P=0.033$）、净利润（$F=3.978$，$P=0.019$）上呈现出显著差异，如图7-16所示。具体而言，从企业挂牌当年年底营业收入来看，持平组的营业收入平均值最高为1.342，明显高于分散组的0.899和聚焦组的0.844。从企业挂牌当年年底利润总额来看，持平组的利润总额最高为0.147，高于聚焦组的0.106和分散组的0.104。从企业挂牌当年年底净利润来看，持平组的净利润最高为0.127，高于聚焦组的0.095和分散组的0.092。从企业挂牌下一年年底营业收入来看，持平组的营业收入最高为1.503，高于聚焦组的1.077和分散组的1.064。从企业挂牌下一年年底利润总额来看，持平组的利润总额最高为0.166，高于分散组的0.123和聚焦组的0.122。从企业挂牌下一年年底净利润来看，持平组的净利润最高为0.150，高于分散组的0.110和聚焦组的0.109。

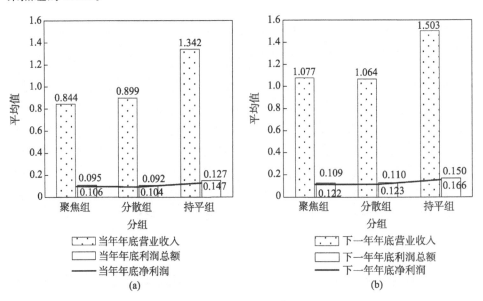

图 7-16　新三板制造业企业排名前五的客户收入占比变动与企业绩效差异

从数据可以看出，聚焦组和分散组在各个绩效维度上并未显现出显著的差异，而持平组具有明显的优势。这再次表明，当企业能够保持稳定的客户网络，表现为主要客户收入占比变化不大时，往往能够形成较具确定性的客户需求，因而企业能够从既有客户那里获得均衡的客户收入，促进企业在收入、利润指标上有更好的业绩表现。这一效应不仅发生在当期，即新创企业排名前五的客户收入变动情况对企业挂牌当年的收入与利润的影响，还会延伸到下一期产生滞后影响，即客户收入变动会对企业挂牌下一年的收入与利润产生影响。这意味着，保持稳定的客户收入结构，有助于促进企业表现为收益性指标的绩效提升。

上述数据结果也从另一个侧面表明，客户网络的变动将损害企业的财务绩效，其背后的原因在于旧客户的流失意味着企业将在一定时间内失去一部分相对稳定的业务收入，而新客户通常在短时间内不会大量下订单，从而难以弥补老客户流失导致的收入损失。同时，因在过去的交易中前期已经投入一定的资源，对老客户的边际投入相对较少，而为了将新客户转变为老客户，企业需要在双方交易的早期投入更多资源来维系关系，让新客户满意以增加订单量，这也将侵蚀企业的收入。有研究指出，发展一位新客户所需的投入相当于维护一位老客户的五倍，而且发展的新客户在短期内难以为企业带来利润，通常等他们变成回头客，即老客户，才会不断为企业创造收入和利润。

7.2.3　客户网络变动与商业模式创新

稳定的客户网络可以帮助企业获得更多客户相关的信息和知识，有助于提升企业创新能力；企业也有更强动力进行特定性的投资，降低交易的阻碍，提升企业营运的效率。对于创业企业而言，稳定的客户网络能够为其成长和发展带来持续的资源和收入，同时也能够减少企业投入到客户拓展上的资源，能够更加专注于产品服务的打造，以及内部管理系统的完善上。因此，创业企业通过商业模式创新以维持稳定的客户关系网络，具有较强的动机。反过来，商业模式创新通过在效率维度上降低交易的整体成本，促进企业与客户之间的交易效率，而在新颖维度上通过为客户提供更加独特的价值，增强客户的依赖性，这些对于稳定企业的客户网络关系均具有积极的影响。

创业企业在成长过程中也需要不断更新自己的客户网络。因在创业企业早期的客户通常依赖于强关系连接获得，这些客户为企业的发展带来资源支持的同时，却不一定具有持续性，更可能是看在与创始团队中某个人的特定关系才愿意尝试与其合作。为此，为了持续地在市场上立足，创业企业需通过不断的商业模式创新以提升自身的能见度，吸引更多弱连接或无连接的客户，进而才能逐步在市场上站住脚跟。因此，创业企业进行商业模式创新可能是上述两个目标的其中一种，或是为了稳定现有的客户关系以帮助自己成长，或是为了更新现有的客户网络，以成为真正的市场主体。

那么，商业模式创新如何影响客户网络的演化呢？依据商业模式在两个维度上的创新，可将样本企业划分为高度创新、适度创新和没有创新三个组，这一分组在客户网络变动上表现出一定的差异性。在新三板 IT 企业样本中，从效率维度来看，商业模式创新程度不同的组别在企业挂牌当年年底客户网络变动上未表现出差异，但在下一年年底客户网络变动上表现出显著差异（$F=4.738$，$P=0.009$），如图 7-17。具体而言，适度创新组在挂牌下一年年底客户网络方面变动最大，变动的客户数量平均值为 6.93，高于高度创新组的 6.43 和没有创新组的 6.08。从新颖维度来看，无论是挂牌当年年底还是下一年年底，我们都没有找到不同程度的商业模式新颖维度创新在客户数量变动上产生显著差异的证据。

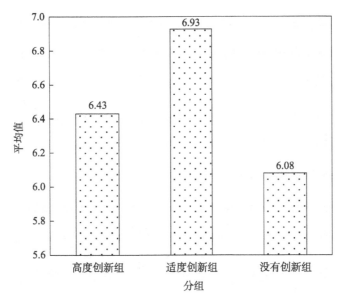

图 7-17　新三板 IT 企业商业模式创新与客户网络变化特征差异

这一数据结果表明，对于 IT 行业中的样本企业而言，效率维度的商业模式创新更能够对客户网络的变动产生影响。进一步地，数据结果还说明适度的、小幅的创新需要客户网络进行较大幅度的调整以适应，而当创新程度逐步提高时，则需要新创企业以相对稳定的客户网络作为支撑。沿着效率维度开展商业模式创新，赋予企业以效率优势的潜力，表现为在整体性"成本—价值"架构中实现成本最小化，即在不改变或者说不在根本上改变行业产品或服务价值逻辑的情况下，降低企业与外部利益相关者交易结构的系统性成本（Amit and Zott，2001）。系统性成本的降低关乎参与者的成本而非新创企业自身成本，意味着在效率维度开展高度商业模式创新的企业能够降低客户作为参与者的成本，增强其参与企业商业模式的黏性，稳定客户网络。

依据商业模式在效率和新颖两个维度的平衡创新路径，可将企业划分为低水平平衡、高水平平衡、效率维度主导、新颖维度主导四个组别，这一分组在客户数量变动上也表现出一定的差异性。在新三板 IT 企业样本中，商业模式不同的平衡创新路径在企业挂牌当年年底客户网络变动上未表现出差异，但在下一年年底客户网络变动上表现出显著差异（$F=2.542$，$P=0.055$），如图 7-18 所示。具体而言，低水平平衡组在挂牌下一年年底客户网络内容方面变动最大，变动的客户数量平均值为 6.92，高于新颖主导组的 6.88、效率主导组的 6.60 和高水平平衡组的 6.12。这表明对于 IT 行业中的创业企业来说，在更高水平上兼具效率和新颖两个维度商业模式创新的企业，更能够维持稳定的客户关系，相反，如果企业在效率和新颖两个维度的创新上均表现不佳，老客户流失的可能性显著提升。

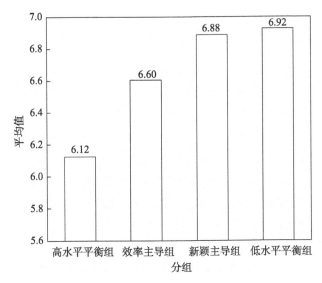

图 7-18 新三板 IT 企业商业模式平衡创新与客户网络变化差异

效率优势在"成本—价值"架构中谋求成本最小化，注重系统性成本降低，而新颖优势则在"成本—价值"架构中寻求价值最大化，通过增加新的产品或服务、创造新的价值活动、引入新参与者或采用新交易方式来维系参与者关系等手段，通过打破行业的价值内容规则来塑造竞争优势（Amit and Zott， 2001）。当新创企业通过高水平平衡的商业模式创新路径兼具效率优势和新颖优势时，其一方面利用打通参与者之间沟通链条的信息优势，提升新创企业与客户之间以及客户与商业模式其他参与者之间匹配的效率和效果，增强客户接入商业模式的黏性；另一方面利用新价值活动、新交易手段、新激励方式，提高客户的转换成本，形成对客户的系统性锁定。因此，高水平平衡的商业模式创新更能够稳定客户群体，保持客户网络的延续性。

在新三板制造业企业样本中，无论是挂牌当年年底的客户数量变动还是下一年年底的客户数量变动，都没有不同程度的商业模式创新（无论是效率维度还是新颖维度）在客户数量变动上产生显著差异的证据，也没有商业模式平衡创新的四种路径在客户数量变动上形成显著差异的证据。这表明制造业创业企业的商业模式创新对其客户基础的更新没有显著的影响。其原因可能在于：相比于 IT 企业提供无形的服务或解决方案，制造业企业提供的有形的产品，在早期更容易被客户识别，因此客户基础更容易及早形成。即便通过商业模式创新获得新客户，但新客户在初期的采购规模通常较小，加之制造业交货周期、更换周期相对更久，新客户需较长时间才能逐步扩大采购规模，因而对老客户的规模替代速度较慢。

7.3 商业模式影响下的供应商网络演化

7.3.1 商业模式单维度创新对供应商网络演化的影响

如前所述，依据商业模式在效率维度和新颖维度上的创新表现对新三板 IT 所进行的分组，在供应商网络变动上表现出一定的差异性。从效率维度来看，商业模式创新程度不同的组别在企业挂牌当年供应商网络变动上（$F=2.468$，$P=0.085$）以及下一年供应商网络变动上（$F=3.209$，$P=0.041$）均表现出显著差异。就企业挂牌当年供应商网络变动而言，适度创新组在企业挂牌当年的供应商网络变动数量平均值最高为 6.510，高于高度创新组的 6.068 和低度创新组的 5.841。这说明，新创企业在效率维度的商业模式创新与供应商网络变化呈现倒"U"形关系，当新创企业未能做出创新时，企业的供应商变化较小，随着创新程度提高，供应商变化加剧；当商业模式高度创新时，供应商变化幅度下降。就企业挂牌下一年供应商网络变动而言，高度创新组的供应商网络变动数量平均值最高为 6.960，高于适度创新组的 6.770 和低度创新组的 6.280（图 7-19）。这说明，随着新创企业的成长，其在商业模式效率维度的高度创新会带来企业成长过程中供应商的较大幅度变化。从新颖维度来看，无论是挂牌当年还是下一年，我们都没有找到不同程度的新颖维度的商业模式创新在供应商数量变动上产生显著差异的证据。

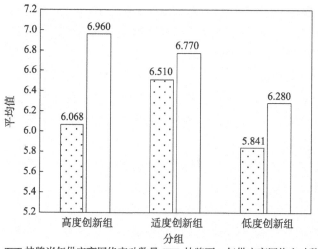

图 7-19 新三板 IT 企业商业模式创新与供应商网络变化特征差异

　　从 IT 行业中新创企业效率维度商业模式创新对供应商网络连续两年的差异化影响来看，在商业模式设计完成的近期，低度的商业模式创新不能够带动供应商的变化，反而是在效率维度适度创新的新创企业更可能促进供应商网络的较大幅度变动，其目的在于不断搜寻、筛选供应商以形成与新创企业的适配，使得商业模式包含的供应商这一类系统参与者更有助于降低"成本—价值"结构的成本，提高系统性效率。但随着效率维度创新程度趋向于高度创新，系统参与者之间的信息传递、交易关系、互动方式等都有别于以往方式，这并不能相应地实现供应商的更大幅度变化，因为初期成长的新创企业尚需要时间调试供应商与商业模式间的匹配。在商业模式设计完成的远期，高度的商业模式创新开始驱动供应商的较大幅度变化，原因在于经历了商业模式创新的市场检验，其效率优势开始显现，供应商感受到接入新创企业商业模式的价值，同时新创企业也具有内在动力不断实现供应商与商业模式的匹配。因此，高度创新的新创企业更可能带来供应商网络的变化。

7.3.2　商业模式平衡创新路径对供应商网络演化的影响

　　依据商业模式在效率和新颖两个维度的平衡创新路径所进行的分组，在供应商网络变动上也表现出一定的差异性。具体而言，商业模式不同的平衡创新路径在企业挂牌当年（$F=2.825$，$P=0.038$）和下一年（$F=2.473$，$P=0.061$）供应商网络变动数量上均表现出显著差异，如图 7-20 所示。就企业挂牌当年来看，新颖主导组在企业挂牌当年供应商变动的平均数量最高为 7.667，显著高于低水平平衡组的 6.393、效率主导组的 5.955 和高水平平衡组的 5.644。就企业挂牌下一年来看，新颖主导组在企业挂牌下一年供应商变动的平均数量最高为 6.790，高于低水平平衡组的 6.780、效率主导组的 6.430 和高水平平衡组的 6.000。

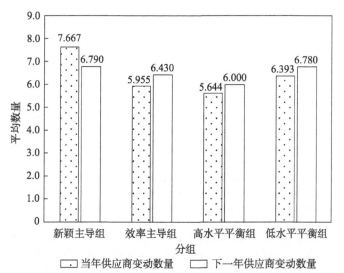

图 7-20　新三板 IT 企业商业模式平衡创新与供应商网络变化特征差异

无论从新创企业挂牌当年还是挂牌下一年的供应商变化来看，在效率和新颖维度同时实现高度创新的新创企业都更能够保持供应商网络的稳定性。相比IT新创企业在商业模式效率维度实现高度创新时，更可能调整供应商以匹配商业模式创新，当新创企业意欲在效率和新颖两个维度并行创新时，效率优势与新颖优势的互动，使得供应商网络需同时符合效率与新颖维度对商业模式参与者的需求。一方面，开展效率维度的商业模式创新，新创企业要降低供应商的库存成本，但也需要供应商配合新创企业的商业模式，与其他参与者共享信息，促进交易公开、透明且易行；另一方面，新创企业要研发新技术、开发新产品，也需要供应商参与新创企业的创新活动，这就要求新创企业与供应商保持稳定的合作，以新治理方式维系与供应商的关系。这意味着，稳定的供应商网络能够支持效率与新颖维度高水平平衡创新。

在新三板制造业样本企业中，我们没有发现依据企业在效率维度和新颖维度上的创新表现对新三板制造业企业所进行的分组，在供应商网络变动上表现出显著差异的证据；也没有发现依据商业模式在效率和新颖两个维度的平衡创新路径所进行的分组，在供应商网络变动上表现出显著差异的证据。可能的原因在于，制造业企业与供应商之间的关系相对稳固，产品更新迭代速度不如IT行业那么快，而其采购也多是有形的物料，这些物料的质量稳定性通常对于企业产品的市场表现有着至关重要的影响，因此制造业企业遴选新的供应商以替代旧有供应商需要经历的时间更长。也因此，企业无论进行商业模式的效率维度创新，还是新颖维度的创新，都更倾向于与现有供应商开展合作。

网络情境下新创企业商业模式创新的
管理重点与决策挑战

利用 969 家新三板 IT 企业和 706 家新三板制造业企业的编码数据，我们着重分析了新创企业组织间网络及其绩效作用、组织间网络与个体网络影响新创企业商业模式形成的作用差异以及商业模式设计与调整驱动组织间网络演化等重要且有趣的问题。在数据分析结论基础上，我们凝练出重要结论以及可供新创企业借鉴的管理启示。

8.1 新创企业组织间网络及其绩效作用

新创企业围绕机构投资者、客户、供应商等关键利益相关者着力构建组织间网络，这些网络特征如何影响新创企业绩效是本书关注的重点问题之一。

8.1.1 机构投资者投资、控股影响企业绩效与创新

基于新三板企业机构投资者在企业股权结构中的占比情况与控股情况分析，可以发现新创企业所搭建的机构投资者网络影响着企业的业绩表现。

首先，机构投资者占比越高，意味着企业构建了较大规模的机构投资者网络，有众多的机构投资者参与企业融资，帮助新创企业获得成长所需的资金。这种资金直接地转化为支撑新创企业成长的初始资源，用于企业的价值创造活动。这反映出投资的直接效应，即机构投资者投资带来资产规模与收益规模的上涨；然而，企业盈利水平不因机构投资者网络规模增大而显著提升，这源于投资的时间效应。

其次，成为新三板企业的股东仅仅代表着机构投资者参与企业融资，目的在于获得企业成长后的分红，而当机构投资者以控股的态势参与融资时，反映出后者意欲参与新创企业经营管理的积极态度。进一步地，研究结果表明，当多个机构投资者联合控股新创企业时，往往存在单个机构投资者实力不足抑或降低控股风险的情形，这会带来企业规模的扩大；新创企业由单一机构投资者控股时，由

于机构投资者对企业经营活动的积极参与,会带来企业收益的提升。

最后,机构投资者对于企业经营活动的积极参与,主要表现在著作权、专利等创新活动上。研究结果表明,相比没有机构投资者投资的情况,有机构投资者投资的新创企业,特别是机构投资者控股时,其在产品或服务创新性上都有更好的表现,也在著作权与专利申请上更积极且有较多的成果获批。这反映出机构投资者投资参与下的创新活动尽管并非来自机构投资者的直接管理行为,但机构投资者参与的示范效应,彰显出对企业创新投入的关注,也提振了新创企业自主创新的信心。

已有的数据分析结果体现出机构投资者与企业绩效间比较清晰的内在关系,能够给新创企业"是否"引入机构投资者、引入"多少"机构投资者以及引入"后果"如何等一系列重大战略决策提供借鉴。就"是否"问题而言,机构投资者有助于新创企业规模扩张而对其经营质量提升无法产生立竿见影的效应;就"多少"问题而言,"多"的收益更多体现为规模效应而"少"的收益更多体现为质量效应;就"后果"问题而言,机构投资者对企业创新而不是直接经营业绩的作用更加显著。

8.1.2 客户网络影响企业绩效

基于客户网络分散程度、依赖程度与新创企业绩效的分析发现,这种分散结构与依赖结构影响着新创企业的业绩表现。通过对排名第一的客户与排名第五的客户收入占比进行比较(衡量分散),或者通过对最大客户营业收入占比(衡量依赖)进行比较,客户网络分散程度与依赖程度共同识别出了新创企业是否会对单一大客户形成依赖。换言之,当客户网络表现为高分散时,其往往具有低度依赖的特征。

高度分散、低度依赖的客户网络意味着企业收入来源更多元,并非来自对单一客户的打造,这有助于降低企业的经营风险。研究结果表明,在新三板 IT 行业中,当新创企业具有高度分散化、低度依赖水平的客户网络时,其在资产、收入等指标上表现出较好的经营业绩;在新三板制造行业中,当新创企业具有适度分散结构、低度依赖水平的客户网络时,其在资产、利润、资产收益率等指标上表现出较好的经营业绩。这种差异说明,IT 行业的客户结构更为分散,这主要受到互联网情境的影响;制造行业的客户结构则相对集中,但不宜形成对单一客户的过度依赖,适度分散是更为适合的客户网络结构。

已有的数据分析结果体现出客户网络的内容特征、分散结构、行业属性是造成企业绩效差异的重要原因,客户网络特征与企业绩效间存在比较清晰的内在联系,即整体而言"高分散、低依赖"的客户网络应该是新创企业着力追求的目标特征,这也符合人们"不要把鸡蛋放在一个篮子里"的惯常认知,能够为新创企业的客户开发决策提供借鉴。

8.1.3　供应商网络影响企业绩效

基于供应商所属行业数量的分析，可以发现供应商网络行业属性，表现为新创企业供应商来自多个行业会对新创企业经营业绩与创新绩效产生影响。针对新三板 IT 行业的分析结果均表明，开放型供应商网络，即企业在较大范围内建构供应商网络，其在总资产增长率、营业收入增长率等成长性指标上有更好的表现。这进一步说明，IT 行业新创企业希望利用多样化的供应商网络谋求企业的成长，经由来自多个行业领域的供应商，新创企业不断在其供应商网络中引入新参与者，获得来自多个行业的资源，形成多领域参与者的价值共创。

从创新角度来看，相比在单一行业领域建立供应商关系的聚焦型网络和最大限度地在多个行业领域构建开放型供应商网络，选择在适度的行业范围内建立拓展型供应商网络，更能够实现在产品或服务创新性方面的良好表现。这与新创企业管理供应商网络的能力有限有关。在 IT 行业中，创新活动的开展需要新创企业协调来自不同行业的供应商共同完成，供应商扮演价值共创角色。当供应商来自较大范围的行业领域时，新创企业缺乏各个行业的相关知识，也缺乏协调各行业供应商的能力。因此，多行业供应商的多样化知识有助于企业产品或服务创新，但随之增加的管理难度减弱了知识促进创新的正效应，使得适度行业范围内的供应商网络更利于新创企业的产品或服务创新。

针对新三板制造行业的分析结果与上述结果不同，拓展型供应商网络，即企业在适度范围内建构供应商网络，其在营业收入、利润总额、总资产增长率、营业收入增长率等业绩指标与成长性指标上有更好的表现。从创新角度来看，开放型供应商网络则在产品或服务创新性上有更好的表现。究其原因，制造业的产品创新活动更需要来自多个行业领域供应商提供各种品类的原材料，为其产品自主创新提供支持，而非供应商直接参与的价值共创，其业绩表现则源于企业对供应商管理在可控范围内，这种管理相较 IT 行业的供应商管理内容更多、难度更大，因此需要在考虑治理成本的情况下，在有限范围内协调供应商以谋求财务业绩。

从已有的数据分析结果来看，整体而言，相对开放的供应商网络对新创企业的业绩与创新都更为有利，但行业特征同样十分明显，能够为不同行业新创企业的供应链决策提供借鉴：着眼于业绩成长的 IT 行业新创企业更适宜构建开放型供应商网络，着眼于创新引领的 IT 行业新创企业更适宜构建拓展型供应商网络，制造行业新创企业则刚好相反。

8.2　董事和高管网络与组织间网络

将董事和高管网络作为组织间网络构建的微观基础，得到了关系多元化理论的支持，据此本书着重分析了新创企业董事会和高管团队结构特征对机构投资者网络、客户网络与供应商网络构建的影响。

8.2.1 董事和高管网络对机构投资者网络的影响

新创企业的机构投资者网络形成，不仅是机构投资者的投资决策，也是新创企业引入机构投资者的战略决策。从这个意义上说，新创企业以董事会、高管团队为主要构成的领导班子，在机构投资者引入上的战略决策影响着企业的机构投资者网络的形成。基于对董事会和高管团队结构与机构投资者在股权结构中占比情况的关系分析，发现董事会和高管团队在学历、经验、海归背景、兼任情况等方面的结构特征会影响到机构投资者是否入股新创企业。

从学历结构来看，高学历董事占比较高的企业，更能够吸引机构投资者的投资，这一结论在新三板 IT 行业和制造业中均得到支持，而在 IT 行业中，高学历高管占比较高的企业，更能够吸引机构投资者的投资。这说明机构投资者更看重具有高学历背景的领导班子，特别是学历所带来的知识内涵以及解决问题的能力；同时，这也说明具有高学历背景的新创企业董事会、高管团队更具有引入机构投资者的战略眼光，更懂得如何利用机构投资者的资金与声誉效应，获取成长所需的资源。此外，本书还在新三板制造业企业样本中发现，在董事会学历背景上具有多样性的企业，多学历背景所带来的不同知识、思维方面的交叉，促使董事会产生异质化知识，有利于企业在引入机构投资者决策上做出全面的考察。这一结论也表明，关注制造业的机构投资者更青睐学历结构多样化的董事会团队。

从先前工作经验深度来看，在 IT 行业中，经验丰富的老手型董事会和高管团队，更了解机构投资者对于促进新创企业成长的重要作用，也更懂得采用适宜的治理方式降低机构投资者控制企业而剥离创业团队的风险，因而更倾向于引入机构投资者。这一结论并没有在制造业样本中得到支撑，可能的原因在于在制造行业从业的管理人员往往具有经验知识专用性，并且表现为具有相较 IT 行业更丰富的经验，如 CPSEDⅡ数据库中制造业企业董事的平均工作经验水平普遍较高，数据上反映出的工作年限的平均水平与异质性程度两项指标的差别都不显著。因此，董事会在行业经验深度方面的变异性较低，也就未在机构投资者投资入股方面表现出显著差异。

从先前经验相关度来看，无论是 IT 行业还是制造行业，研究结果都表明内行型董事会和高管团队更能够吸引机构投资者投资。这与基于经验深度的结论相一致，即新创企业董事会的行业经验越丰富，表现为在相似行业中深耕多年，其对机构投资者的价值认知越清晰，对机构投资者的有效治理也越有信心和手段，因此更愿意通过引入机构投资者来谋求新创企业成长。

从先前经验来源多样性来看，研究发现在制造行业中，当董事会成员具有多样化的先前工作经验，曾经在党政机关、国有企业、私营企业、外资企业等不同性质单位从事工作时，这种多职业背景为董事会成员提供了多样化、差异化的经验知识，塑造了董事会整体的对新知识的开放态度，以及引入了机构投资者的管理知识，因而更可能引入机构投资者的投资参与。在 IT 行业中，当高管团队成员具有多样化的先前工作经验时，企业更可能引入机构投资者。这一结论在两个行业的差异，表明先前工作经验来源的多样性对于需要在设计商业模式上投入更多新颖知识的 IT 行业高管团队而言更为重要，而这种多样性对于在企业投资、经营等常规性价值活动进行战略决策的制造业董事会而言更为关键。

从海归背景来看，包含拥有海归背景董事成员的董事会和高管团队，更可能吸引机构投资者。原因在于，机构投资者投资新创企业在西方国家发展得更为成熟，因而海外经历使得董事会成员在认知上更认可机构投资者对新创企业成长的关键影响，在经验层面更清楚如何与机构投资者合作，而在能力层面更能够对投资关系形成有效治理。特别地，针对 IT 行业来说，拥有多位具有海归背景的董事成员，更可能在引入机构投资者上做出积极的决策。

综合上述结论，对于试图吸引更多机构投资者的新创企业而言，通过提升董事高管学历水平、先前工作经验深度、先前工作经验相关性、先前工作经验来源多样性以及引入具有海归背景的成员，都是值得尝试的人力资源战略。

8.2.2 董事和高管网络对客户网络的影响

新创企业的客户网络形成，源于企业在客户这一关键利益相关者筛选与关系建立上的战略决策。从这个意义上说，新创企业以董事会、高管团队为主要构成的领导班子，在开发与吸引客户上的战略决策影响着企业的客户网络形成。本书在董事会和高管团队学历、经验、海归背景、兼任情况等方面的结构特征影响到客户网络构成上得到了有益的发现。

从先前工作经验深度来看，在 IT 行业中，经验丰富的老手型董事会和高管团队，在客户网络构成特征方面更倾向于建立拥有大客户的客户网络，在客户网络变化特征方面更容易降低客户网络的波动性从而增强企业收益的稳定性。这一结论并没有在制造业样本中得到支撑，表现出比较明显的行业特征，可能的原因在于制造业内部分工更加明确，客户选择相关决策更多着眼于职能部门，而受高层的影响有限。

从先前工作经验来源多样性来看，研究发现在制造行业中，当董事会与高管成员具有多样化的先前工作经验时，表现为曾经在党政机关、国有企业、私营企业、外资企业等不同性质单位从事工作，新创企业更倾向于在客户组合上倚重于高价值的主要客户，在数据库中表现为收入占比最高的大客户；在 IT 企业中上述关系却呈现相反特征，即高管成员具有同质化的先前工作经验时，更能够引导新创企业做出大客户价值判断与客户网络构建决策，行业特征差异明显。

从海归背景来看，包含拥有海归背景董事成员的董事会和高管团队，由于知识内涵更为多样化，所以更容易筛选高价值的大客户并与之建立更为紧密的连接和交易关系，但随着海归董事数量的增多进一步带来与无海归经历董事不同的社会网络资源以及与当前客户不同的客户资源这一关系特征逐渐弱化。整体而言，"有无"的特征通过价值机制使得新创企业更倚重大客户，而"多少"的特征则通过风险机制使得新创企业降低了对大客户的依赖水平。

除了董事与高管共有的特征以外，董事团队与高管团队还分别存在影响客户网络的单一特征，如从董事会团队经验的相关性特征来看，内行型董事会更倾向于建立拥有大客户的客户网络，客户关系更稳定，外行型特别是董事会中行业经验异质性水平较高的董事会则倾向于建立不依赖单一大客户的分散式客户网络，客户网络的波动性水平更高；从高管团队的学历特征来看，高学历高管团队更倾向于建立拥有大客户的客户网络，同时客户网络波动水平也较高，低学历高管团队则倾向于建立不依赖单一大客户的分散式客户网络，但客户网络波动水平同样也较高。

上述结论可以从战略领导人力资源的视角对新创企业的客户网络构建战略提供参考：通常而言，企业发展客户网络结构会呈现从集中到分散的趋势，试图加速上述过程、降低客户依赖的新创企业，在董事会与高管团队中引入新鲜血液，甚至是先前工作经验与行业经验并不丰富、学历不高的战略领导成员，同时进一步增加先前工作经验来源多样性水平更高以及具有海外背景和经验的董事与高管成员，其核心逻辑都在于能够为新创企业带来新知识与新信息，从而有助于增加客户网络分散程度。

8.2.3　董事和高管网络对供应商网络的影响

供应链管理理论提出企业与供应商的关系以及供应商类别是供应链战略决策最重要的两个方面，其中企业与供应商的关系主要体现供应链网络的稳定性，可以分为短期目标型与长期目标型两类，短期目标型是指双方的交易仅停留在短期的交易合同上，各自关注的是如何谈判，如何提高自己的谈判技巧不使自己吃亏，而不是如何提高自己的工作效率，使双方都获利，长期目标型的特征是从长远利益出发，相互配合，不断改进产品质量与服务水平，共同降低成本，提高供应链的竞争力。以短期目标型为主要特征的企业与供应商的关系主要表现为供应商波动水平较高，以长期目标型为主要特征的企业与供应商的关系则主要表现为供应商稳定水平较高。

本书研究发现董事和高管网络对企业与供应商关系产生重要影响的特征因素包括董事会成员先前工作经验深度、董事会成员海归背景特征、高管团队先前工作经验来源多样性、高管团队海归背景特征等：从董事会成员先前工作经验深度来看，经验一致的董事会更倾向于保持供应商网络的稳定性，表现为拥有新老组合型董事会的企业供应商网络的波动性最大；从董事会成员海归背景特征来看，IT 业与制造业表现出显著的行业差异，在 IT 业中没有海归董事的企业供应商网络的波动性最大，而在制造业中拥有海归董事的企业供应商网络的波动性最大，值得注意的是考察高管团队海归背景特征时得到的结论与基于海归董事的分析结论相一致；从高管团队先前工作经验来源多样性来看，高管团队先前工作经验来源多样性越高，企业供应商网络的波动性越大。

供应商行业数量是供应链战略决策的重要因素，整体而言供应商行业多样化带来管理和协调上过高的复杂性。本书发现董事和高管网络对企业与供应商类别产生重要影响的特征因素包括董事会成员工作经验相关度与董事会学历结构：从董事会成员工作经验相关度来看，拥有偏外行的内外行组合型董事会的企业供应商行业数量最多，内行型董事会的企业供应商行业数量最少；从董事会学历结构来看，无高学历组董事会企业的供应商行业数量最多，进一步考察董事会学历异质性则发现，适度异质性组董事会企业的供应商行业数量最多。

上述结果可以从战略领导人力资源的视角对新创企业的供应商网络构建战略提供参考：就企业与供应商关系而言，企业发展供应商网络结构会呈现从波动到稳定的趋势，当新创企业试图加速上述过程、提升供应商合作关系深度时，保持董事会成员先前工作经验以及先前工作经验来源的一致性，都更容易在供应商战略决策中达成一致，聚焦于形成与供应商的长期合作，收获基于关系专用性投资所产生的信任。就供应商行业数量而言，当新创企业试图聚焦供应商行业数量，可以尝试将行业经验丰富、学历水平较高的董事纳入董事会。

8.3　新创企业组织间网络与商业模式创新

商业模式主要回答企业为谁创造价值以及从谁的手中获取资源并开展价值共创的问题，对于新创企业而言，商业模式创新是除绩效结果外的企业的又一核心命题，甚至更加值得关注。客户和供应商所组成的交易者网络作为组织间网络的关键构成，在内容属性、关系属性上表现出对商业模式创新设计的重要影响。

8.3.1　客户网络特征与商业模式创新

基于客户网络构成内容与商业模式创新的分析，可以发现面向消费者与企业客户两者兼有情形的客户网络，新创企业在效率维度与新颖维度的创新程度更高，这在新三板 IT 行业和制造行业均得到数据支持。相比于针对消费者或企业的单一类型客户，建构多种客户类型网络更有利于新创企业设计创新的商业模式，不仅表现在新参与者引入、新激励方式设计的新颖型商业模式，也表现在从系统性效率角度降低包含多类型客户参与的整体网络运营成本。

基于客户网络分散程度与商业模式创新的分析，可以发现这一分散程度会影响新创企业在效率维度进行商业模式创新设计。具体而言，建构了高度分散化客户网络的企业更可能在商业模式效率维度上做出创新设计，原因在于面对多个差异化的客户，新创企业更具有在不同的客户间建立连接从而提高系统性效率的可能，通过效率型商业模式的设计，打通各类型客户间的链条。相较之下，相对集中的客户网络，特别是对单一客户形成高度依赖时，新创企业受制于客户的需求与力量限制，难以有针对性地设计新的交易关系、新的激励方式，因而难以增强商业模式在新颖方面的价值属性。

基于客户网络依赖程度与商业模式创新的分析，可以发现在新三板 IT 企业与制造企业中，客户网络依赖程度影响新创企业在效率和新颖维度的商业模式创新设计，但其影响作用存在差异。在 IT 行业中，对大客户形成高度依赖的新创企业在效率维度和新颖维度的商业模式创新设计上，都有更好的表现；在制造行业中，对大客户有较低程度依赖的新创企业，则在效率维度和新颖维度商业模式创新设计上有更好的表现。造成差异的原因可能在于，新三板 IT 企业中客户往往具有分散特征，而当新创企业能够扶植大客户时，依靠大客户的资源与声誉，新创企业能够更好地完善商业模式设计。在制造业企业中，依赖大客户并在大客户关系上做出资源承诺，时常会带来资产专用性与关系专用性投资，提高企业的沉没成本，不利于新创企业在效率维度出于降低成本的考量设计商业模式，也不利于在新颖维度针对大客户设计新的交易关系模式。

综合客户网络构成内容与客户网络分散程度的数据结果，基本符合多样性效应的理论基础，即多样化、差异化的客户能够通过增加知识与信息促进创新思维以及优化权力结构，从而对新创企业的商业模式创新产生积极影响；从客户网络依赖程度与商业模式创新的数据结果来看，IT 行业与制造业则表现出更明显的行业特征差异，大客户依赖对轻资产的 IT 行业主要表现为资源的正效应，而对重资产的制造业则更多表现为约束的负效应，这能够为新创企业的客户开发决策提供有意义的战略参考。

8.3.2　供应商网络特征与商业模式创新

基于供应商所属行业数量与商业模式创新的分析，可以发现在 IT 行业，构建了开放型供应商网络的新创企业，其商业模式在效率维度的创新程度更高；构建了拓展型供应商网络的新创企业，其商业模式在新颖维度的创新程度更高。相较之下在制造业，构建了开放型供应商网络的新创企业，其商业模式在新颖维度的创新程度更高。尽管拓展型供应商网络的行业数量不及开放型网络，但从整体来看，新创企业商业模式的创新设计主要来自多行业领域供应商的价值共创参与，这有利于新创企业在系统性效率上以及新参与者接入上做出创新安排。这一数据结果与前文中供应商网络影响企业绩效的结论基本一致，即相对开放的供应商网络对新创企业的业绩乃至商业模式创新都更为有利，因此能够给新创企业的供应链决策提供更加明确的战略参考。

8.3.3　董事和高管网络特征与商业模式创新

高管团队作为商业模式创新的设计者，是解读商业模式创新的重要因素已经成为共识。在分析新创企业董事和高管网络与商业模式创新关系的过程中，本书分别从董事会和高管团队内部社会网络联结、外部社会网络以及群体断裂带的不同网络视角提出了可资借鉴的管理重点与决策挑战。

1. 内部社会网络联结

基于高管团队内部社会网络联结状况的分析，可以发现高管团队在学历、先前行业经验、海归背景、创业元老、董事身份等单一维度与整合维度上的内部联结程度会影响企业的经营业绩与商业模式创新。特别是在新三板 IT 行业样本中，无论是在行业经验维度还是多个维度整合下的高管团队内部联结，高强度网络都使得企业更能够设计出新颖型商业模式。内部联结程度高使得高管团队彼此沟通更为顺畅，易于实现高质量信息传递，并促进行为整合的实现，这都有利于高管团队围绕引入新参与者、设计新交易方式、开发新激励手段等融合新颖要素进行商业模式设计。进一步地，在兼任董事维度，中等程度的高管团队内部联结使企业更善于进行新颖型商业模式设计。过高强度的兼任董事联结，会使得高管混淆其主要职责在于行使董事职能以监督高管团队，还是行使高管职能注重对企业商业模式的规划，从而弱化对商业模式新颖型设计的投入。

综合上述数据可以看出，尽管已有研究对内部社会网络联结所体现的成员间"异"与"同"孰优孰劣存在争议，但在商业模式创新新颖性这一经济后果的视角下，研究数据更支持内部社会网络联结水平背后所蕴含的人际互动频率、团队成员之间的情感亲密与互惠水平，由此使得高管个体能够获得支持、帮助与创新灵感，进而对高管团队设计更具新颖性的商业模式产生积极影响。

2. 外部社会网络

基于对新三板 IT 行业高管团队曾经任职单位的分析，可以发现曾经在较多单位任职的高管团队，表现为高管团队经由曾经任职经历而构建了大规模的社会网络，其会在商业模式效率维度和新颖维度设计上有更好的表现。高管团队作为商业模式设计的主体，其在进行商业模式设计时，不仅要投入自身拥有的知识，还要撬动外部社会资源，用以完善商业模式在跨组织边界交易关系安排以及新参与者引入等问题上的逻辑思考。从这个意义上说，高管团队可以利用曾任职经历构建大规模社会网络，联结大范围的潜在参与者为商业模式创新设计提供机会。

基于对新三板 IT 行业董事会曾经任职单位的分析，可以发现曾经在较多单位任职的董事会，表现为董事会成员经由曾经任职经历而构建了大规模的外部社会网络，其会在商业模式效率维度和新颖维度设计上有更好的表现。进一步地，拥有大规模社会网络的董事会，推动着新创企业在产品或服务创新性、著作权数量、专利数量方面有更好的表现。相较之下，在制造行业中，没有找到董事会曾经任职单位影响企业创新性指标与商业模式创新的证据，但研究发现董事会曾经任职所构建的社会网络会影响到新创企业的业绩性指标。当董事会先前关系社会网络规模较大时，总资产、净利润、营业收入增长率都有更好的表现。与 IT 行业的差异反映出，制造业企业董事会更关注企业的经营业绩，董事会利用曾经任职所获得的社会资源主要投入于企业经营过程中，借助网络资源推动企业绩效的提升。而 IT 企业董事会则更注重利用董事外部社会网络资源进行商业模式设计与创新活动投入，这对企业绩效的影响可能存在滞后性。

基于对新三板制造业董事会当前任职单位的分析，可以发现董事会通过对外任职所构建的社会网络影响着新创企业的商业模式设计。拥有大规模社会网络的董事会能够帮助新创企业桥接新的、有潜力的价值共创参与者，更有利于新创企业设计新颖型商业模式，因而其商业模式在新颖维度的分值最高。进一步地，董事会利用大规模社会网络，促使新创企业在总资产、营业收入、净利润等业绩指标，以及在产品或服务创新性与专利数量等创新指标上有更好的表现。

基于对新三板制造业董事会对外担任董事情况的分析，可以发现经由对外董事任职所形成的连锁董事关系影响着新创企业的商业模式设计。强连锁关系，表现为新创企业董事会有较大比例的董事对外担任董事职务且董事对外担任董事职务的企业数量较多，在这一情境下，新创企业商业模式在新颖维度能够实现更高的水平。同时，强连锁关系还促使新创企业在总资产、营业收入、净利润、营业收入增长率等经营业绩上实现高水平，也在专利数量等创新性指标上有较好的表现。较大规模的连锁董事网络增强了新创企业的外部联系，为新创企业提供了进行创新商业模式设计的新知识，以及支撑商业模式创新的关键资源。连锁董事网络资源效应与信号效应的叠加，使新创企业在经营业绩、创新活动以及商业模式设计上表现优异。

3. 群体断裂带

断裂带究竟产生积极还是消极效应取决于断裂带所激活的信息决策过程还是社会分类过程占据主导地位。基于董事会与高管团队断裂带的分析，可以发现董事会与高管团队的信息分类断裂带对新创企业的商业模式创新产生了显著影响，这就意味着是断裂带所激活的信息决策过程在商业模式创新过程中产生了更重要的作用。对于董事会而言，尽管其基本职能聚焦于战略决策，社会分类的负效应更容易出现，但当董事会整体决策目标围绕商业模式的效率维度展开，意味着战略目标与战略方向已经基本确定，此时搜寻有助于解决问题信息的重要性显著提升，因此 IT 行业董事会信息认知断裂带越强，效率维度商业模式创新水平越高。制造业企业的结论与之相反，主要是由于制造业对多样信息以及思维柔性的需求远低于 IT 行业，决策效率却显得尤为重要，较低水平的信息分类断裂带更有助于决策效率的提升。对于高管团队而言，作为商业模式的主要设计者，同样是断裂带所激活的信息决策过程在商业模式创新过程中产生了更重要的作用，并且高断裂组企业在商业模式的效率与新颖两个维度表现都更好，进一步加强了信息决策过程的基本逻辑。

上述结论可以从战略领导人力资源的视角对新创企业的商业模式创新提供参考：对于新创企业而言，商业模式创新是包括董事会与高管团队在内的战略领导重要决策，为了实现较高水平的商业模式创新，可以尝试在董事会与高管团队成员配置过程中考虑断裂带的积极影响。

8.4　商业模式创新与组织间网络演化

商业模式反映了新创企业与利益相关者的关系，商业模式创新能够调整上述关系从而驱动利益相关者构成的组织间网络演化，因此新创企业商业模式创新与组织间网络演化是本书关注的重点问题之一。

8.4.1　投资者网络视角

在价值投资视角下，创新能力尤其是商业模式创新水平是机构投资者考察新三板企业的重要因素，反之，新三板企业也能够利用商业模式创新推动机构投资者网络朝着自身战略设定的目标演化。

单独考察商业模式创新角度时，新创企业利用创新的商业模式影响机构投资者网络演化的规律存在比较显著的行业差异。从 IT 行业来看，无论是效率维度还是新颖维度的商业模式创新，能够做出高度创新的新创企业都更能够吸引机构投资者。从制造业来看，新颖维度的商业模式创新更能够吸引机构投资者。这说明，机构投资者认为，想要在数量众多的 IT 行业新创企业中取得优势，新创企业就要在系统性效率上有更好的表现，并且在系统中新颖要素、新参与者等方面有独特的设计；在制造行业新创企业中，效率是制造业应达到的一般标准，在此基础上有新颖的商业模式设计，才能让机构投资者看到未来成长的潜力。

综合考察商业模式创新平衡角度时，新创企业实现商业模式创新的方式影响机构投资者网络演化的规律同样存在行业差异。从IT行业来看，机构投资者对于在效率与新颖维度都表现出高度创新的企业最为关注，投资信心更强，因而更倾向于做出投资决策，即两个维度同时达到高水平创新的企业是机构投资者最理想的投资对象。从制造业来看，机构投资者同样最关注在效率维度与新颖维度都做出高度创新的企业，不同之处在于，机构投资者对制造业企业更关注其新颖主导而非效率主导的商业模式创新。

综合上述结论，对于试图推动机构投资者网络演化的新创企业而言，当其试图增加机构投资者占比时，需要通过提升效率维度与新颖维度的商业模式创新水平从而吸引机构投资者，如果两个维度难以同时实现，IT企业应着力实现效率维度的商业模式创新，而制造业企业应着力实现新颖维度的商业模式创新。

8.4.2 交易者网络视角

基于客户变动数量的分析，可以发现新创企业商业模式表现为不同程度的创新时，企业的客户网络与供应商网络表现出不同特征的演化。同时，研究结果还表明，这种影响具有时滞效应，即商业模式创新差异反映在新创企业在挂牌下一年的网络变动上。在新三板IT行业中，在效率维度进行了适度创新的新创企业，其客户网络变动程度最高。更进一步，从效率和新颖两个维度的平衡创新来看，在两个维度上均进行适度创新的企业，客户网络变动程度较高。这说明，适度创新的商业模式需要客户网络进行调整以配合新创企业商业模式。

基于供应商变动数量的分析，可以发现新创企业商业模式在效率维度上的差异化创新影响着企业供应商数量的变化。研究结果表明，在新三板IT行业中，在效率维度进行了适度创新的新创企业，其供应商网络在企业挂牌当年和下一年年底变动程度均为最高。与客户网络动态变动的研究结论相类似，适度创新的商业模式需要供应商的变化调整以配合新创企业商业模式的价值共创。从效率和新颖两个维度的平衡创新来看，在新颖维度有较高程度的创新，在效率维度有较低程度创新的新创企业，在企业挂牌当年年底供应商变动较大。这意味着，新创企业成长初期，新颖维度的高度创新因对引入新参与者的需求更高，带动着供应商网络的大幅波动，而随着企业的成长，适度创新将推动新创企业将供应商调整作为商业模式调整的常态，通过调整来保持商业模式的创新格局。

总结起来，从交易者网络的视角来看，比较明确的结论是当新创企业在商业模式进行适度创新的过程中，既有必要也有空间使客户和供应商网络进行变动，因此商业模式创新水平较低和较高的新创企业需要更谨慎调整客户与供应商网络。

参 考 文 献

韩炜, 高宇. 2022. 什么样的高管团队能够做出商业模式创新?. 外国经济与管理, 44(3): 136-152.

韩炜, 杨俊, 胡新华, 等. 2021. 商业模式创新如何塑造商业生态系统属性差异?——基于两家新创企业的跨案例纵向研究与理论模型构建. 管理世界, 37(1): 88-107, 7.

杨俊, 薛鸿博, 牛梦茜. 2018. 基于双重属性的商业模式构念化与研究框架建议. 外国经济与管理, 40(4): 96-109.

杨俊, 张玉利, 韩炜, 等. 2020. 高管团队能通过商业模式创新塑造新企业竞争优势吗?——基于 CPSED Ⅱ 数据库的实证研究. 管理世界, 36(7): 55-77, 88.

云乐鑫, 杨俊, 张玉利. 2014. 基于海归创业企业创新型商业模式原型的生成机制. 管理学报, 11(3): 367-375.

张敬伟, 王迎军. 2011. 商业模式与战略关系辨析: 兼论商业模式研究的意义. 外国经济与管理, 33(4): 10-18.

张玉利, 杨俊, 任兵. 2008. 社会资本、先前经验与创业机会: 一个交互效应模型及其启示. 管理世界, (7): 91-102.

Amit R, Zott C, 乔晗, 等. 2022. 商业模式创新战略. 管理学季刊, 7(2): 1-17,185.

Adner R, Kapoor R. 2010. Value creation in innovation ecosystems: how the structure of technological interdependence affects firm performance in new technology generations. Strategic Management Journal, 31(3): 306-333.

Amason A C, Shrader R C, Tompson G H. 2006. Newness and novelty: relating top management team composition to new venture performance. Journal of Business Venturing, 21(1): 125-148.

Amit R, Han X. 2017. Value creation through novel resource configurations in a digitally enabled world. Strategic Entrepreneurship Journal, 11(3): 228-242.

Amit R, Zott C. 2001. Value creation in e-business. Strategic Management Journal, 22(6/7): 493-520.

Amit R, Zott C. 2015. Crafting business architecture: the antecedents of business model design. Strategic Entrepreneurship Journal, 9(4): 331-350.

Andries P, Debackere K, van Looy B. 2013. Simultaneous experimentation as a learning strategy: business model development under uncertainty. Strategic Entrepreneurship Journal, 7(4): 288-310.

Ansari S, Garud R, Kumaraswamy A. 2016. The disruptor's dilemma: TiVo and the U.S. television ecosystem. Strategic Management Journal, 37(9): 1829-1853.

Barney J. 1991. Firm resources and sustained competitive advantage. Journal of Management, 17(1): 99-120.

Baum J A C, Calabrese T, Silverman B S. 2000. Don't go it alone: alliance network composition and startups' performance in Canadian biotechnology. Strategic Management Journal, 21(3): 267-294.

Beckman C M, Schoonhoven C B, Rottner R, et al. 2014. Relational pluralism in de novo organizations: boards of directors as bridges or barriers to diverse alliance portfolios?. Academy of Management Journal, 57(2): 460-483.

Bedard J C, Hoitash R, Hoitash U. 2014. Chief financial officers as inside directors. Contemporary

Accounting Research, 31(3): 787-817.

Bellman R, Clark C E, Malcolm D G, et al. 1957. On the construction of a multi-stage, multi-person business game. Operations Research, 5(4): 469-503.

Bigelow L S, Barney J B. 2021. What can strategy learn from the business model approach?. Journal of Management Studies, 58(2): 528-539.

Boone C, Hendriks W. 2009. Top management team diversity and firm performance: moderators of functional-background and locus-of-control diversity. Management Science, 55(2): 165-180.

Burgelman R A, Grove A S. 2007. Cross-boundary disruptors: powerful interindustry entrepreneurial change agents. Strategic Entrepreneurship Journal, 1(3/4): 315-327.

Carmeli A, Schaubroeck J. 2006. Top management team behavioral integration, decision quality, and organizational decline. The Leadership Quarterly, 17(5): 441-453.

Carmeli A, Schaubroeck J, Tishler A. 2011. How CEO empowering leadership shapes top management team processes: implications for firm performance. The Leadership Quarterly, 22(2): 399-411.

Casadesus-Masanell R, Ricart J E. 2010. From strategy to business models and onto tactics. Long Range Planning, 43(2/3): 195-215.

Chandler G N, Broberg J C, Allison T H. 2014. Customer value propositions in declining industries: differences between industry representative and high-growth firms. Strategic Entrepreneurship Journal, 8(3): 234-253.

Chandler G N, Hanks S H. 1994. Founder competence, the environment, and venture performance. Entrepreneurship Theory and Practice, 18(3): 77-89.

Chesbrough H. 2010. Business model innovation: opportunities and barriers. Long Range Planning, 43(2/3): 354-363.

Chesbrough H, Rosenbloom R S. 2002. The role of the business model in capturing value from innovation: evidence from Xerox Corporation's technology spin-off companies. Industrial and Corporate Change, 11(3): 529-555.

Child J. 1972. Organizational structure, environment and performance: the role of strategic choice. Sociology, 6(1): 1-22.

Christensen C M. 2006. The ongoing process of building a theory of disruption. Journal of Product Innovation Management, 23(1): 39-55.

Christensen C M, McDonald R, Altman E J, et al. 2018. Disruptive innovation: an intellectual history and directions for future research. Journal of Management Studies, 55(7): 1043-1078.

Cozzolino A, Verona G, Rothaermel F T. 2018. Unpacking the disruption process: new technology, business models, and incumbent adaptation. Journal of Management Studies, 55(7): 1166-1202.

Demil B, Lecocq X, Ricart J E, et al. 2015. Introduction to the SEJ special issue on business models: business models within the domain of strategic entrepreneurship. Strategic Entrepreneurship Journal, 9(1): 1-11.

Dokko G, Wilk S L, Rothbard N P. 2009. Unpacking prior experience: how career history affects job performance. Organization Science, 20(1): 51-68.

Doz Y L, Kosonen M. 2010. Embedding strategic agility. Long Range Planning, 43(2/3): 370-382.

Foss N J, Saebi T. 2017. Fifteen years of research on business model innovation. Journal of Management, 43(1): 200-227.

Frankenberger K, Weiblen T, Gassmann O. 2013. Network configuration, customer centricity, and performance of open business models: a solution provider perspective. Industrial Marketing Management, 42(5): 671-682.

Frankenberger K, Weiblen T, Gassmann O. 2014. The antecedents of open business models: an exploratory study of incumbent firms. R&D Management, 44(2): 173-188.

Friedman Y, Carmeli A, Tishler A. 2016. How CEOs and TMTs build adaptive capacity in small entrepreneurial firms. Journal of Management Studies, 53(6): 996-1018.

George G, Bock A J. 2011. The business model in practice and its implications for entrepreneurship research. Entrepreneurship Theory and Practice, 35(1): 83-111.

Gerasymenko V, De Clercq D, Sapienza H J. 2015. Changing the business model: effects of venture capital firms and outside CEOs on portfolio company performance. Strategic Entrepreneurship Journal, 9(1): 79-98.

Gratton L, Voigt A, Erickson T. 2011. Bridging faultlines in diverse teams. IEEE Engineering Management Review, 39(1): 80-90.

Hagiu A, Wright J. 2015. Multi-sided platforms. International Journal of Industrial Organization, 43: 162-174.

Hambrick D C. 1994. Top management groups: a conceptual integration and reconsideration of the "team" label. Research in Organizational Behavior, 16:171-213.

Hambrick D C. 2007. Upper echelons theory: an update. Academy of Management Review, 32(2): 334-343.

Hart C M, van Vugt M. 2006.From faultline to group fission: understanding membership changes in small groups. Personality and Social Psychology Bulletin,32(3):392-404.

Hite J M. 2003. Patterns of multidimensionality among embedded network ties: a typology of relational embeddedness in emerging entrepreneurial firms. Strategic Organization, 1(1): 9-49.

Hite J M, Hesterly W S. 2001. The evolution of firm networks: from emergence to early growth of the firm. Strategic Management Journal, 22(3): 275-286.

Hoang H, Antoncic B. 2003. Network-based research in entrepreneurship. Journal of Business Venturing, 18(2): 165-187.

Ibarra H, Barbulescu R. 2010. Identity as narrative: prevalence, effectiveness, and consequences of narrative identity work in macro work role transitions. Academy of Management Review, 35(1): 135-154.

Jack S L. 2005. The role, use and activation of strong and weak network ties: a qualitative analysis. Journal of Management Studies, 42(6): 1233-1259.

Jack S L. 2010. Approaches to studying networks: implications and outcomes. Journal of Business Venturing, 25(1): 120-137.

Jacobides M G, Cennamo C, Gawer A. 2018. Towards a theory of ecosystems. Strategic Management Journal, 39(8): 2255-2276.

Lanzolla G, Markides C. 2021. A business model view of strategy. Journal of Management Studies, 58(2): 540-553.

Lau D C, Murnighan J K. 1998. Demographic diversity and faultlines: the compositional dynamics of organizational groups. Academy of Management Review, 23(2): 325-340.

Lau D C, Murnighan J K. 2005. Interactions within groups and subgroups: the effects of demographic faultlines. Academy of Management Journal, 48(4): 645-659.

Lubatkin M H, Simsek Z, Ling Y, et al. 2006. Ambidexterity and performance in small-to medium-sized firms: the pivotal role of top management team behavioral integration. Journal of Management, 32(5): 646-672.

Malmström M, Johansson J, Wincent J. 2015. Cognitive constructions of low-profit and high-profit business models: a repertory grid study of serial entrepreneurs. Entrepreneurship Theory and Practice, 39(5): 1083-1109.

Marcel J J. 2009. Why top management team characteristics matter when employing a chief operating officer: a strategic contingency perspective. Strategic Management Journal, 30(6): 647-658.

Markides C. 2006. Disruptive innovation: in need of better theory. Journal of Product Innovation Management, 23(1): 19-25.

Martins L L, Rindova V P, Greenbaum B E. 2015. Unlocking the hidden value of concepts: a cognitive approach to business model innovation. Strategic Entrepreneurship Journal, 9(1):

99-117.

Mason K, Mouzas S. 2012. Flexible business models. European Journal of Marketing, 46(10): 1340-1367.

Mason K, Spring M. 2011. The sites and practices of business models. Industrial Marketing Management, 40(6): 1032-1041.

Mason K J, Leek S. 2008. Learning to build a supply network: an exploration of dynamic business models. Journal of Management Studies, 45(4): 774-799.

McDonald R M, Eisenhardt K M. 2019. Parallel play: startups, nascent markets, and effective business-model design. Administrative Science Quarterly, 65(2): 483-523.

McGrath R G. 2010. Business models: a discovery driven approach. Long Range Planning, 43(2/3): 247-261.

Meyer B, Glenz A. 2013. Team faultline measures. Organizational Research Methods, 16(3): 393-424.

Morris M, Schindehutte M, Allen J. 2005. The entrepreneur's business model: toward a unified perspective. Journal of Business Research, 58(6): 726-735.

O'Reilly C A, Tushman M L. 2011. Organizational ambidexterity in action: how managers explore and exploit. California Management Review, 53(4): 5-22.

Osiyevskyy O, Dewald J. 2015. Explorative versus exploitative business model change: the cognitive antecedents of firm-level responses to disruptive innovation. Strategic Entrepreneurship Journal, 9(1): 58-78.

Palo T, Tähtinen J. 2013. Networked business model development for emerging technology-based services. Industrial Marketing Management, 42(5): 773-782.

Peeters C, Massini S, Lewin A Y. 2014. Sources of variation in the efficiency of adopting management innovation: the role of absorptive capacity routines, managerial attention and organizational legitimacy. Organization Studies, 35(9): 1343-1371.

Penrose E T. 1959. The Theory of the Growth of the Firm. New York: John Wiley and Sons.

Porter M E. 1996. What is strategy?. Harvard Business Review, 74(6): 61-78.

Priem R L, Butler J E, Li S L. 2013. Toward reimagining strategy research: retrospection and prospection on the 2011 AMR decade award article. Academy of Management Review, 38(4): 471-489.

Ritter T, Lettl C. 2018. The wider implications of business-model research. Long Range Planning, 51(1): 1-8.

Sandberg W R, Hofer C W. 1987. Improving new venture performance: the role of strategy, industry structure, and the entrepreneur. Journal of Business Venturing, 2(1): 5-28.

Shepherd D A, Seyb S K, George G. 2023. Grounding business models: cognition, boundary objects, and business model change. Academy of Management Review, 48(1): 100-122.

Smith K G, Smith K A, Olian J D, et al. 1994. Top management team demography and process: the role of social integration and communication. Administrative Science Quarterly, 39(3): 412.

Snihur Y, Thomas L D W, Burgelman R A. 2018. An ecosystem-level process model of business model disruption: the disruptor's gambit. Journal of Management Studies, 55(7): 1278-1316.

Snihur Y, Zott C. 2020. The genesis and metamorphosis of novelty imprints: how business model innovation emerges in young ventures. Academy of Management Journal, 63(2): 554-583.

Stacey O. 2011. Network sharing business models and the structuring issues and choices facing operators. Journal of Telecommunications Management, 3(4): 306-312.

Storbacka K, Nenonen S. 2011. Scripting markets: from value propositions to market propositions. Industrial Marketing Management, 40(2): 255-266.

Stubbart C I, Knight M B. 2006. The case of the disappearing firms: empirical evidence and implications. Journal of Organizational Behavior, 27(1): 79-100.

Teece D J. 2010. Business models, business strategy and innovation. Long Range Planning, 43(2/3):

172-194.

Uzzi B.1996. The sources and consequences of embeddedness for the economic performance of organizations: the network effect. American Sociological Review, 61(4): 674.

Velu C. 2017. A systems perspective on business model evolution: the case of an agricultural information service provider in India. Long Range Planning, 50(5): 603-620.

Williams K Y, O'Reilly C A. 1998. Demography and diversity in organizations: a review of 40 years of research. Research in Organizational Behavior, 20: 77-140.

Wirtz B W, Pistoia A, Ullrich S, et al. 2016. Business models: origin, development and future research perspectives. Long Range Planning, 49(1): 36-54.

Wu X B, Zhang W. 2009. Business model innovations in China: from a value network perspective. US-China Business Cooperation in the 21st Century: Opportunities and Challenges for Enterpreneurs. Bloomington: Indiana University.

Zott C, Amit R. 2007. Business model design and the performance of entrepreneurial firms. Organization Science, 18(2): 181-199.

Zott C, Amit R. 2008. The fit between product market strategy and business model: implications for firm performance. Strategic Management Journal, 29(1): 1-26.

Zott C, Amit R. 2010. Business model design: an activity system perspective. Long Range Planning, 43(2/3): 216-226.

Zott C, Amit R, Massa L. 2011. The business model: recent developments and future research. Journal of Management, 37(4): 1019-1042.

附录：基于 CPSED Ⅱ数据库的研究成果

跨校学术团队联合开发 CPSED Ⅱ数据库，产出了丰富的合作研究成果，在《管理世界》《管理科学学报》《南开管理评论》等刊物发表论文 15 篇；在 *Strategic Entrepreneurship Journal* 等国际学术期刊审稿论文 3 篇。部分代表性成果如下所示。

Tang J T，Yang J，Ye W P，et al. 2022. Speaking of opportunities：the effect of language on entrepreneurial alertness. Academy of Management Proceedings，2022（1）.

杨俊，张玉利，韩炜，等. 2020. 高管团队能通过商业模式创新塑造新企业竞争优势吗？——基于 CPSED Ⅱ数据库的实证研究. 管理世界，36（7）：55-77，88.

马鸿佳等，"创新驱动的互联网新企业成长路径研究"，《管理科学学报》，已录用。

叶文平，杨赛楠，杨俊，等. 2022. 企业风险投资、商业模式塑造与企业绩效：基于 CPSED Ⅱ的实证分析. 管理科学学报，25（12）：1-20.

买忆媛，古钰，叶竹馨. 2023. 最优区分视角下新手创业者设立 CTO 的影响因素研究. 南开管理评论，26（2）：166-176，187.

韩炜，高宇. 2022. 高管团队内部非正式社会网络联结与新创企业绩效：基于商业模式创新的中介作用. 南开管理评论，25（5）：65-76，106.

韩炜，宋朗. 2023. 新创企业团队断裂带与效率型商业模式创新：基于 CPSED Ⅱ数据库的实证研究. 管理评论，35（8）：144-156.

韩炜，高宇. 2022. 什么样的高管团队能够做出商业模式创新？. 外国经济与管理，44（3）：136-152.